JN261774

英連邦会社法発展史論

Convergence and Divergence in the Developing Process of
British Commonwealth Company Law

英連邦会社法発展史論

――英国と西太平洋諸国を中心に――

上田純子 著

信山社

はしがき

　本書は、名古屋大学法政論集に「西太平洋地域における英連邦会社法の変遷（1）〜（5・完）」（第144号〜第146号、第148号、第151号）として1992年から1993年にかけて連載した拙稿をもとにしている。

　今から遡ること12〜13年にすぎないが、当時はまだパソコンよりワープロ専用機のほうが優勢で、電子メールやインターネットなどの通信技術も今日ほどは一般に普及していなかったから、外国法研究は意外と困難であった。まして、わが国において研究者層が薄いアジア・オセアニア地域に関する法制研究である。情報や資料はほとんど紙情報として海外から取り寄せ、場合によっては、外国の規制当局に問い合わせて貴重資料を入手したりもした。その意味では、当時は、情報そのものに価値があり、情報提供にも研究の意義がないわけではなかったのかもしれない。もっとも、英連邦という共通の基盤を有しながらも複数の国の異なる法制を包括的に扱うという無謀な試みは、研究の手法や目的をどこに置くかで学界へのインパクトがまったく異なってくる。単なる情報提供であれば、投資家や実務家向けに書かれた現地企業法制に関する有益な手引き書がいくらもあり、アカデミズムからの関心は薄らぐ。そこで、英国会社法を機軸とする英連邦会社法の分化と収斂の大まかな像を掴むことにしたのであるが、それとても、各国会社法の全体像を網羅できるわけもなく、列記された会社法上の個別テーマは筆者の恣意的な選択の結果とならざるをえない。

　上述の拙稿については、筆者の忸怩たる思いを残したまま、公刊後ずっと眠っていた。そんなとき、たまたま、信山社出版が拙稿の出版を快く引き受けてくださることになり、単なる懐古の念を越えて、当時の知的好奇心が再び私に戻ってきたのである。また、2003年度、アジア経済研究所の所内研究会に招聘され、シンガポールにおける企業統治と企業法制改革に関する研究を遂行せざるをえなかったことも、この機会を捉えたいという思いにつながった。

はしがき

　大学教員の職を得てから、一貫してこのテーマを掘り下げてきたとはいいがたい私にとっては、情報のアップデート自体がまず大変な作業であった。英国および欧州連合に関しては、その後自分なりに研究の手ごたえを掴んだような気がしていたが、アジア・オセアニア地域に関しては、さっぱりであった。しかも、状況は時々刻々動いており、本書の校正段階でもたびたび情報更新をせざるをえなかった。また、既存の文章のうえに加筆修正し、注の表記方法をオックスフォード方式に全面的に改めたため、ある意味、書き下ろし以上に神経を使った。

　とはいえ、ここ10年来の会社法制の進展は、わが国においてもそうであるが、いずれの国においても目を見張るものがあり、経済の発展段階や固有の政策を超越した会社法制の普遍的な方向性というものがあるようにさえ思えてくる。アップデート作業のなかで得られた自分なりの成果は想像以上であった。

　本書の刊行にあたっては、多くの人のお世話になった。浜田道代名古屋大学大学院法学研究科教授と安田信之同大大学院国際開発研究科教授は、本書のもととなった論文にさまざまな示唆を与えてくださった。本書の出版を薦めてくださった大野正道筑波大学大学院ビジネス科学研究科教授、英国にて研究中に袖を摺り合い、折に触れて研究上の教示を与えてくださったLeonard Sealy元ケンブリッジ大学教授、Barry Riderケンブリッジ大学研究員（前ロンドン大学高等法学研究所ダイレクター）、Mads Andenasレスター大学法学部教授（前英国国際・比較法研究所ダイレクター）、ケンブリッジ大学ジャッジ・インスティテュート・オブ・マネジメント・スタディーズのSimon Deakin教授、Kern Alexander研究員、また、アジア経済研究所から派遣されてシンガポールに現地調査に赴いて以来親交を深めているHans Tjioシンガポール国立大学法学部準教授、Richard Nolanケンブリッジ大学法学部上席講師（シンガポール国立大学客員教員）、およびLow Chee Keong香港中文大学会計学部準教授には、心から御礼申し上げたい。

　最後に、とりわけ学術書については出版事情の悪いなか、本書の出版を快くお引き受けくださり、丹念な編集作業で見栄えのよい本として世に送り出してくださった信山社出版社長今井貴氏と同社編集担当の今井守氏に、深く

感謝申し上げる。

2005年7月末日

　　　　　　　　　　　　　　　　　　　　　　ロンドンへ向かう前日に
　　　　　　　　　　　　　　　　　　　　　　　　上　田　純　子

目　次

はしがき

はじめに ………………………………………………………………… 1

第1章　英国1948年会社法──英連邦会社法の基本枠組み──　11

第1節　1948年会社法の誕生まで……………………………………… 11
　　第1款　近代株式会社の発生………(11)
　　第2款　1844年ジョイント・ストック・カンパニー法……(14)
　　第3款　会社法改正の実務……(16)
第2節　英国1948年会社法の構成……………………………………… 20
　　第1款　企　業　形　態……(21)
　　　　第1項　会社法上の会社　(21)
　　　　　　1　責任の態様によるもの　(21)
　　　　　　2　株式の公開性に基づくもの　(21)
　　　　　　3　設立地によるもの　(22)
　　　　第2項　会社の設立　(22)
　　　　第3項　能力外の法理（ultra vires doctrine）　(23)
　　第2款　企　業　統　治……(24)
　　　　第1項　機　関　(24)
　　　　　　1　株主総会　(24)
　　　　　　　（1）種　類　(24)
　　　　　　　（2）招　集　(24)
　　　　　　　（3）招集通知　(25)
　　　　　　　（4）定足数・決議方法　(26)
　　　　　　　（5）決　議　(26)
　　　　　　2　取締役および取締役会　(26)
　　　　　　　（1）取締役の選任・員数・資格　(26)
　　　　　　　（2）登録簿　(27)

　　　　　　　（3）報　酬 *(27)*
　　　　　　　（4）義　務 *(27)*
　　　　　　　（5）取締役会 *(28)*
　　　　　　　（6）秘書役（secretary） *(28)*
　　　　第2項　少数株主保護 *(28)*
　　　　第3項　再建（reconstruction）および清算（winding up） *(29)*
　　　　　1　再　建 *(29)*
　　　　　2　清　算（winding up） *(29)*
　　　　　　　（1）任意清算 *(29)*
　　　　　　　（2）強制清算 *(30)*
　　第3款　企業金融……*(31)*
　　　　第1項　資　本 *(31)*
　　　　　1　概　要 *(31)*
　　　　　2　増　資 *(31)*
　　　　　3　減　資 *(31)*
　　　　第2項　株　式 *(32)*
　　　　　1　株式の種類 *(32)*
　　　　　　　（1）額面株式および無額面株式 *(32)*
　　　　　　　（2）記名株式および無記名株式 *(32)*
　　　　　　　（3）種類株式 *(32)*
　　　　　2　株式の割当 *(32)*
　　　　　3　新株発行 *(33)*
　　　　　4　株式の額面割れ発行 *(33)*
　　第4款　企業開示……*(34)*
　　　　第1項　計　算 *(34)*
　　　　　1　決算報告書 *(34)*
　　　　　2　会計監査 *(34)*
　　　　　3　配当および内部留保 *(35)*

第2章　英国会社法の展開……………………………………41

目 次

第1節 ジェンキンズ勧告 …………………………………… 41
　第1款 会社法改正委員会……(41)
　第2款 1967年改正……(42)
　　1 免除私会社の廃止 (42)
　　2 実質株式保有の開示 (43)
　第3款 1973年会社法案……(44)
　　1 会社の分類および能力 (44)
　　2 株式会社に対する最低払込済株式資本の導入 (45)
　　3 自己株式取得および自己株式取得に関する資金援助 (45)
　　4 インサイダー取引 (45)
　　5 TOBの際の少数株主からの株式買取 (46)
　　6 取締役の利益相反行為 (46)
　　7 取締役の義務 (46)
　　8 会 計 規 定 (46)
　　9 少数株主の保護 (47)

第2節 EC会社法命令の履行 ……………………………… 51
　第1款 第一命令……(52)
　第2款 第二命令以後……(53)

第3節 1985年会社法制定以後……………………………… 58
　第1款 1985年会社法──改正の集大成── ……(58)
　第2款 個別立法の集積──1985年会社法以後── ……(59)
　第3款 1986年支払不能法および会社取締役資格剥奪法……(59)
　第4款 1989年改正……(61)
　第5款 会社法改正作業の深化……(64)
　　1 小会社に関する特例 (65)
　　2 設 立 規 制 (66)
　　3 会社統治に関する事項 (66)
　　4 継続的見直し体制の確保 (66)

第4節 英国および英連邦におけるコーポレート・ガヴァナ

xi

　　　　　　　　　　ンス・コード ………………………………………… 74
　　第1款　英国における統合規範……(75)
　　第2款　英連邦のコーポレート・ガヴァナンス・コード……(76)
　第5節　証　券　規　制 ……………………………………………… 78
　　第1款　詐欺防止法（Prevention of Fraud (Investment) Act 1958)……(78)
　　第2款　金融サーヴィス法の制定……(79)
　　　　1　立法の経緯　(79)
　　　　2　立法趣旨および規制方法　(80)
　　第3款　金融サーヴィス・市場法へ……(81)
　　第4款　シティ・コード……(82)
　第6節　小　　　括 …………………………………………………… 87

第3章　オーストラリア会社法の展開 ……………………… 93

　第1節　統一会社法 ……………………………………………………… 93
　　第1款　統一会社法制定までの歩み……(93)
　　第2款　統一会社法における英国1948年会社法の修正……(94)
　　　　1　会社の種類　(95)
　　　　2　発起人および会社設立前の契約　(96)
　　　　3　能力外法理の排除　(97)
　　　　4　取締役の義務　(97)
　　　　5　配当に関する規定　(98)
　　　　6　公的管理制度（official management）　(98)
　第2節　連邦法化への道程 ………………………………………… 102
　　第1款　エグルストン勧告とラエ勧告……(103)
　　　　1　実質株主の開示　(104)
　　　　2　特別調査　(104)
　　　　3　TOB規制　(105)
　　　　4　インサイダー取引規制　(105)

第 2 款　労働党および自由党の政策……(106)
　　第 3 款　独自の立法への萌芽……(108)
　第 3 節　連邦国家制度の実現 ………………………………………… 110
　　第 1 款　労働党による1989年会社法案の起草とニュー・ジーランド法との調和に関する覚書……(110)
　　第 2 款　憲 法 訴 訟……(111)
　　第 3 款　1989年会社法における英国1948年会社法からの乖離……(114)
　　　　1　能力外法理に関する改正　(114)
　　　　　（1）会社の目的　(114)
　　　　　（2）擬制認識法理の排除　(114)
　　　　　（3）能力外法理の対外的廃止　(114)
　　　　2　資本に関する改正　(115)
　　　　　（1）自己株式取得　(115)
　　　　　（2）自己株式取得に関する資金援助　(116)
　第 4 節　2000年代のオーストラリア会社法 ……………………… 121
　　第 1 款　憲法論議の再燃……(121)
　　第 2 款　1989年会社法から2001年会社法へ……(122)
　　　　1　会社法簡素化プログラム（1993年～1997年）　(122)
　　　　2　企業法経済改革プログラム（1996年以降）　(123)
　　第 3 款　2001年会社法……(124)
　　　　1　取締役の義務　(125)
　　　　2　株主の救済　(125)
　第 5 節　証 券 規 制 ……………………………………………………… 128
　　第 1 款　インサイダー取引規制……(129)
　　第 2 款　TOB 規制……(130)
　　第 3 款　会 計 基 準……(132)
　　第 4 款　資 金 調 達……(133)
　　第 5 款　オーストラリア証券・投資委員会……(133)
　　第 6 款　金融サーヴィス改革法の制定……(135)

目 次

　　第 6 節　小　　括 …………………………………………… *136*

第 4 章　マレーシア会社法の展開 ………………… *140*

第 1 節　英国による統治と英国法の継受 …………………… *140*
　　第 1 款　英国による統治の史的展開……(*141*)
　　第 2 款　英国法の継受……(*142*)
　　　　1　海峡植民地　(*142*)
　　　　2　マレー諸州　(*143*)
　　　　3　北ボルネオ　(*143*)
　　　　4　サラワク　(*143*)
　　第 3 款　会社法の継受
　　　　　──オーストラリア統一会社法の導入──……(*144*)
第 2 節　英国1948年会社法からの進展 …………………… *148*
　　第 1 款　国家政策と会社法……(*149*)
　　第 2 款　一次産品不況を契機とする1986年改正から1990年代へ
　　　　　……(*150*)
　　　　1　1986年改正　(*151*)
　　　　　（1）実質株主の開示　(*151*)
　　　　　（2）会社役員の信任義務の拡大と裁量の制限　(*151*)
　　　　　（3）TOB・合併　(*152*)
　　　　2　1989年改正　(*153*)
　　　　3　1992年改正　(*153*)
第 3 節　アジア通貨・金融危機と法制への影響 ………… *155*
　　第 1 款　企業法制改革……(*156*)
　　第 2 款　通貨・金融危機と企業実務……(*156*)
　　第 3 款　会社法の改正……(*158*)
　　　　1　1996年改正　(*159*)
　　　　　（1）会社の基本定款の変更　(*159*)
　　　　　（2）目論見書　(*159*)
　　　　　（3）商号変更にともなう旧商号の併記義務　(*160*)

　　　　　（4）新株発行に関する株主総会の承認　*(160)*
　　　　　（5）投資会社の規制　*(160)*
　　　2　1997年改正および1998年改正　*(160)*
　　　　　（1）会社の設立登記　*(160)*
　　　　　（2）会社の権能　*(161)*
　　　　　（3）自己株式の取得　*(162)*
　　　　　（4）株式保有の開示　*(163)*
　　　　　（5）株式の保管振替　*(164)*
　　　　　（6）秘書役の選任・辞任　*(164)*
　　　　　（7）任意整理の際の裁判所の停止命令　*(164)*
　　　3　2000年改正　*(165)*
　　　　　（1）利益を財源としない配当　*(165)*
　　　　　（2）目論見書　*(165)*
　　　　　（3）任意整理の際の裁判所の停止命令　*(165)*
　　　　　（4）会計基準との調整　*(166)*
　　第4款　マレーシア会社委員会（Companies Commission of Malaysia; CCM）の設置……*(166)*

第5章　シンガポール会社法の展開 …………………… *170*

第1節　序　説 ……………………………………………… *170*
第2節　英国法系会社法の動向と国家政策との狭間で
　　　　──英国1948年会社法からの進展── ………… *173*
　第1款　実質株式保有の開示……*(173)*
　第2款　インサイダー取引規制……*(174)*
　第3款　TOB規制……*(175)*
　第4款　中小企業改革──1984年改正──……*(176)*
　　　1　取締役の辞任規制　*(176)*
　　　2　2社同時清算を理由とする取締役の資格剥奪規定　*(177)*
第3節　経済政策と母法国の改正との融合
　　　　──1987年改正── ……………………………… *180*

目　次

　　　第 1 款　主務大臣、主務大臣の権限を委譲された者（authorised person）および治安判事（magistrate）の調査権……(181)
　　　第 2 款　会計に関する改正……(181)
　　　　　1　取締役の開示責任の強化　(181)
　　　　　2　連結決算報告書　(182)
　　　第 3 款　秘書役の資格の創設……(182)
　　　第 4 款　景気後退への即応……(183)
　　　　　1　2社同時清算を理由とする取締役の資格剥奪規定の改訂　(183)
　　　　　2　司法管財制度　(184)
　　第 4 節　1990年代前半の改正 ………………………………… 187
　　　第 1 款　1989年改正……(187)
　　　第 2 款　1990年改正……(188)
　　　第 3 款　1992年改正……(188)
　　第 5 節　アジア通貨・金融危機と企業法制改革 ……………… 190
　　　第 1 款　アジア通貨・金融危機後の政府の対応……(190)
　　　第 2 款　会社法規制枠組み検討委員会の77項目の改正提言……(190)
　　　　　1　新たな企業形態　(191)
　　　　　2　私会社の設立・企業維持の簡素化　(191)
　　　　　　（1）一人取締役会社の設立　(192)
　　　　　　（2）秘書役要件の緩和　(192)
　　　　　　（3）監査要件の緩和　(192)
　　　　　3　資金調達制度の簡素化　(192)
　　　　　4　強制株式取得の計算の変更　(193)
　　　第 3 款　2003年および2004年の改正……(193)
　　　第 4 款　残る課題……(196)
　　第 6 節　小　　括 ……………………………………………… 196

目　次

第6章　香港会社法の展開……………………………………… 198

第1節　序　　説 ……………………………………………… 198
第2節　英国1948年会社法からの進展 ……………………… 201
第1款　1984年改正……(201)
1　私会社に関する改正　(202)
2　会社設立前の契約　(203)
3　会社の権能　(203)
4　資本に関する改正　(203)
（1）新 株 発 行　(203)
（2）自己または親会社の株式取得および株式取得に関する資金援助の禁止　(203)
（3）株式プレミアム勘定　(204)
（4）取締役の義務　(205)
（5）会計監査人　(206)
第2款　1991年改正……(206)
1　取締役の義務　(207)
2　自己株式取得に関する資金援助および自己株式取得　(207)
3　配　当　(208)
第3款　1992年および1993年改正……(209)
第4款　1994年改正……(209)
第5款　1997年改正……(210)
第6款　1999年改正……(211)
第7款　2000年改正……(211)
第8款　2001年改正……(211)
第9款　2003年改正……(212)
1　会社登記官の書式等に関する裁量権　(212)
2　基本定款・通常定款に関する事項　(212)
3　会社における一人会社の容認、私会社における一人取締

目　次

　　　　　　　　　　役＝株主の容認、取締役概念　*(212)*
　　　　　　　4　秘　書　役　*(213)*
　　　　　　　5　取締役の解任、取締役等に対する貸付　*(213)*
　　　　　　　6　任意清算の際の特別手続き　*(214)*
　　　第10款　2004年会社令改正法案……*(214)*
　第3節　証　券　規　制 ………………………………………… *218*
　　　第1款　証券令および証券（持分開示）令……*(218)*
　　　　　　　1　持分取引の開示　*(219)*
　　　　　　　　（1）実質株式保有　*(219)*
　　　　　　　　（2）取締役の持分取引に関する開示　*(219)*
　　　　　　　2　インサイダー取引規制　*(219)*
　　　第2款　TOB 規制……*(220)*
　　　第3款　証券・先物令（Securities and Futures Ordinance）の制定──スクラップ・アンド・ビルド──……*(221)*

第7章　ニュー・ジーランド会社法の展開………………… *225*

　第1節　序　　　説 ……………………………………………… *225*
　第2節　1955年会社法にみる変容の諸相…………………… *228*
　　　第1款　英国1948年会社法からの乖離……*(229)*
　　　　　　　1　会社の目的に関する修正　*(229)*
　　　　　　　2　TOB 規制──オーストラリア統一会社法の影響──　*(229)*
　　　第2款　英国会社法における改正への追随……*(230)*
　　　　　　　1　1980年代前半期──英国における EC 第一命令および第二命令の履行と相俟って──　*(230)*
　　　　　　　　（1）会社設立前の契約　*(230)*
　　　　　　　　（2）能力外法理の廃止　*(230)*
　　　　　　　　（3）資本に関する改正　*(231)*
　　　　　　　2　1988年改正　*(231)*
　　　　　　　　（1）会社法上の改正　*(231)*
　　　　　　　　　（a）インサイダー取引を行った役員の資格剝奪

　　　　　　　規定 *(232)*
　　　　　（b）役員の株式保有簿 *(232)*
　　　（2）証券法上の改正 *(232)*
　　　　　（a）インサイダー取引規制 *(232)*
　　　　　（b）実質株式保有の開示義務 *(233)*
第3節　1990年会社法案 ……………………………………… *235*
　　1　定　義 *(235)*
　　2　会社の設立 *(236)*
　　3　株　式 *(236)*
　　4　株主に対する分配 *(236)*
　　5　自己株式取得 *(237)*
　　6　自己株式取得に関する資金援助 *(237)*
　　7　少数株主の株式買取請求権（minority buy-out rights）
　　　 (237)
　　8　取締役会の権限および義務 *(238)*
　　9　会　計 *(239)*
　　10　開示規定 *(239)*
　　11　清　算 *(240)*
　　12　附　則 *(240)*
第4節　1955年会社法から1993年会社法へ ……………… *242*
　　1　会社の定款の採択・変更（第26条ないし第31条） *(242)*
　　2　額面株式の廃止（第38条） *(242)*
　　3　会計監査人の選任（第196条ないし第199条） *(242)*
　　4　会社秘書役の選任 *(242)*
　　5　新株発行・分配（distributions）に関する取締役会の
　　　　権限（第42条、第52条、第128条ないし第130条） *(242)*
　　6　取締役の義務（第131条、第139条ないし第149条） *(243)*
　　7　支払能力テストと取締役の責任（第4条、第77条、第78
　　　　条） *(244)*
　　8　取締役の責任保険（第162条） *(244)*

xix

　　　　　9　株主の権利 *(244)*
　　　　　10　清　算（第241条ないし第303条）*(245)*
　　　　　11　情報開示の実効性確保 *(245)*
　　第5節　TOBコードの策定 …………………………………… *246*

終章　英連邦会社法における継受と変容の軌跡
　　　　──分析とまとめ── ………………………………… *251*

　　第1節　会社法の継受と変容の全体像 ……………………… *252*
　　第2節　要因分析 ……………………………………………… *257*
　　　　　1　横並び圧力 *(257)*
　　　　　2　会社法制の継受の特徴 *(258)*
　　　　　3　アメリカン・スタンダードへの傾斜 *(260)*
　　　　　4　法制度基盤整備 *(261)*
　　　　　　（1）歴史基盤 *(261)*
　　　　　　（2）政策基盤 *(262)*
　　　　　　（3）司法基盤 *(263)*
　　　　　5　私法としての会社法
　　　　　　　──会社法の任意法規性・強行法規性と法継受──
　　　　　　　(263)
　　第3節　わが国の新会社法と英連邦会社法の方向性 ……… *267*

　　索　引 *(巻末)*

はじめに

> *Denn nur durch Vergleichung unterscheidet man sich und erfährt, was man ist, um ganz zu werden, was man sein soll.*
> ——*Thomas Mann, Joseph in Ägypten*(1936) *

　1980年代末、民主化への力強い胎動のなかで社会主義諸国が相次いで瓦解した。新たに積み上げられゆく事実のひとつとして、西欧への回帰を旗印とする中東欧諸国の欧州連合（European Union; EU）加盟もまた着々と実現しつつあり[1]、それにともなうEU自体の新たな統合形態の模索やEUの成功に触発された他の地域への統合の伝播[2]、ひいては地域間競争の激化がもたらされている。他方、グローバル化の波はいっそう高くかつ強く押し寄せ、財やサーヴィスや資本のみならず、知や情報や、労働力をはじめとする人的資源の越境もまた盛んになっている。この文脈においては、地域内のみならず地域間協力もまた深化しつつある[3]。
　このような地域統合の力学のなかで、市場規制としてその統合の必要性を強く迫られる会社法制や証券規制はいかに動いてきたのであろうか。その際、会社内部の構成員自治が強く要請される局面とそうでないいわゆる政策的ないし強行法的規制の局面とでは地域統合のインパクトは、直接・間接に、どのように異なって受け止められてきたのであろうか。これが、本書の基本的問題関心である。
　幸か不幸か、未だ世界はおびただしい法域に分断されており、そのことが法学研究における比較法にメソッドとして揺るぎない地位を与えてきた[4]。もっとも、わが国の比較法の手法は、明治期以来伝統的に、先進国モデルに学び、わが国の法律解釈および立法にその成果を取り込もうというものであったように思われる[5]。立憲国家としてのわが国の近代法体系が明治政府の御雇外国人の手によってもたらされたがゆえ、その発展の過程において母法の状況をつとに参照することには合理性があったろう。また、母法とはい

1

はじめに

わずとも、国際社会を常にリードしてきた先進国の法制度には、わが国が将来の発展過程において遭遇すべき課題への知恵が含まれており、したがって、それらに学ぼうとすることも理に適っているといえる。それによってわが国の法学界が飛躍的に発展してきた事実もまた否めない。そのこと自体には敬意を払いつつも、本書の分析視角は叙上のような伝統的な比較法とは異なる。

本書は、上述の基本的問題関心を前提としつつ、その焦点を西太平洋地域の英連邦諸国に当てる。その理由は、西太平洋諸国が、その高い経済成長から一転して直面した1997年のアジア通貨・金融危機まで、経済情勢の浮き沈みの幅広いスペクトルのなかで大胆な企業法制改革を断行してきていること[6]、わが国との2国間ないし多国間経済連携の対象国は、東南アジア諸国連合（Association of South-East Asian Nations; ASEAN）を基盤としつつ、すでにアジア地域全体を包摂する規模になっていること[7]、および、アジア太平洋経済協力閣僚会議（Asia-Pacific Economic Cooperation; APEC）の発足、シンガポールとの2国間経済連携協定の締結やASEANとの拡大経済連携構想などの以前からわが国と西太平洋諸国とは相互にとって重要な貿易相手方であって、相手国の企業・市場法制の理解が必須となること[8]などに見出されうる。西太平洋諸国と一口に言っても、さまざまな国々で構成されており[9]、その法制度も区々ならば、非英国法圏も少なからず存在する。にもかかわらず、本書がそのなかの英連邦諸国に焦点を当てるのは、本書の関心が、英連邦として英国を中心にひとつの法圏を構成してきた国々が、軸足である英国自身にみるように地域的要請のなかで会社法制を変容させていく過程を分析することにあるからである。したがって、本書においては、西太平洋英連邦諸国における会社法制・証券規制の鳥瞰図を描き、その動きと動因とを浮き彫りにすることに主眼を置く。この点において、個別のテーマに関するわが国の法律論の深化を目的に、特定のテーマに沿って構成国を横断的に概観する方法を選好してきた叙上の伝統的な比較法と本書のアプローチとは相当に異なることとなろう。具体的には、西太平洋英連邦諸国の会社法を俯瞰し、すでに植民地時代に継受されたコモン・ローと自治権獲得後あるいは独立後に導入された英国会社法の、各国におけるその後の変遷を追うことによって、英国会社法導入時の原型から現行法がどのように乖離してきたかを検討する。そ

れと同時に、EU立法の包括的受容により変貌を遂げてきた英国会社法の変遷をも描くこととする。英国と英国法を継受した国々との相対的な距離関係と相互的なフィードバックの実態を明らかにするためである。

　以上の観点から本書は、オーストラリア、マレーシア、シンガポール、ニュー・ジーランド、および中国の特別行政区を構成する香港の会社法制・証券規制を取り上げ検討する(10)。オーストラリアでは、1961年に統一会社法が制定された際に、英国1948年会社法に基づいたヴィクトリア州法が模範とされたため、統一会社法も概ね英国1948年会社法の内容に沿ったものとなっている（第3章、参照）。このオーストラリアの1961年統一会社法は、マレーシアの1965年会社法、シンガポールの1967年会社法のモデルとなったとされており、したがって、マレーシアとシンガポール両国の会社法も英国の1948年会社法に基づいているといえる（第4章および第5章、参照）。ニュー・ジーランドの現行会社法である1993年会社法は、英国1948年会社法に基づいて制定された1955年会社法を基礎に発展したとされており（第7章、参照）、また、香港の現行会社法も近時の改正の結果、1948年会社法の多くの規定を採用している（第6章、参照）。以上より、本書は、英国1948年会社法を、英国および上記の英連邦諸国が通過地点として有した共通立法と位置づけ、その概説に1章を充てる。そのうえで、各国の法制を描く後続の章においては、英国1948年会社法からの発展部分について述べる。

　本書の構成は次のようになっている。第1章においては、前述のように、西太平洋地域における英連邦諸国会社法のモデルとなった英国1948年会社法の概要について論じる。その際、英国1948年会社法の英国会社法の流れにおける位置づけを明確にするため、1948年会社法に至る英国会社法の立法史をも留める。英国会社法自身の発展プロセスを描出することは、対応する西太平洋英連邦諸国の会社法の流れを英国との対比において理解するのに資するであろう。第2章においては、1948年会社法以後の英国会社法の変遷について叙述する。第3章以下では、各国における英国会社法継受の過程、および現行法と英国1948年会社法との乖離を指摘する。叙述の順序としては、前述の英国1948年会社法の導入過程にしたがい、オーストラリアおよびオーストラリアを介して英国会社法を継受した国と、英国会社法を直接継受した国と

はじめに

に分け、前者から順に述べることにする。すなわち、第 3 章でオーストラリア、第 4 章でマレーシア、第 5 章でシンガポール、第 6 章で香港、第 7 章でニュー・ジーランドを取り上げ、乖離のプロセスをみていく。第 8 章では、これら各国の改正の背景を踏まえて、西太平洋地域における英連邦諸国会社法の継受についての鳥瞰図を素描し、各国の変遷を促す要因に関する諸データを分析し、西太平洋地域の英連邦諸国における会社法の継受に関する試論を展開する[11]。

---

*（大意）　比較するだけで区別をなし、知ることができるゆえ、すべてを知るべきである。
　　──トーマス・マン「第三部　ヨセフの兄弟」『エジプトのヨセフ』(1936年) より。
　邦訳として、トーマス・マン (望月市恵＝小塩節訳)『ヨセフとその兄弟Ⅱ　第三部　エジプトのヨセフ』筑摩書房 (1986年) があるが、上記は拙訳による。

(1)　2004年 5 月 1 日付でEU加盟条約 (アテネ条約) が発効し、チェコ、エストニア、キプロス、ラトヴィア、リトアニア、ハンガリー、マルタ、ポーランド、スロヴェニア、スロヴァキアの10カ国が新たにEUに加盟したことはよく知られている。さらに、ブルガリアとルーマニアは現在加盟交渉中で、首尾よく交渉が進めば2007年にはEUに加盟する見込みであり、トルコも加盟交渉をスタートさせた (詳細については、EUの公式サイト http://www.europa.eu.int/ を参照されたい)。もっとも、このような地域統合の深化はヨーロッパのみに典型的にみられる現象ではない。たとえば、かつて地域統合の波から取り残されていたわが国でさえもシンガポール (2002年 1 月) およびメキシコ (2004年 9 月) との間でそれぞれ 2 国間経済連携協定を締結し、またマレーシアとの間でも 2 国間経済連携協定が大筋で合意された (2005年 5 月)。政府は、さらに東南アジア諸国連合 (ASEAN) との包括的経済連携協定や日韓自由貿易協定 (FTA) を早期に実現させる意向のようである (詳細については、外務省ウェブサイト http://www.mofa.go.jp/mofaj/gaiko/fta/policy.html を参照されたい)。わが国に限らず、FTAへの一般的選好は、明らかに世界貿易機関 (WTO) における多国間主義からの離脱を意味し、今後もこのような地域FTAをはじめとする地域経済統合の動きが加速されることが予想される (たとえば、読売新聞2001年11月15日付；The Nikkei Weekly, 24 December 2001)。

(2)　一例として、アムステルダム条約 (1997年) は、flexibility をキーワードに 8 構成国以上の賛同でもって当該構成国間に緊密な連携をとらせ条約上の諸制度の利用を認める先行統合を推進する。

(3)　たとえば、わが国は、アジア諸国との間で経済連携協定やFTAの締結に意を注いできた。注 (1) に前述したように、これまで、シンガポールとの間で自由経済連携協定が

はじめに

締結され (2002年)、次いで1999年11月の ASEAN＋3 構想の公式発表のもと、ASEAN と中国、韓国、およびわが国との間でより包括的な FTA が模索されてきている（2002年11月、ASEAN はまず、中国との間で FTA を締結した）。さらには、より地域包括的な東アジア経済圏構想も浮上している（たとえば、The Nikkei Weekly, 29 March 2004；木村福成＝鈴木厚編著『加速する東アジア FTA－現地レポートにみる経済統合の波』ジェトロ（2003年）、浦田秀次郎＝日本経済研究センター編著『アジア FTA の時代』日本経済新聞社（2004年）。アジア通貨・金融危機後に浮上してきた「アジア共通通貨構想」は、この流れを具体化するものであろう（たとえば、日本経済新聞2005年6月8日付）。

（4） 比較法の目的や機能は、歴史的偶然に生じた相違を矯正することにあるとされる。K. Zweigert and H. Kötz (translated by T. Weir), *An Introduction to Comparative Law*, third edition (Oxford : Clarendon Press, 1998), p.3（邦訳として、K. ツヴァイゲルト＝H. ケッツ（大木雅夫訳）『比較法概論：私法の領域における 原論（上）（下）』東京大学出版会（1974年）。

（5） 欧米などの先進国に比較して、この地域における概括的な研究が少ないことは安田信之教授も指摘するところである（安田信之『アジアの法と社会』2頁 三省堂（1987年））。この地域の会社法に関する研究としては、主としてアジア諸国の会社法を網羅的に研究するものと、旧宗主国（主に、英国）の会社法との関連において研究するものとに大別されうるように思われる。本書の執筆過程で筆者が接したものとして、前者には、次のようなものがある（ただし、翻訳は除く）。谷川久編『アジア諸国の会社法』（アジア経済研究所、1970年）、並木俊守『太平洋諸国会社法入門』（カリフォルニア州、オーストラリア、フィリピン、韓国、台湾、タイ、インド）（大成出版社、1973年）、谷川久＝安田信之『アジア諸国の企業法制』アジア経済研究所（1983年）、安田信之編『ASEAN 法──その諸相と展望』アジア経済研究所（1987年）、「特集 ASEAN 法の展望」アジア経済26巻10号（1985年）、安田信之「アジア会社法入門」（総説、シンガポール会社法(1)(2)(3)、マレーシア会社法(1)(2)、インド会社法(1)(2)(3)(4)、パキスタン会社法(1)(2)、バングラデシュ会社法、スリランカ会社法(1)(2)、ミャンマー会社法(1)(2)(3)、香港会社法(1)(2)(3)(4)、台湾会社法(1)(2)(3)、韓国会社法(1)(2)(3)、タイ会社法(1)(2)(3)、インドネシア会社法(1)(2)(3)、フィリピン会社法(1)(2)(3)(4)、おわりに）（国際商事法務18巻1─12号（1990年）、19巻1─12号（1991年）、20巻1─12号（1992年）、21巻2─5号（1993年））、上田純子「オーストラリア会社法・証券規制の改正の動向」国際商事法務20巻8号（1992年）。後者としては、次のものを列挙しうる。浪川正巳「オーストラリアにおける会社法の改正」愛知学院大学論叢法学研究5巻1・2号（1963年）、星川長七「英連邦諸国における会社法の改正」（英国、オーストラリア、アイルランド）『株式会社法の論理と課題』中央経済社（1963年）、酒巻俊雄「海外法制紹介　カナダ会社法」海外商事法務52号（1966年）、栗山徳子「オーストラリア・カナダにおける会社法統一運動」立正法学2巻2号（1968年）、酒巻俊雄＝伊藤勇剛「ニュージーランド会社法」海外商事法務83号（1969年）、酒巻俊雄「カナダにおける会社設立(I)

はじめに

(II)」海外商事法務84号、87号（1969年）、外山興三「オーストラリア改正会社法──大株主の開示義務とTOB（その1）（その2）」海外商事法務118号、119号（1972年）、川村明「オーストラリアの最近の会社法の改正」ジュリスト510号（1972年）、酒巻俊雄「カナダ・オンタリオ新事業会社法(1)(2)」海外商事法務123号(1972年)、国際商事法務3巻(1975年)、川村明「オーストラリアへの直接投資とテイク・オーバー規制法」国際商事法務1巻1号（1973年）、浪川正巳「オーストラリアにおける取締役の制定法上の誠実・勤勉義務」愛知学院大学論叢法学研究17巻1・2号（1974年）、上村達男「連邦会社法におけるテークオーバー・ビッド」国際商事法務3巻（1975年）、酒巻俊雄「英連邦諸国の会社法(1)～(24)」国際商事法務3巻10号（1975年）～17巻6号（1979年）（主として、イギリス、カナダ、オーストラリア、ニュージーランド）、酒巻俊雄「英連邦諸国の私会社制度」早稲田法学53巻1・2号（1977年）、酒巻俊雄「カナダ会社法の基本的構造と特色」早稲田法学54巻1・2号（1978年）、安田信之他訳『マレーシアの会社法（上）（下）』アジア経済研究所（1978年）、安田信之「オーストラリアにおける連邦会社法の生成過程」アジア経済19巻12号（1978年）、安田信之「1970年代のシンガポール・マレーシアにおける会社法の発展(I)(II)」アジア経済20巻7・9号（1979年）、湖島知高「オーストラリアの証券規制」アジア経済24巻6号（1983年）、美濃羽正康「イギリス会社法上における取締役の責任論」企業法研究（名古屋経済大学企業法制研究所）第3号（1990年）、後藤典文「イギリス会社法における支配株主の義務」企業法研究第3号（1990年）（美濃羽論文および後藤論文は、英国のほか、オーストラリア、ニュージーランドの会社法を扱っている）、浪川正巳「オーストラリア会社法における取締役の地位と権限」愛知学院大学論叢法学研究40巻3号（1999年）、浪川正巳「オーストラリア会社法における株主総会」愛知学院大学論叢法学研究40巻3号（1999年）、堀裕ほか「オーストラリア法の新動向」国際商事法務28巻10号（2000年）。個別の研究は、とくに旧ドミニオン・コモンウェルス諸国を中心に相当なされてきているといえよう。なお、1970年代のアジア法（会社法以外の分野をも含む）の研究成果については、堀部政男＝安田信之「アジア法」アジア経済19巻3号（1978年）、参照。

(6) 1971年のニクソン・ショックおよび1973年の第一次石油危機は、戦後の世界経済を震撼させる出来事であったが、アジア太平洋諸国はこれらに怯まず、20年以上もの長期にわたって、世界経済を上回る高い経済成長を続けてきた（青木健『マレーシア経済入門』日本評論社4頁（1990年））。また、この地域が、世界文明の中心としての大西洋地域に取って代って、世界における経済活動の包括的な人的・物的交換の最もダイナミックな焦点になっているとの認識も広まっている（A・デーヴィッド＝T・ウィールライト（都留重人監訳）『日豪摩擦の新時代』勁草書房15-18頁（1990年）（Gavan McCormack Foundation Professor of East Asian Studies, University of Adelaide, Inaugural Lecture, 30 September 1988)、ジェトロ開発問題研究会編著（渡辺利夫監修）『アジア産業革命の時代──西太平洋が世界を変える』日本貿易振興会12頁以下（1989年）、環太平洋協力日本委員会編『21世紀の太平洋協力』時事通信社18頁以下、55頁以下（1988年）など）。なお、アジ

ア通貨・金融危機前後の東南アジア諸国の経済情勢の分析として、G. Tan, *The End of Asian Miracle? Tracing Asia's Economic Transformation* (Singapore: Times Academic Press, 1997)、また、アジア通貨・金融危機をアジア諸国の金融法制改革と関連づけつつ分析するものとして、金子由芳『アジア危機と金融法制改革――法整備支援の実践的方法論をさぐって』信山社（2004年）（アジア諸国のうち、とくに、タイ、ヴェトナム、および、韓国に焦点を当てる）。

（7） オーストラリアは、早くから、西太平洋諸国の経済ブロック化の必要性を認識し、またこれを先頭に立って提唱してきた。オーストラリアにおける太平洋地域の国家共同体についての構想は、フレーザー政権時代に遡る。フレーザー元首相（1974～1983年保守連合政権を樹立）は、1983年10月、訪問先のニュー・ヨークにおいて行ったスピーチのなかで、次のように述べた。「この段階においては、われわれは政府を、政府が歓迎されないことがわかるような方針に委ねないような枠組みであり、しかし、それにもかかわらず、相互により密接な関係に入ることが可能となるような枠組みを必要とする。私は、経済協力開発機構（Organisation for Economic Cooperation and Development ; OECD）のようなものへの発展を示唆したい。おそらく、その第一歩は、OECDの経済・開発審査委員会（OECD's Economic and Development Review Committee）に似た組織の設置から始まるであろう。」と（quoted in D. M. White, 'Reviving Idea of Closer Links,' Australian Financial Review, 14 February 1989, p. 15）。さらに、続くホーク政権時代（1983～1991年）にも、急速な経済成長を続けるアジア・太平洋地域の自由貿易拡大、経済協力推進などを協議するため、閣僚会議が提唱されたことがある（1989年1月）。これに基づき、同年11月にはキャンベラで、第1回APEC閣僚会議が開かれた。以後、閣僚会議は毎年1回のペースで開催され、2004年までで16回の閣僚会議を数える（開催年月日・開催地は表のとおり）。

回	開催年月日	開催地	回	開催年	開催地
1	1989.11.6-7	キャンベラ	9	1997.11.21-22	ヴァンクーヴァー
2	1990.7.29-31	シンガポール	10	1998.11.14-15	クアラ・ルンプル
3	1991.11.12-14	ソウル	11	1999.9.9-10	オークランド
4	1992.9.10-11	バンコク	12	2000.11.12-13	バンダル・セリ・ベガワン
5	1993.11.17-19	シアトル	13	2001.10.17-18	上海
6	1994.11.11-12	ジャカルタ	14	2002.10.23-24	ロス・カボス
7	1995.11.16-17	大阪	15	2003.10.17-18	バンコク
8	1996.11.22-23	マニラ	16	2004.10.17-18	サンチアゴ

直近の第16回会議では、"One Community, Our Future"のテーマのもと、WTOのドーハ開発アジェンダ（DDA）に沿い、農産品輸出入の自由化、非農産品の関税・非関税障壁の撤廃などの共通目標の合意とDDAの深化におけるリーダーシップの発揮を約し、

はじめに

また、域内自由貿易協定採択に向けた交渉の継続、域内情報化と知本主義社会の確立、汚職の防止と透明性の確保、テロと安全保障、公衆衛生、人権問題など多方面にわたる交渉が行われ、これらの項目を含む共同声明が採択された（詳細については、APEC のウェブサイト http://www.apec.org を参照されたい）。なお、当初は対共産圏集団安全保障の目的で発足した ASEAN の域内経済協力も1980年代初頭ごろから強化の動きを見せており、ASEAN の統合形態と EU のそれとの間に類似性を見出す分析も現れている（A. Nagi, *ASEAN-20 Years*（New Delhi: Lancer Books, 1989）, pp.30ff；『調査月報』東海銀行526号18-41頁（1991年）；日本経済新聞社編『アジア 地域統合への模索』日本経済新聞社（2001年）；J. Wandandi, 'ASEAN's Past and the Challenges Ahead: Aspects of Politics and Security,' in S. S. C. Tay, et al.（eds.）, *Reinventing ASEAN*（Singapore: Institute of Southeast Asian Studies, 2001）, p.25; N. Akrasanee, 'ASEAN in the Past Thirty-three Years: Lessons for Economic Co-operation,' in Tay, ibid, pp.35ff）。ASEAN と EU との統合形態の類似性の分析については、M. K. Gueye, 'Regional Integration, and Foreign Direct Investment in ASEAN: Process of Change in the Legal and Policy Environment,'（1999）11 Forum of International Developing Studies 45-47, 51-53, 57-58）。

（8） わが国の対東南アジア貿易は、1990年代初頭から対米貿易額を超過し、日本の最大の貿易相手国家群となっている（『東銀週報』東京銀行1991年10月17日号）。以下、わが国と本書で扱う東南アジア・オセアニア諸国を中心とする貿易高およびわが国の直接投資高の推移についてまとめた、近年のデータを示す。

	インドネシア	オーストラリア	カンボディア	シンガポール	タイ	ニュー・ジーランド	フィリピン	ブルネイ	マレーシア	ミャンマー	ラオス	ヴェトナム
対日輸出額	19,052	17,445	103	11,694	21,921（2004）	2,666	10,419	1,980	13,017	144	8.6	3,580
対日輸入額	8,304	11,469	63	18,578	15,246（2004）	2,476	8,155	110	14,580	132	15.7	3,033
日本からの直接投資額	1,250	1,048	N. A.	970（製造業のみ）	21,042（1951-2003累計）	1,158（1996-2003累計）	30（2002）	0	523	234（1988-2003累計）	N. A.	5,599（2004. 10現在）

調査年：とくに断りがないかぎり2003年
単位：億円
出所：外務省公式ウェブサイト http://www.mofa.go.jp（一部財務省統計による）をもとに筆者作成

（9） 地域経済圏を構成しうるアジア諸国の経済格差が著しいこともまたデータから明らかになる。たとえば、データはやや古いが、EU では、国民1人当たりの GDP は最高のルクセンブルグと最低のポルトガルとの間で約3.7倍、北米自由貿易協定（NAFTA）では、同様に最高の米国と最低のメキシコとの間で約7.2倍であるのが、ASEAN では、同様に最高のシンガポールとヴェトナムとの間で100倍以上の格差があるとされる（International Monetary Fund, *International Monetary Fund International Financial Statistics*

8

はじめに

Yearbook 1996 & 1997（Washington, D.C.: IMF, 1996 & 1997）。

(10) オーストラリアの直北に位置するパプア・ニューギニアは、1946年、オーストラリアによる国連信託統治領となったのち、1975年9月16日に独立を果たした。パプア・ニューギニアも、独立と同時にエリザベスII世に忠誠を誓う英連邦の構成国となり、現在に至っている。したがって、厳密にいえば、パプア・ニューギニアも本書で扱う英連邦諸国の範囲に含めるべきであろうが、本書では、本箇所においてその概要を示すに留めることにする。パプア・ニューギニアの会社法は、同国がオーストラリア連邦の直轄地域として、首都特別地域に適用される会社法と同じ会社令が独立まで施行されていた経緯から、オーストラリアの1961年統一会社法をベースとしている。1973年の改正法令（Revised Laws Act 1973）、および1981年の改正法施行令（Revised Laws Commencement Act 1981）の施行にともない、1982年1月1日より、会社法は、「パプア・ニューギニアの改正法（Revised Laws of Papua New Guinea）」のなかの一編（Chapter）を構成することになった。会社法上の最近の目立った改正としては、1989年に自社株取得に対する資金援助が解禁されたことが挙げられる（第69条3項）。1992年には、会社法の特別法として投資助成法（Investment Promotion Act 1992）が制定され、これにより、パプア・ニューギニアにおける外資企業（foreign enterprise）の投資に対する規制は大幅に緩和されることとなった。しかし、会社法全体としては、オーストラリアの1961年統一会社法の規定を堅持しているといえるであろう（CCH Company Law Editors, *CCH Papua New Guinea Companies Legislation*（Sydney: CCH Australia, 1992））。

(11) 本書で扱う各国会社関連の統計は以下のウェブサイトから入手可能である。ただし、統計の整理の方法は一様ではない。英国では、通商産業省（Department of Trade and Industry; DTI.「貿易産業省」という訳語も定着しているようであるが、本書では通商産業省または通産省とする）が、オーストラリアでは、オーストラリア証券・投資委員会（Australian Securities and Investments Commission; ASIC）が、会社法上の義務に基づいて、カラー印刷の会社法の執行に関する年次報告書を発行しており、それぞれウェブサイト http://www.dti.gov.uk/cld/dtiannualreport.pdf および http://www.asic.gov.au/asic/asic.nsf/lkuppdf/ASIC+PDFW?opendocument&key=ASIC_AR_04_complete_pdf から入手できる。シンガポールについては、会計・会社規制局（Accounting and Corporate Regulatory Authority; ACRA. 2004年4月1日付で会社登記所（Registry of Companies and Businesses）とシンガポール公認会計士監視機構（Public Accountants Board Singapore）とが合併して発足）が、実務のニーズに見合った会社情報を提供しているが（http://www.acra.gov.sg/information/index.html）、情報自体は有料である。マレーシアについては、マレーシア会社委員会（Companies Commission of Malaysia）のウェブサイト http://www.ssm.gov.my/ 内に会社に関する統計情報が登載されている。香港については、司法省 http://www.judiciary.gov.hk、会社登記所 http://www.info.gov.hk/cv、金融サーヴィス・ビューロー http://www.info.gov.hk/fstb、立法評議会

はじめに

http://www.legco.gov.uk 等のウェブサイトが関連情報源として有用である。ニュー・ジーランドの会社情報は、会社登記所（Companies office）のサイト http://www.companies.govt.nz やオークランド大学図書館のデータベース http://www.library.auckland.ac.nz/subjects/bus/infosources/nzcompany.htm が有用である。また、ニュー・ジーランド証券委員会の月報にも有用な記事が掲載されることがある（月報のサイトは、http://sec-com.govt.nz/publications/bulletin/）。

第1章　英国1948年会社法
——英連邦会社法の基本枠組み——

　本章は、西太平洋地域における英連邦諸国会社法のモデルとなった英国1948年会社法を、分析の前提として必要な範囲で概説するものである。もとより、英国1948年会社法は総括法であるから、その全貌を詳細に描くことはここでは意図しないし、むしろ、そのような試みは無謀かつ無用というべきであろう。本章では、まず、1948年会社法への歩みと同会社法が誕生した背景、およびそのインパクトについて簡単に触れたのち、同法の基本構造を描くこととする。基本構造は次の4本柱から成る。企業形態、企業統治、企業金融、および、企業開示である。第3章以下に後述する英国の旧植民地諸国の改正前の会社法は、概ね、この章で述べられる基本構造を共有していた。英国1948年会社法が、1985年に総括会社法が制定されるまでの37年の長きにわたって施行されていた事実に鑑みれば、第二次世界大戦後の独立国、あるいは、平時にもどって戦後にふさわしい会社法制を探っていた旧ドミニオン・コモンウェルス諸国において、同法がモデルとなったことはむしろ当然のことといえるかもしれない。以下、単に法律名のみ記載されている場合は、英国の立法を指すものとする。なお、1948年会社法において、会社法はイングランドとウェールズにのみ適用され、スコットランド、北アイルランド、チャネル諸島、およびマン島には独自の会社立法があったことに注意する必要がある[1]。

第1節　1948年会社法の誕生まで

第1款　近代株式会社の発生

　企業組織の近代化の歴史を抜きにして会社法の歴史を語ることはできな

い。英国においては、13世紀から国王の特許状により特権を付与された教会や大学、自治行政区などが現れた(2)。とりわけ、自治行政区バラ（borough）の成立は、広い意味で封建制の呪縛から解き放たれ自由な商業活動を行いたいと願う商人階層の抵抗と捉えることができ、バラの印章のもとに自治権を獲得し、バラとして訴訟当事者となりえたから、英国における法人の嚆矢であったと考えられる(3)。他方、英国においてギルドの成立はすでにイニ王(688-726)やアルフレッド大王(871-901)の時代にまで遡るといわれるが、商人ギルドは12世紀までにロンドン、ヨーク、オックスフォード、ウィンチェスター、リンカーンなどの主要都市でみられた(4)。これらの商人ギルドは15世紀までに国王の特許状を得て法人成りし、バラに似た排他的商業独占権を獲得した(5)。

英国においてはすでに13世紀には資本主義の萌芽がみられた。産業革命にともなう工場こそなかったが、私的所有権、市場取引、労働移動、土地の商品化、利潤追求など資本主義の特徴を十分兼ね備えていたからである(6)。そうした資本主義の発達にともなう中層階級の台頭と新大陸貿易の需要は16世紀における商人ギルドの衰退を招き、より明確かつ特定の商事目的をもった共同企業組織に座を譲らざるをえなくなった(7)。そこで、登場したのが、制規組合（regulated companies）および特許会社（charter companies）である。これらの組織においても、国王の特許状を得ることによって団体としての独立性が認められ、団体印章のもとに団体として権利義務を取得ないし負担し、訴訟当事者になることもできた。

制規組合から特許会社への移行を体現したのは、1600年に国王の特許状を得て設立された東インド会社（The Company of Merchants of London trading into the East Indies）であった(8)。東インド会社は、218名の構成員を擁し、General Court（または Court of Proprietors）と Court of Directors（東インド会社の Director は通常の会社で Assistant Governor と呼ばれていた会社理事者に相当すると考えられる）が会社統治にあたった(9)。その構造は、今日のイングランド銀行のそれと大差ないともいわれている(10)。17世紀後半には、法人格の有無に関わらず適用されるパートナーシップ法の萌芽がみられ、1697年には株式取引と仲立ち業を規制する法律がはじめて制定されている(11)。このころに

は、アシスタント・ガヴァナー（総裁補佐）と呼ばれていた会社の役員たちは、次第にダイレクター（取締役）と呼ばれるようになり、すでに、種類株式や種類社債（loan stock）の発行がみられたという[12]。

南海泡沫会社事件[13]の処理として1720年に制定された泡沫会社法[14]は、英国における会社法または詐欺防止法の原型ともみることができる[15]。もっとも、同法は、泡沫会社規制としての性格が強く[16]、ジョイント・ストック・カンパニーの法的位置づけはそこでは棚上げされた。したがって、近代的意義を有する包括的会社法の制定には未だ1世紀以上待つこととなる。ジョイント・ストック・カンパニーは、中世に起源を有するパートナーシップと商人ギルドから発展した16世紀中葉以降の制規組合または特許会社とが癒合し、次第に組合に法人性が付与されて誕生したものである[17]。このことは、英国における産業資本集中の過程とも一致する。

18世紀中葉以降、泡沫会社の教訓は徐々に忘れ去られ、出資者数が比較的多く、かつ持分の自由譲渡は可能であるが、法人格がない企業は再び増加した。これらの法人格がないジョイント・ストック・カンパニーは、特許状や議会の個別法律に代わる設立証書によって設立され（いわゆる設立証書会社）、信託法理を用いて運営上は法人の恩典を享受していた（たとえば、契約内容または設立証書の多数決変更、取締役会への経営委任、会社財産の理事会（body of trustees）への委任）[18]。19世紀には、このような設立証書会社が通常の企業形態となり、泡沫会社法は死文化することとなる。当時は、法人格の有無は企業組織形態にとって重要な要素ではなく、特許会社にしても法人格を得るというよりはむしろ独占的交易権の確保の道具として特許状を求めたのである[19]。とはいえ、次第に法人格がないことの不利益が認識されるに至った[20]。企業組織自体が訴訟当事者になれないこと、および、会社の財産に関し他の構成員に対する訴権を有しないことと、構成員の無限責任（もっとも、構成員の責任態様自体が法人格の有無と連動しないことは明らかである）である[21]。

さて、1720年の泡沫会社法を廃止する1825年泡沫会社等法（Bubble Companies, etc., Act[22]）により、商務省（Board of Trade）は会社立法に主導的役割を果たすこととなった。一見逆説的ではあるが、商務省の介入による1825

年法によりもたらされたのは、私人の企業活動の自由を保障する方向での法人格なき会社の設立規制の緩和であった。「商務省は、監督者（continuous supervisor）というよりはむしろ注意深い傍観者（vigilant onlooker）[23]」とは、18世紀英国の産業構造を変えるこの一連の動きにおける商務省の役割を象徴する表現であろう。

第2款　1844年ジョイント・ストック・カンパニー法

　1825年の泡沫会社等法は、国王が会社債務につき社員の責任を拡張する宣言をなすことを認め、かつ、特許状に社員の責任を明記することを徹底した。ジョイント・ストック・カンパニーの設立は再び増加し、それにともなって、会社立法が進展した[24]。一般的なジョイント・ストック・カンパニー法として知られるのは、1844年、ときの商務省長官グラッドストン（William Gladstone, 1809-1898）の尽力によって制定された1844年ジョイント・ストック・カンパニー法（An Act for the Registration, Incorporation and Regulation of Joint Stock Companies 1844）（以下、単に1844年法という）であった[25]。1844年法の意義は、とりわけ法人格がない設立証書会社にもジョイント・ストック・カンパニーとして明確な法的根拠を付与し、25名超の社員を擁するものに、ジョイント・ストック・カンパニーとしての登記を義務づけたこと、持分の自由譲渡を認めたこと、会社設立準則主義を確立したこと、および、会社情報の登記による公示を徹底したことであった[26]。その結果、当時の企業組織としては、①法人格がなくかつ社員は無限責任であるパートナーシップ（構成員数が25名以下）もしくは準パートナーシップ（構成員数は25名超でも1844年法上の登記手続きを履践していない）、②国王の特許状または議会の個別法律に基づく法人格がありかつ社員が有限責任である特許会社、ならびに、③1844年法上の法人格はあるが社員は無限責任を負う会社の3種類となった。

　1844年法で確立されなかった社員の有限責任は、1855年の有限責任法[27]（以下、1855年法という）にまで持ち越された。企業組織への有限責任の導入の議論は、パートナーシップから始まったが、それは不意打ち的に1855年法となって会社形態に関する議論において開花した[28]。1855年法により、有限責任の会社の商号にはすべて‘Limited’の文字が挿入されることとなり、現在

第 1 節　1948年会社法の誕生まで

に至るまで続いている[29]。1855年法は、翌年のジョイント・ストック・カンパニー法[30]（以下、1856年法という）に統合され、116か条と附表・雛形とで構成される近代的会社法となった。1856年法では、従来の設立証書から基本定款・通常定款を会社設立の際に構成員間で採択させ、かつ、払込済資本金額の制限を廃止し、また、清算規定を包含した。基本定款・通常定款の会社法における創設は、従来捺印証書を構成員全員で採択することにより信託法理に基づいて設立されていたジョイント・ストック・カンパニーが、法人格を獲得する過程において次第に定款を会社の準則として純化させていったことを物語る[31]。1856年法は、ジョイント・ストック・カンパニーの社員の員数要件を25名から7名に引き下げ（もっとも、判例[32]は1897年に一人会社を認めたので、このような形式的員数要件の意義はほとんどなくなったといえる）、企業家の組織形態の選択の際の指針とすべく、パートナーシップと会社との形式的区分をより明確化した点にも意義が見出されうる[33]。

1862年にははじめてCompanies Act（会社法）という名の法律が誕生した[34]。1856年法よりさらに大部となり（212か条と3附則）、保証有限（責任）会社という新たな会社形態（その内容については、第2章第2節第1款を参照）を創設したほか、清算規定を改正ないし詳密化し、保険会社をもその適用範囲に含めた。1862年会社法は、1908年会社法に至るまで英国における基幹会社法であった[35]。なお、1890年にはパートナーシップ法[36]が制定され、法人格を有しないパートナーシップを利用しうるのは20名以下の構成員を有する組織に限る旨が明確にされた。1856年法において追求されたジョイント・ストック・カンパニーとパートナーシップとの住み分けを一応完結させたものである。

英国において上記の一連の会社法改正がなされた19世紀中葉から20世紀前半にかけての時期は、同国の第二次産業革命期にあたり、産業資本の拡大にともなうジョイント・ストック・カンパニーの設立ラッシュ[37]をみた。1880年代になると、ジョイント・ストック・カンパニーは、単なるジョイント・ストックを超えて資本の集中ないし市場の独占の道具としてその役割を変貌させることとなる[38]。

第1章　英国1948年会社法

第3款　会社法改正の実務

　以上のように、近代的会社法が1856年に誕生し、それが会社法と名称を変え、大部の法律となると、会社法を短時間に包括的・網羅的に見直すことが困難となってきた。19世紀末までには、およそ20年ごとに商務省に会社法改正委員会が設置され、その勧告に基づいて会社法の改正が行われるという慣行が確立した[39]。たとえば、1908年会社法改正はロアバーン委員会（Loreburn Committee）[40]、1929年会社法はレンブリー委員会（Wrenbury Committee）[41]およびグリーン委員会（Greene Committee）[42]の勧告に依拠した。1929年会社法では、償還株式を法定し（第46条）、自己株式の取得に関する会社から取得者への資金援助を禁止し（第45条）、取締役の利益相反取引の事前または事後の取締役会における開示を義務づけ（第149条）、総会招集通知期間を、特別決議をなす場合は21日、それ以外は7日とし（第117条第2項）、さらに、今日の株式公開買付（以下、TOBという）規制の原型ともいえる規定を創設した（第155条）点などが注目される[43]。

（1）　もっとも、形式的には別立法ではあっても、スコットランドについては、イングランド＆ウェールズ会社法と実質的にほぼ同一の規定が適用されていたので、コモン・ロー原則の齟齬によるものを除き、実務上難題が生じることはほとんどなかったとされる(See, e.g., L.C.B. Gower, *Gower's Principles of Modern Company Law,* fourth edition (London : Stevens & Sons, 1979), p.742.

（2）　F.W. Maitland, 'Trust and Corporation (1904)', in H.D. Hazeltine et al. (eds.), *Selected Essays/Maitland* (Cambridge: At the University Press, 1936), pp. 189ff, 214ff（同論文の翻訳として、メイトランド（森泉章訳）『信託と法人』日本評論社 (1988年)）; A.B. DuBois, *The English Business Company after the Bubble Act 1720-1800,* (New York: The Commonwealth Fund, 1938), p.12; W.R. Scott, *The Constitution and Finance of English, Scottish and Irish Joint-Stock Companies to 1720* (New York: Peter Smith, 1951), vol. 1, pp.1-14 ; P.L. Davies, *Gower's Principles of Modern Company Law*, sixth edition (London: Sweet & Maxwell, 1997), pp.18-19（なお、2003年に出版された第7版では、英国会社法に関する歴史的記述（旧版の第2章と第3章）は削除されている); R.B. Grantham and C.E.F. Rickett, *Company and Securities Law: Commentary and Materials* (Wellington: Brookers, 2002), p.4 ; 武市春男「イギリス会社法発展史論」城西経済学会誌2巻1号1頁

第 1 節　1948年会社法の誕生まで

以下（1966年）。
（3）　Grantham and Rickett, ibid., p. 6.
（4）　H. R. Hahlo, 'Early Progenitors of the Modern Company,' (1982) Judicial Review 139.
（5）　Grantham and Rickett, supra note 2, p. 6.
（6）　岩井克人「英国の二つの法体系」（朝日新聞2004年2月4日夕刊）は、13世紀英国の資本主義の確立とコモン・ローの発生時期がほぼ重なるという興味深い分析を展開している。
（7）　Grantham and Rickett, supra note 2, p. 6.
（8）　最初の12回の航海は、国王の特許状こそ得てはいたものの、個別の出資を個別の計算およびリスクにおいて運用する制規組合であった。個別出資から得られた利益は個別に帰属した。13回目以降の航海では、共同出資形態をとり、共同の計算およびリスクにおいて運用し、利益を分配する形態、すなわち、特許会社が採られた（see, e.g., M. Schmitthoff, 'Origin of Joint-Stock Company,' (1939) 3 University of Toronto Law Journal 88-92）。
（9）　A. Cadbury, *Corporate Governance and Chairmanship: A Personal View* (Oxford: Oxford University Press, 2002), pp. 2-3. General Court の構成員には、定額の出資（初期のころは、200ポンド）が義務づけられ、議決権が認められた。会議は構成員数があまりにも多すぎたために頻繁には開催されなかったが、会社の最高の意思決定機関であり、Director を選任するほか、基金の引き上げのような重要な事項には必ず関わった。Court of Directors は、総裁（Governor）、副総裁（Deputy Governor）に加え、24名の Director から構成され、多くの下部委員会を抱え、売買や通信のような会社の重要な機能を担った。
（10）　Ibid.
（11）　An Act to Restrain the Number and Ill Practice of Brokers and Stock-jobbers 1697, 8 & 9 Wm. 3, c. 32.
（12）　Davies, supra note 2, p. 23. 優先株の発行は18世紀の鉄道株において一般的となったが、すでに17世紀末には優先株のみならず、異なる種類の社債も発行されていたらしい（もっとも、当時は株式と社債の概念が判然と区別されていたわけではない）(ibid.)。
（13）　南海泡沫会社事件とは、1711年に南米貿易と漁業振興を目的として設立された南海会社（South Sea Company）が、多数の泡沫会社の設立とそれらの泡沫会社株式の投機熱に拍車をかけ、しかも、自身は投機的計画の失敗により、財政的破綻をきたしたものである。南海会社は1719年に償還不能な割合の国債を自社の株式を対価に政府から引き受ける計画を開始した。国民にとっては国債を株式に転換できる非常に魅力的な投資機会と映ったため、このことが空前の株式投機熱を惹起した。この事件は、法人格なき会社の持分自由譲渡を規制する1720年泡沫法制定の契機になった。ちなみに、南海会社（South Sea Company）の正式名称は、The Governor and Company of Merchants of Great Britain

17

第 1 章　英国1948年会社法

　　　trading to the South Sea and other parts of America and for encouraging the Fishery である。なお、L. C. B. Gower, 'A South Sea Heresy?,' (1952) 68 Law Quarterly Review 214-225を参照。
（14）　An Act to Restrain the Extravagant and Unwarrantable Practice of Raising Money by Voluntary Subscriptions for Carrying on Projects Dangerous to the Trade and Subjects of this Kingdom, 5 Geo. 1, c. 18. R. Harris, *Industrializing English Law: Entrepreneurship and Business Organization, 1720-1844* (Cambridge: Cambridge University Press, 2000), pp. 64-65は、泡沫法に関する学界の評価の視点を次の3つに分類している。ひとつは、経済史の視点から、泡沫的ジョイント・ストック・カンパニーと資本市場への警鐘と捉えるもの、2つめは、公共選択およびレント・シーキング（たとえば、特権を求める商人たちへの税、株式などを対価とする立法府による立法財の売却）の観点から立法を捉える比較的新しいもの、および、3つめは、泡沫法を、他のおびただしい競争泡沫会社に国債から株式への転換スキームを奪われないよう南海会社自身がしかけて得られたとみるもの、である。第三の視点では、泡沫法の制定がジョイント・ストック・カンパニー発展途上の転換点と捉えられることはない。また、Harris は、泡沫法という略称が使用され始めたのが19世紀になってからであり、泡沫法という名称の響き自体が、多くの文献におけるような泡沫法の位置づけ、すなわち、南海会社事件という大バブル対策として制定されたものとする読み方（Harris 自身は他の多くの小バブルも含めた包括的バブル規制立法であったとしている）に結びつき、きわめてミスリーディングであると述べている。
（15）　Davies, supra note 2, p. 25.
（16）　同法は18か条を有し、その制定に先立ってなされた庶民院決議の内容をほぼ踏襲していた。たとえば、国王の臣民の共通の苦痛（Grievance）、不利益（Prejudice）、および不都合（Inconvenience）に帰結するおそれがある事業の遂行は、違法かつ無効とするとされ、違法・無効となりうる具体例が示されるとともに、違法会社との取引に関与した仲立人の罰則などが定められていた。
（17）　Grantham and Rickett, supra note 2, p. 6 ; Davies, supra note 2, pp. 18ff. なお、大野正道「「要綱試案」と非公開会社の準組合性──法律学と経済学の見地からの考察」判例タイムズ1146号122頁以下（2004年）およびその引用文献も参照。
（18）　本文に述べたような、信託法理に基づく法人性は設立証書に記載することによってもたらされた。設立証書には構成員の権利義務等に関わる団体内規および経営の委任条項などが含まれた。設立証書は原始捺印者間で作成されたが、後に、設立証書は構成員の権利義務の移転を認めるようになった（Grantham and Rickett, ibid., p. 14）。
（19）　Schmitthoff, supra note 8, pp. 74, 88-92.
（20）　Davies, supra note 2, pp. 29-32.
（21）　大隅健一郎『新版株式会社法変遷論』有斐閣70頁（1987年）。
（22）　16 Geo. 4, c. 91. もっとも、当時「個人企業を食い物にする独占企業たるジョイント・

第 1 節　1948 年会社法の誕生まで

ストック・カンパニー」というジョイント・ストック・カンパニー（法人格があるとないとを問わない）自体に対する強固なマイナス・イメージはあった。Adam Smith は『国富論』のなかで、ジョイント・ストック・カンパニーは銀行、海上火災保険、運河掘削・管理、大都市への水道供給の 4 つの取引にのみ適切であると述べ、個人企業とは競合しないと考えていた（A. Smith, *An Inquiry into the Nature and Causes of the Wealth of Nations* (1776),（reprinted version, London: Routledge), Book V, Ch. 1, Pt. III, Art. 1, p. 594（邦訳として、たとえば、アダム・スミス（大河内一男監訳）『国富論 III』中央公論新社 105 頁以下（1978 年））。

(23)　H. L. Smith, *The Board of Trade*（London : G. P. Putnam, 1928), p. 168.
(24)　この間、1834 年商事会社法（Trading Companies Act, 4 & 4 Wm. 4, c. 94)、1837 年特許会社法（7 Wm. 4 & 4 Vict. c. 73）が制定されている。
(25)　7 & 8 Vict. c. 110 & 111.
(26)　Davies, supra note 2, p. 38. 会社登記情報の公示にともない、会社登記官という官職が創設され、会社立法において大きな役割を担うこととなった。1844 年法では、破産法制と金融法制は別立てであった。
(27)　Limited Liability Act, 18 & 19 Vict. c. 133. この法律では、会計監査人は、商務省長官により選任されることになっていた。
(28)　Davies, supra note 2, pp. 41-44. 同時に Partnership Amendment Bill も上程されたが、このときには立法されなかった。
(29)　責任制限に関する第三者への警告の意味をもつ。このことは、米国会社の Inc. と対照的である（Davies, supra note 2, p. 45 は、法人格の有無を示す米国の Inc. のほうが商号要件としては妥当であるとしている）。
(30)　Joint Stock Companies Act 1856, 19 & 20 Vict. c. 47. 前年の有限責任法で商務省長官による選任が強制されていた会計監査人は、任意の機関となり、結果、商務省の関与はなくなった。また、スコットランドへの適用が会社立法としてはじめて認められた。
(31)　大野正道『企業承継法の研究』信山社 38-40 頁（1994 年）。
(32)　Salomon v. Salomon & Co. Ltd［1897］A. C. 22.
(33)　Grantham and Rickett, supra note 2, p. 33.
(34)　25 & 26 Vict. c. 89.
(35)　その間、Companies Act 1867（30 & 31 Vict. c. 131)、Companies Act 1879（42 & 43 Vict. c. 76)、Companies Winding Up Act 1890（53 & 54 Vict. c. 63)、Directors' Liability Act 1890（53 & 54 Vict. c. 64)、Companies Act 1900（63 & 64 Vict. c. 48）が制定されている。
(36)　53 & 54 Vict. c. 39.
(37)　Ireland によれば、1915 年までに登記簿上に登載されていたジョイント・ストック・カンパニーは 63,619 社であったものが、1924 年までには 90,000 社にまで膨れ上がってい

第1章　英国1948年会社法

たという。Ireland は、さらに、その大部分が閉鎖会社であり、その意味ではジョイント・ストック・カンパニーは、パートナーシップの代用物でしかありえなかったとの評価を付け加えている（P. Ireland, 'The Triumph of the Company Legal Form, 1856-1914,' in J. Adams（ed.）, *Essays for Clive Schmitthoff*（Abingdon: Professional Books, 1985）, pp. 38-46）。
(38)　Ibid.
(39)　Davies, supra note 2, p. 48.
(40)　1906 Cmnd. 3052.
(41)　1918 Cd. 9138.
(42)　1926 Cmd. 2657.
(43)　このほか、1929年会社法では、附則A表において取締役と株主総会との権限分配を明確化するとともに、取締役に資格株式の取得を義務づける一方で通常定款の規定に基づき非株主取締役の選任を認める旨、および、取締役の解任は総議決権の4分の3の賛成を必要とする臨時決議による旨を定めていた。

第2節　英国1948年会社法の構成

　1929年会社法制定後、先に述べた約20年のサイクルで改正を行うという慣例に基づき、1943年に会社法改正委員会として商務省内にコーエン委員会（Cohen Committee）が設置された。コーエン委員会は、多岐にわたる勧告を行った（1945年）が、最も重点的に検討されたのは、大要以下の5点であった。それらの多くは1948年会社法の規定上に採用されることとなった。

①　目論見書　1928年から29年の株式投資ブームに絡み、株式投資に先立つ情報開示が量・質ともに不十分であったために、投資家に損失が発生した。そこで、コーエン委員会は、目論見書における開示の徹底を勧告した [44]。

②　免除私会社　1907年会社法以来維持されてきた計算書類の登記所への届出につき免除される私会社（免除私会社）について、コーエン委員会は小規模企業の実態に鑑み、存置すべきである旨を勧告した [45]。

③　名目株主　名目株主と実質株主との乖離が次第に拡大してきていることをデータを用いて示したうえ、株式の受益的保有者の開示が必要である旨を提言した（なお、この点に関する詳細については、第2章第1節

第 2 款、参照）⁽⁴⁶⁾。

④ 会計・監査　親会社の連結会計を含む株主に呈示すべき計算書類の内容を充実し、開示の徹底を図るとともに、会計監査人の権限を強化すべきことを提言した[47]。

⑤ 株主による経営監督　株式の分散化にともない、株主の権利行使の実を挙げうるような枠組みの検討が必要である旨の問題提起を行った[48]。

以上の経緯を踏まえ、以下では1948年会社法の基本構造を提示することとする。基本構造は、次の柱により構成される。

① 企業形態
② 企業統治
③ 企業金融
④ 企業開示

第 1 款　企 業 形 態

第 1 項　会社法上の会社

英国1948年会社法の規定によると、会社の種類の分類方法には、責任の態様によるもの、株式の公開性に基づくもの、および、設立地によるものとがある。各分類方法による会社の種類は以下のようになっている。

1　責任の態様によるもの
　(1) 株式有限（責任）会社（companies limited by shares）
　(2) 保証有限（責任）会社（companies limited by guarantee）
　(3) 無限（責任）会社（unlimited companies）
2　株式の公開性に基づくもの
　(1) 公開会社
　(2) 私会社　① 免除私会社（exempt private companies）
　　　　　　　② 非免除私会社（non-exempt private companies）

第1章　英国1948年会社法

　3　設立地によるもの
　　(1) 内国会社
　　(2) 外国会社（1948年会社法のもとでは、英国外で登記された会社のみならず、エディンバラの登記所（Companies House）で登記を経由した会社は、外国会社（foreign companies）(49)となる）

　このうち、従来、保証有限(責任)会社が株式を発行することは法律上必ずしも禁止されていなかったため、実務的には株式保証有限(責任)会社という会社形態も存在したが、株式資本を有する保証有限(責任)会社については、1980年改正以降新規登記が認められないこととなった。英国会社法のもとでは株式資本を有する保証有限(責任)会社のみが公開会社となりうる（たとえば現行の1985年会社法第1条第3項）ので、株式資本を有しない保証有限(責任)会社は常に私会社に分類されることとなる。なお、パートナーシップ法および有限パートナーシップ法上のパートナーシップおよび有限パートナーシップもまた実務上重要な企業形態である。1844年法によって、パートナーシップと会社との間に線引きがなされたことは前述のとおりである。パートナーシップは20名以下のパートナーによって構成され、無限責任のパートナーのみのもの（partnerships）と、有限責任パートナーも含むもの（limited partnerships）とに分類されていた。この20名要件は、企業組織の柔軟化の要請によって2002年に会社法施行規則（Statutory Instrument）(50)に基づき廃止され(51)、また、2000年に有限責任パートナーシップ（limited liability partnerships; LLP）が新たな事業形態として立法により導入された。

第2項　会社の設立

　設立に必要な基本的な文書として会社の定款がある。会社の定款には、基本定款（memorandum of association）と通常定款（articles of association）とがある。基本定款は、会社の基本方針に関わるような重要な事項につき規定し、通常定款は、会社の内部規則を定めるものである。株式有限(責任)会社では通常定款の提出は任意である。この場合は、会社法第1附則A表が当該会社の通常定款とみなされる（第8条第2項）。基本定款には、所定の事項を記載し、公開会社では7名以上、私会社では2名以上の者（発起人）が、引受株式数を

記載したうえ署名する。会社は、これを他の法定書類とともに登記官に提出することによって設立される。

　私会社は、登記官が所定の書類を受理し、設立証書（certificate of incorporation）を発行した時点で、ただちに営業を開始できるが（第109条第7項）、公開会社では株式の募集に関する要件を満たしたのち、営業開始許可証（certificate to commence business；trading certificate）を取得して初めて営業を開始できる（第109条第3項）。このような形式を創立主義といい、会社設立後営業開始権を取得するまでの会社との契約はすべて仮契約とされる[52]。

　なお、会社の設立前に発起人のなした行為について、1948年会社法は何ら規定しておらず、これに関する問題の解決は、すべて判例法による[53]。

第3項　能力外の法理（ultra vires doctrine）

　英国1948年会社法は、基本定款の変更をきわめて制限的にしか認めていない（第5条）。この規定は、英国会社法上歴史の長い能力外法理の徹底を図るという意味で重要であった。

　能力外の行為とは、会社の基本定款に記載された目的によって付与された会社の権能を踰越する行為、または、会社の通常定款によって付与された取締役の権限を踰越する行為をいう[54]。能力外の法理とは、会社の能力外においてなされた行為は絶対的に無効で、総社員の同意をもってしても追認しえない、というものであって、コモン・ロー上厳格に確立された原則であった[55]。したがって、第三者との関係における能力外行為の効力については、次のようになる。第三者と契約を締結した後に総社員の追認があったとしても、会社は、その契約を履行することができず、また、会社が定款を変更して目的の範囲を拡大したとしても、その変更の効力は、先に締結した能力外の契約には及ばない。契約の相手方は、当該契約が会社の能力外であったことを抗弁として援用することができ、会社からの、当該契約についての履行請求を拒みうる[56]。しかし、逆に、第三者は、当該能力外の契約を強行することができないばかりか、能力外法理の前提として、悪意が擬制される（擬制認識（擬制悪意、推定悪意；constructive notice）の法理）ために、会社の目的の不知を主張することもできない。すなわち、登記官に提出し、公衆の閲覧に

供される公示文書（public documents）には、コモン・ロー上、擬制認識の法理が適用され、これにより会社と取引しようとする第三者は登記事項につき悪意を擬制される。したがって、会社となした取引が会社の目的外であったとしても、第三者は会社の目的の不知を主張することができないのである。

なお、会社の目的外と会社の能力外とは、厳密には同義ではないが、会社はその目的事項の範囲において権利能力を有すると解されるため、この両者の差異は実質的にはないといえる。

第2款　企業統治

第1項　機　　関

1　株 主 総 会

(1)　種　類

株主総会は、会社の業務に関する一切の事項を審議し、かつ会社の意思を決定することができる[57]。

株主総会には、法定総会（statutory meeting）[58]、年次総会（annual general meeting）、臨時総会（extraordinary meeting）の3種類がある。法定総会は、営業開始後1ないし3か月以内に1回行われるのみである（第130条）。年次総会は、設立から18か月以内に開催され、爾後毎暦年に1回、各総会間の間隔が15か月以内となるように開催されなければならない（第131条第1項）。臨時総会は、法定総会おび年次総会以外の一切の総会の名称である。

(2)　招　集

株主総会の招集権者は、通常定款において定められる。臨時総会を含め、通常は、取締役会によって招集される（A表第40条）。しかし、株主は、以下の要件を満たせば、適法に臨時総会を招集しうる。

議決権を有する払込済資本（paid-up capital）の10％に当る株主、または、株式資本を有しない会社において総議決権の10％を代表する社員は、会社に対し総会招集要求書を提出できる。株主からこのような総会招集要求書が提出された場合には、取締役は、通常定款の規定にかかわらず、臨時株主総会を招集しなければならない。取締役がこの要求に基づいて総会を招集しない場

合は、株主は、会社の費用において自ら総会を招集できる（第132条）。

　ところで、英国会社法においては、従来から、年次株主総会の普通決議事項については、通常定款において規定するのを通常としているため（A表第52条[59]）、会社は、事務手続きの便宜上、特別決議がなされないかぎり、年次株主総会の招集通知には、当該株主総会の日時および場所のみを特定するにすぎなかった。このため、とりわけ、普通決議のみなされる年次株主総会に関しては、株主は、株主総会の決議事項の具体的な内容について知る術がなかった[60]。1948年会社法は、この点を改善するとともに、次のような規定をさらに付け加えた。すなわち、総議決権の5％以上に当る議決権を有するか、または払込株金額の平均が各自100ポンド以上である、頭数にして100名以上の株主は、会社に対し、次期年次株主総会において審議を欲する決議案の謄本、およびその理由を簡単に説明する1000語を超えない文書の謄本を各株主に配布することを請求できる（第140条）、とされたのである。

　このほか、1948年会社法は、少数株主が直接、臨時株主総会を招集しうる途を開いている。すなわち、通常定款に別段の定めのないかぎり、発行済株式（issued share capital）（無議決権株式も含まれる）の10％以上を保有する2名以上の株主、または株式資本を有しない会社の社員の5％以上に当る者は、総会を招集できる旨が定められている（第134条(b)[61]）。

　なお、裁判所は、会社の株主総会が適切に招集、管理されない場合、取締役または株主の申立に基づき総会を招集しうる（第135条）。

(3)　招 集 通 知

　通知期間は、原則として、社員が有限責任の会社では、年次総会の場合および臨時総会において特別決議をなす場合は21日、臨時総会において特別決議をなさない場合は14日であり、無限（責任）会社の場合は、総会の種類および決議の内容にかかわらず、7日である（第133条第2項）。しかし、株主全員の合意があった場合など、所定の場合には、通知期間は短縮されうる（第133条第3項）。

　通知は、総会に出席する権利を有する一切の株主に発しなければならない（第134条(a)）。通知方法は、通常定款で定められるのが通例である。会社法本体には、通知の不慮の遺漏（accidental omission）、不受領などについて何ら定

めはない。

(4) 定足数・決議方法

株主総会の手続きについては、通常定款の規定があれば、まずこれにしたがう。会社法の規定は、通常定款の規定がない場合にのみ適用される。会社法が定める株主総会の定足数は、公開会社で3名、私会社で2名である（第134条(c)[62]）。

株主総会の議決方法は、コモン・ロー上の原則により、まず挙手の方法が選択される[63]。挙手による議決は、頭数の多数決によってなされる。挙手の議決が不十分な場合は、投票の方法がとられる（実務的には、とりわけ公開会社においては、投票の方法による）。投票請求権は、株主の権利として、いかなる通常定款の規定にかかわらず保護される（第137条第1項）。なお、株主は投票による議決権の行使に関し、投票代理人（proxy）を指名することができる（第136条）。

(5) 決　議

決議には3種類存在する。普通決議（ordinary resolution）、特別決議（special resolution）、および臨時決議（extraordinary resolution）である。年次総会、臨時総会の区別とは何ら関係ない[64]。普通決議は、議決権を行使しうる株主による単純多数決で成立する。特別決議は、総会において議決権を行使しうる株主の4分の3の多数決により成立する。ただし、この決議をなす場合には、総会において特別決議を提案する旨が明記された通知（特別通知（special notice））を総会の21日以上前に発送しなければならず（第141条第2項）、また、決議の謄本は登記官に提出されなければならない[65]。臨時決議は、特別決議と同様に、株主総会において議決権を行使しうる株主の4分の3の多数決により成立する。しかし、特別通知を要しない点で特別決議と異なる[66]。ただし、当該通知には、臨時決議をなす旨が明記されなければならない。

2　取締役および取締役会

(1) 取締役の選任・員数・資格

英国会社法は、伝統的に取締役会（board of directors）という概念を有していない。取締役の合議体は存在するが、それ自体には何の権限もなく、会社の経営権は、総体としての取締役に帰属するとされる[67]。

第 2 節　英国1948年会社法の構成

　取締役の選任については、通常定款の定めるところによる。通常、最初の取締役は通常定款にその氏名もしくは選任方法が記載され、爾後の取締役は株主総会で選任される。選任方法につき、会社法が規定するのは、公開会社における数人の取締役の一括選任の禁止である（第183条）。なお、累積投票制度は採用されていない[68]。

　取締役は、公開会社では 2 名以上、私会社では 1 名以上を要する（第176条）。法人取締役（corporate directors）は禁止されていない（第200条第1項）。取締役には定年があり、70歳を超える者は、取締役となることができず、任期途中に70歳に達した取締役は、次期年次総会において退任する（第185条）。通常定款が、取締役に資格株式の取得を義務づけている場合は、所定の資格株式を取得しない者は取締役の職を退かなければならない（第182条）。

(2)　登　録　簿

　会社は、本店に取締役名簿を備置しなければならず、この取締役名簿は、株主には無料で、その他の者には少額の手数料でもって閲覧に供される（第200条第 1 項、第 6 項）。取締役名簿の細目に関する所定の報告書は、会社の最初の取締役が選任された後、14日以内に会社登記官に送付されなければならず、爾後、当該取締役名簿に変更が生じるたびに、変更が生じた旨の通知を会社登記官に送付しなければならない（第200条第4項、第5項）。変更の通知は、当該変更が生じたときから14日以内になされなければならない（第200条第5項）。また、取締役の株式保有についての実体を記載した取締役の株式保有簿が年次総会開催にあたり作成され（第195条第1項）、年次総会会期中総会出席者のすべてに閲覧される（第195条第5項）。取締役の株式保有簿は、年次総会後は会社の本店に備置され、商務省のみが閲覧および謄写の請求をなしうる（第195条第6項）。

(3)　報　　酬

　取締役の報酬は、株主総会に提出される計算書類および附属明細書（statement annexed thereto）に記載され、株主総会の決議に付される（第196条）。

(4)　義　　務

　取締役は会社の代理人（agent）である[69]。したがって、会社の受託者（trustees）として、コモン・ロー上の義務[70]を負い、誠実に（honestly）かつ通常

程度の注意をもって（with reasonable care and diligence）任務にあたらなければならない。この義務より、競業避止義務および利益相反行為の回避義務が導かれる。制定法上は、利益相反取引のひとつといえる、会社の取締役に対する貸付が明文で禁止されている（第190条第1項[71]）ほかは、利益相反取引をなそうとする取締役は、取締役会への開示義務を負うことが1948年会社法により初めて規定された（第199条）程度であって、取締役の義務のほとんどはコモン・ローないしエクイティに委ねられたままである。

(5) 取締役会

元来、英国会社法は、定款自治に委ね、会社の取締役会の地位および権限について、何ら規定してこなかった[72]。したがって、取締役会の権限については、通常定款において定められる。通常は、取締役会には広範な権限が与えられる（A表第86条）。

(6) 秘書役（secretary）

秘書役は、会社の役員を構成し、会社の事務における一切の権限を有する者の呼称である。取締役と異なり、秘書役は、会社の経営に関しては何ら権限を有しないため、会社の代理人として事務以外の取引に関して契約を締結することはできない[73]。

すべての会社は、秘書役を1名以上置かなければならず、この者は取締役を兼務してはならない（第177条第1項）。秘書役は通常取締役会によって指名される（A表第110条）。会社は、秘書役名簿を備置しなければならない。今世紀に入り、判例は、いずれも秘書役の地位を大幅に亢進させている[74]。

第2項　少数株主保護

コモン・ロー上、'fraud on the minority（少数派に対する詐欺）'の法理があり、裁判所は、この法理に基づき少数株主を保護してきた。1948年会社法は、一部の株主に抑圧的な方法で会社の業務が行われる場合、被抑圧株主は、裁判所に提訴できる旨を定めている（第210条）。この規定は、1948年会社法によって初めて設けられた[75]。

裁判所はこの訴えがなされた場合は、会社の行為を矯正させるか、または反対株主の株式を会社または第三者に買い取らせるか、または係属している

第 3 項　再建（reconstruction）および清算（winding up）

ゴーイング・コンサーンとしての企業統治については前述したが、ここでは、企業組織の基本的変更をともなう場合の手続きと統治の仕組みについて概観する。

1　再建

再建とは、ひとつの会社がその同じ構成員を株主として新たに別の会社を設立して、その会社に従前の会社の事業を移動させることをいい、会社の再組織化（reorganisation）の 1 種に数えられる。裁判所の命令により、会社は、その資産・負債の全部を新会社に移転するとともに、従前の会社は解散することとなる(77)。

1948年会社法上、再建の方法としては、以下の 4 つが可能である。

(1)　債権者との和議・和解に基づく方法（第206条）、
(2)　清算人の権限による営業譲渡（第287条）、
(3)　基本定款の規定による清算の際の営業譲渡、
(4)　TOB による方法（第209条）。

再建は、会社の経営危機の場合になされることが多いが、再建できない場合は、会社は解散・清算手続きに入り、当該会社は消滅することとなる。

2　清算（winding up(78)）

清算には、任意清算（voluntary winding up）と裁判所による強制清算（winding up by the court；compulsory winding up）がある。実際界では、任意清算が清算のほとんどを占めるといわれる(79)。

(1)　任意清算

任意清算は、以下の場合に可能とされる。すなわち、①通常定款に定めてある会社の存続期間が経過した場合、または通常定款に定めてあるその他の解散事由が生じた場合において、株主総会が普通決議によって任意清算の決議をした場合、②株主総会が、特別決議によって任意清算の決議をした場合（①以外の事由で任意清算する場合は、株主総会の特別決議が必要となる）、③会社が、債務によって業務を継続することができず、かつ清算をするのが得策で

あるため、臨時決議によって任意清算を決定した場合（③の事由にあたる場合は、緊急性を要するため招集手続きが短い臨時決議による）、である（第278条）。任意清算は、さらに会社の債務支払能力に応じて、株主主導型（member's voluntary winding up）と債権者主導型（creditor's voluntary winding up）とに分かれる。会社に債務完済能力がある場合は株主主導型となる。

　清算手続きの骨子は、以下のようになっている。取締役の代わりに清算人（liquidator）が会社の清算事務の全権を握る。任意清算においては、清算人は株主総会で選任される（株主主導型の場合）か、債権者（または明示の要求により会社）が指名する（債権者主導型の場合）。清算人は債権を取り立て、債務を弁済し、残余財産を分配することを主たる任務とする（第301条以下）。清算人は、所定の時期に債権者および株主に対し会社の財務状況を報告しなければならない（第289条、第290条第1項、第2項）。

(2) 強 制 清 算

　裁判所は、以下の場合において、強制清算の命令をなしうる（第222条）。①会社が、株主総会の特別決議によって、強制清算の申請をすることを決定した場合、②会社登記官に法定の報告をしなかった場合、または法定総会が開催されなかった場合、③会社が、設立後1年以内に業務を開始しないか、または1年以上業務を停止する場合、④株主数が法定数未満になった場合、⑤会社が、債務の支払をなすことができない場合、⑥会社を解散するのが正当かつ衡平である（just and equitable）と裁判所が認めた場合、である。

　強制清算命令がなされると、官選管財人（official receiver[80]）が仮清算人（provisional liquidator）となって、会社の清算事務を開始する。裁判所は清算人を指名するが、とくにこれを指名しない場合は、引き続き官選管財人が清算人となって手続きを進める。清算人は、取締役から提出された報告書に基づいて自己の報告書を作成し、これに自己の意見を添えて債権者および株主に示すとともに、裁判所に対し、会社の財産状態および検査の要否について報告しなければならない（第236条）。

第3款　企業金融

第1項　資　本

1　概　要

英国会社法は、株式の払込に分割払込制をとっており、これにより払込済資本（paid-up capital）と未払込資本（partly paid-up capital or uncalled capital）との別ができる。

資本と株式との関係は厳格であり、公称資本（nominal capital）と券面額（fixed amount）および発行数の記載は基本定款の絶対的記載事項となっている。また、基本定款には、授権資本を記載しなければならない。

1948年会社法は、最低資本金制度を設けていない。引受済資本の授権資本に対する最低比率の制限もない。

2　増　資

通常定款で増資を認める規定を有する場合は、株主総会の決議によって随時増資を行うことができる（第61条）。決議方法は、通常定款の定めるところによる。通常定款による定めのない場合は、株主総会の特別決議によって増資しうる（第10条）。

3　減　資

英国会社法のもとでは、コモン・ローの原則により、1867年までは、減資は認められなかった[81]。減資は、1867年の会社法（Companies Act）[82]によってはじめて認められた[83]。1867年会社法の精神は、1948年会社法の第66条に受け継がれている。

減資をなすには、通常定款に減資を認める規定の存在が必要である。通常定款に減資に関する規定がない場合は、特別決議によって通常定款を変更し、減資の規定を設けたあと、さらに特別決議によって減資の決定をなさなければならない[84]。減資の確定には、さらに裁判所の許可を要する。裁判所は、会社債権者に対する異議申出の催告、異議ある債権者に対する弁済または担保の提供、もしくは減資についての同意を得るべく、命令をなすことができる（第67条第2項）。

31

自己株式の取得は、財源の如何を問わず厳格に禁止されている[85]。この厳格さは、むしろコモン・ロー上の資本維持原則の要請を超えるものといいうる。1948年会社法は、この原則をさらに拡張し、一定の法が認める例外を除き、会社は自己株式を取得させる目的で何人にも金銭の供与をしてはならない、と定めている（第54条）。

第2項　株　式

1　株式の種類

(1) 額面株式および無額面株式

1948年会社法は、無額面株式を認めていない。基本定款では、上述のように、公称資本と額面の記載を要求している。コモン・ロー上、資本と株式の関係が厳格に考えられていたためである[86]。

(2) 記名株式および無記名株式

1948年会社法は、記名株式、無記名株式双方の発行を認めている。記名株式の譲渡は、通常定款の定めにしたがってなされるが、会社法上、譲渡は、会社に適切な譲渡証書 (certificate of transfer) を提出することによってなされる（第75条）。

無記名株式は、定款でその発行が認められている場合にのみ、そして全額払込株式に限って発行しうる（第83条）。無記名株式は、占有の移転によって譲渡される。

(3) 種　類　株　式

会社は、通常定款で規定すれば、種類株式を発行することができる。種類株式には、配当および残余財産分配への権利により、普通株式 (ordinary shares)、優先株式 (preference shares)、劣後株式 (deferred shares) の分類がある。これらの発行の条件、権利、特権などについては、通常定款で定められる。

2　株式の割当

株式は、会社が目論見書によって株式の募集をなし、これに対して公衆から申込がなされたのち、会社が株金額を受領するという手続きを経て、割り当てられる。株式の割当は、目論見書を発行した日から3日を経過したのち、

または目論見書にそれ以上の期間を定めたときはその日が経過したのちでなければなされえない（第51条第1項）のみならず、英国会社法は1929年以降、最低引受額（最少引受額；minimum subscription）の制度を設け、目論見書に記載した最低引受額の引受がなされずかつ額面総額の5％以上に当たる払込みがない場合は株式の割当をなしえないこととしている（第47条）。

3　新株発行

新株発行の形態として、基本的には予約権発行（株主割当；rights issue）、私募（placings）、公募（public offers）がある。

予約権発行は、既存株主または社債権者に、その持分に比例した数の株式または社債の勧誘をなす予約権証書（a letter of rights）を送付するものである。

公募は、公開会社でのみなしうる。私会社では、通常定款の規定において公衆への株式引受の勧誘を禁止することが私会社たる要件となっている。

株式を公募する場合には、目論見書の作成が必要である。目論見書の内容は、1948年会社法第四附則に詳細に定められている。

目論見書は、発行前に登記しなければならず（第41条）、目論見書に虚偽の記載があった場合は、株式引受人は目論見書の発行について責任ある一切の者に救済を求めうる（第43条）。また、不実記載を包含する目論見書の発行を認めた者には、刑事責任が課される（第44条）。

私会社が公開会社に組織変更する場合、および公開会社が株式を公募しない場合は、目論見書に代わる書面（statement in lieu of prospectus）を提出しなければならない（第37条）。

4　株式の額面割れ発行

株式の額面割れ発行は、資本維持の原則に反するため、1892年の貴族院判決[87]以来、違法とされてきた。1948年会社法は、このコモン・ロー上の原則を明示し、会社は、原則として株式の額面割れ発行ができない、としている（第171条第1項）。ただし、この原則には、次の2つの例外が認められている。ひとつは、裁判所の許可を受けた場合で、かつ法定要件を満たす場合（第57条）であり、また、他のひとつは、額面金額の1割以内に当たる手数料または仲介料を徴収して株式を発行する場合である（第53条）。

第1章　英国1948年会社法

第4款　企業開示

第1項　計　　算

1　決算報告書

　1948年会社法によって、計算書類の規定が整備され、会社の決算に関する開示の規制が徹底されることとなった[88]。

　すべての会社は、所定の期間に、当該会計年度における会社の利益および損失について真実かつ公正な概観（true and fair view）を与える損益計算書および当該会計年度末における会社の業務について真実かつ公正な概観を与える貸借対照表を作成し、これに取締役報告書（directors' statement）を添付し、会計監査人（次項を参照）[89]の監査を受けなければならない。貸借対照表および損益計算書の書式は、会社法第八附則の規定に基づいて作成されなければならない（第149条第2項）。

　会計監査人の監査を受けたのち、かかる計算書類の謄本は、株主総会の招集通知とともに株主に送付され、かつ株主総会の承認を受ける（第148条第2項）。

　会社が子会社を有している場合には、会社および子会社の業務および損益の状態を取り扱った連結決算報告書（consolidated accounts）を作成しなければならず、かかる連結決算報告書は株主総会においてその会社の貸借対照表および損益計算書とともに株主に呈示されなければならない（第150条第1項）。

　会社の決算に関する事項は、年次報告書（annual return）に記載され、登記官に提出され、公衆の縦覧に供される（第126条）。

2　会計監査

　すべての会社は、1名以上の会計監査人（an auditor or auditors）を置かなければならない（第159条第1項）。会計監査人は、自然人に限られ、商務省の認可を受けた会計の専門家のなかから指名される（第161条第1項、第2項(c)）。また、監査の公正性を担保するために、会社の役員または使用人と特別な関係にある者は、会計監査人となることができないとされている（第161条第2項(a)、(b)）。最初の会計監査人は取締役会が指名するが、爾後の会計監査人は、

株主総会の決議によって選任される（第159条第1項）。

会計監査人の任務は、会社の会計の監査（対会社）と株主に対する会社の会計報告（対株主）である（第162条第1項）。コモン・ロー上、受託者の負う義務として、会計監査人は自己の任務の遂行にあたり、相当の注意と技能（reasonable care and skill）を用いなければならない[90]。

会計監査人の辞任に関する規定は、1948年会社法においては設けられていない[91]。

3　配当および内部留保

配当および内部留保については、会社法上、何の規定もない。しかし、一般に、通常定款では、配当に関する詳細な定めがなされる（A表第114条ないし第122条）。コモン・ロー上、利益によらない配当の支払いが禁止され、通常定款にもこの当然の原則が規定されていることが多い。違法配当については、コモン・ロー上、当該配当を行った取締役は、支払った配当金額につき、連帯無限責任を負わなければならないこととなっている[92]。

配当の宣言（declaration）に関しては、通常定款に別段の定めがないかぎり、株主総会にその決定権が与えられる。しかし、その場合でも株主総会は、取締役会が配当しうる額として総会に勧告した金額を超えて配当をなす旨を決議することができず（A表第114条）、また、取締役会は、配当すべき金額を株主総会に示す前に、利益金のなかから準備金に組み入れる額を任意に控除することができる（A表第117条）ため、配当金額の実質的な決定権は取締役会にあるといえる[93]。

---

(44)　1945 Cmd. 6659, pp.19-25.
(45)　Ibid., pp.28-30.
(46)　Ibid., pp.43-45.
(47)　Ibid., pp.58-65, 67-68, 73-74.
(48)　Ibid., pp.84-87.
(49)　現行の1985年会社法は、その適用地を大ブリテン島全域にまで拡大したため、現在ではエディンバラで登記を経由した会社も内国会社となる。なお、このことにともない、現行の1985年会社法のもとでは外国会社に overseas companies という英語があてられて

いる。第1章本文冒頭に掲げた大ブリテン島以外の連合王国または連合王国直轄領では、現在においてもなお、1985年会社法の適用はなく、独自の会社立法によっている。ちなみに、登記行政においても、1988年に、カーディフの登記所とエディンバラの登記所は統合されている。

(50) 本書では'Statutory Instruments'を会社法施行規則と訳すことにする。

(51) Dec 2002; SI 2062/3203. See DTI, *Removing the 20 Partner Limit: A Consultative Document* (URN 01/752), 2001.

(52) 酒巻俊雄「英連邦諸国の会社法(8)」国際商事法務4巻41-42頁（1976年）。

(53) 英国会社法は、現在においても会社設立前の契約の効果に関する条文を設けていない。ジェンキンズ委員会は、1962年報告書において、会社の名において、または会社の名を代位して（on their behalf）なされた設立前の契約を、相手方の同意を要せずに追認しうるとする旨の規定を設けることを勧告していたが、未だこの勧告は立法化されていない（R. R. Pennington, *Pennington's Company Law*, sixth edition (London: Butterworths, 1990), p. 87。

(54) E. R. H. Ivamy, *Dictionary of Company Law*, second edition (London: Butterworths, 1985), p. 248。

(55) 小町谷操三『イギリス会社法概説』有斐閣67-68頁（1962年）；L. C. B. Gower, *Principles of Modern Company Law*, second edition (London: Stevens & Sons, 1957), p. 78; C. M. Schmitthoff and T. P. E. Curry, *Palmer's Company Law*, twentieth edition (London : Stevens, 1959), pp. 77-86. Ashbury Railway Carriage Co. Ltd v. Riche (1875) L. R. 7 H. L. 653事件の判決である。事件の概要は、次のとおりである。英国1862年会社法のもとで設立されたAshbury Carriage社の目的は、「機械技術および一般建築請負」の施工であった。Ashbury Carriage社の取締役会（directors）はベルギーにおける鉄道敷設に対する融資契約を締結した。この契約は総株主によって追認されたが、のちに会社によって履行を拒否された。貴族院は、全員一致によって、このような追認は、会社の目的外であるかぎり、違法である旨を判示した。能力外法理は、コモン・ロー上適用される厳格な法理ではあったが、英国と異なり、米国では、各州が古くから、能力外法理の廃止ないし制限に尽力してきた（田中英夫編『英米法辞典』東京大学出版会869-870頁（1991年）；R. Clark, *Corporate Law* (Boston: Little Brown & Company, 1986), pp. 675-676。1984年に改正された米国の模範事業会社法第3・04条においては、能力外法理は、対外的に廃止されており、株主、役員、もしくは従業員、または、これら株主、役員、もしくは従業員の代理人のみが、能力外取引の効果を争うことができるとされている（北沢正啓＝平出慶道共訳『アメリカ模範会社法』商事法務研究会23頁（1988年））。

(56) Bell Houses Ltd v. City Wall Properties Ltd [1965] 3 All E. R. 427において、このように判示された（Ivamy, supra note 54, p. 248）。

(57) 小町谷・前掲注(55)193-194頁。

(58) 営業開始日から1か月以上3か月以内の期間に開催され、設立報告を旨とする。わが国の会社法のもとでの募集設立における創立総会に相当すると考えられるが、営業開始後に開催されるため、訳語としては、「法定総会」とした。ちなみに、現行の英国1985年会社法のもとでは法定総会は廃止されている。

(59) 1929年会社法以来、会社法のモデル定款を定めるA表において、年次株主総会における審議事項のうち、配当の承認、決算、貸借対照表、ならびに取締役および会計監査人の報告書の審議（consideration）、任期満了にともない退任する取締役および他の役員の改選、会計監査人の報酬の決定が普通決議事項とされ、臨時株主総会において審議されるすべての事項および上記を除く年次株主総会の審議事項が、特別決議事項とされている（R. W. Ramage, *Companies Acts Table A 1856-1985*, second edition (London: Butterworths, 1985), p. 103）。

(60) Gower, supra note 55, pp. 436-437.

(61) A表では、株主総会の招集に関する次のような規定が置かれている。すなわち、取締役は、適宜臨時株主総会を招集することができ、また、株主による招集請求があった場合には、臨時株主総会を招集しなければならない。臨時株主総会の招集を決定するにあたって、英国内の取締役のみでは取締役会の定足数が満たされない場合は、任意の取締役、または、任意の2名の株主でもって、臨時株主総会を適法に招集することができる（A表第48条～第49条）（Ramage, supra note 59, p. 102）。

(62) 英国会社法上、所定の株主数（私会社においては2名、公開会社においては7名）未満となったのち、故意に事業を継続した残存株主は、その期間内に生じた全債務の支払につき各自責任を負わなければならず（第31条）、また、強制清算がなされうるための事由のひとつに、所定の株主数未満となる場合が挙げられている（第222条(d)）。したがって、英国会社法は、債権者保護の見地から、一人会社を認めない方向にあるといえる。もっとも、一人会社は、判例によって特段の事情がある場合には認められており（Salomon v. Salomon [1897] A.C. 22, H.L.）、ここで述べられた会社法上の定足数についても、強行規定ではないので、判例で認められるような特段の事情がある場合にまで、一人会社を排除する趣旨ではないものと思われる。

(63) 小町谷・前掲注(55)208頁。

(64) Gower, supra note 55, p. 447.

(65) 特別決議は、会社の基本構造の変更に関わるような重大な決議に用いられる。たとえば、基本定款の変更、減資などである（第60条、第65条、第165条、第203条、第204条、第223条、第278条、第287条）。

(66) 臨時決議は、清算に関する特殊な事項の決議にのみ用いられる（第278条、第303条、第306条、第341条）か、または、種類株主権の変更のような、会社の通常定款において定められている事項に限って用いられる。

(67) See, e.g., Gower, supra note 55, p. 471.

第1章　英国1948年会社法

(68)　小町谷・前掲注(55)233頁。
(69)　小町谷・前掲注(55)229頁；Gower, supra note 55, p.120. 取締役は、会社の代理人であるから、総会のコントロール下に置かれる (Isle of Wight Ry. v. Tahourdin (1883) 25 Ch. D. 320, C. A.)。
(70)　厳密にいえば、コモン・ロー上の注意義務とエクイティ上の信任義務とは区別される (Pennington, supra note 53, p.530). 浪川正巳「オーストラリアにおける取締役の制定法上の誠実・勤勉義務」愛知学院大学論叢法学研究17巻1・2号（1974年）85-90頁など）。
(71)　取締役に対する貸付、および保証、担保提供の禁止には、以下の例外が認められている。貸付をする会社が免除私会社である場合（第190条第1項但書(a)）、貸付を受ける取締役が、貸付をする会社の親会社である場合（第190条第1項但書(b)）、会社のため、会社の役員としての義務を履行するために要する支出に充当するべき資金が支給される場合（第190条第1項但書(c)）、または、会社の通常業務のうちに、金銭の貸付または第三者のなした金銭貸付につき、担保を提供することが含まれている場合（第190条第1項但書(d)）である。
(72)　小町谷・前掲注(55)251頁。
(73)　Gower, supra note 55, pp.132-133.
(74)　Gower, supra note 55, p.19. Panorama Developments (Guildford) Ltd v. Fidelis Furnishing Fabrics Ltd (1971) 2 Q. B. 711；(1971) 3 All. R. この判決においては、会社の秘書役は、会社組織（company's organisation）の管理（administration）に関する一切の契約――たとえば、会社の工場を訪問する顧客のために交通の便宜を図ること――をその権限において会社の行為として有効になしうる、とされた。
(75)　1948年会社法は、「会社経営に関する株主の自治的監督権は、……積極的な意味では現実の権利として実効性に乏しいものであり、……この面で若干の規定を修正し付加しても最早や十分な効果を期待することはできない、として、少数株主の弾力的な保護を意図する第210条の新設、商務省の大幅な権限の拡大、計算規定の整備と計算書類の公開規制に至った」とされる（中島史雄「イギリス会社法上の商務省の権限」早稲田法学会誌17巻82-83頁（1966年））。
(76)　この点についての詳細は、たとえば、川島いづみ「イギリス会社法における少数派株主保護の理論的系譜」石山卓磨＝上村達男編『公開会社と閉鎖会社の法理』商事法務研究会235頁以下（1992年）を参照。
(77)　武市春男『イギリス会社法』国元書房119頁（1961年）。
(78)　英国会社法上、清算と解散の概念は区別なく用いられており、ただ、解散の事由と解散手続きとが分けて規定されているだけである（Gower, supla note 1, p.548；武市・同上529-530頁）。
(79)　全清算のうち、任意清算が約90％を占めるとされる（小町谷・前掲注(55)501頁）。なお、英国では、1985年および1986年に支払不能法が導入されて以来、経営危機に陥った会

社が選択しうる会社の整理の態様として、清算以外に、任意整理（company voluntary arrangement）、管理命令（administration orders）、官選管財制度（receivership）が定められた。この事情からか、近時の統計をみるかぎり、経営危機の会社が選択する会社の整理法は、必ずしも清算に限られなくなっている（第2章、参照）。

(80) 官選管財人は、商務省が会社の清算のために会社法の規定によって選任した公務員（officer）である（第233条）。

(81) 英国の1862年会社法は、オーストラリアおよびニュー・ジーランドにおける各植民地が、初めて独自の会社法を制定するにあたって参照したとされるが、減資を認めなかった（小町谷・前掲注(55)463頁；Gower, supra note 55, p.106）。

(82) 30 & 31 Vict. c.131.

(83) Ibid.；星川長七『英国会社法序説』勁草書房276-279頁（1960年）、大隅健一郎『新版株式会社法変遷論』有斐閣84頁（1987年）。

(84) 小町谷・前掲注(55)463-464頁。

(85) Trevor v. Whitworth (1887) 12 App. Cas. 409. 自己株式取得の禁止の根拠について、以下が指摘されている。①会社が自己株式を買い入れることは、株式の失権（forfeiture）や失権の簡易手続である放棄（surrender）と異なること、②会社が自らの社員になることは法律上不可能であること、③自己株式の買入は、資本の減少をともなうが、減資には裁判所の許可を要する（第66条）から、これは法定の減資手続きによらない株式の買入となり違法であること、④会社法は、黙示的に社員に対する資本の払戻を禁止しているが、自己株式の買入はこの禁止に違反すること、⑤自己株式の買入は、会社の目的に付随するものといいえないこと、⑥会社が、自己株式の買入によって株価操作を行うおそれがあること、である。

(86) E.g., Westburn Sugar Refineries v. IRC 1960 S.L.T. 297; [1960] T.R. 105. Gower, supra note 55, p.115は、株式が券面額を有しなければならないという、資本と株式に関する姿勢を堅持することによって、株式資本は擬制に充ちた意味合いをもつに至った、と述べている。

(87) Ooregum Gold Mining Co. of India v. Roper (1892) A.C.125, H.L. この事件では、同種類の既存株式が額面割れ発行され、かつ、当該発行は善意で、また、明らかに会社の利益のためになされたにもかかわらず、かかる額面割れ発行は違法であると判示された。この貴族院判決により、英国においては、額面割れ発行はできないとの解釈が確立することとなる。

(88) 小町谷・前掲注(55)323頁。

(89) 本書ではauditor(s)に会計監査人という訳語を充てることにする。1989年改正会社法によって、英国のauditor(s)は、イングランド＆ウェールズ、スコットランド、アイルランド（連合王国を構成する北アイルランドのみならずアイルランド共和国を含む）の各地域と連合王国全域をカヴァーする4つの勅許会計士団体に、(全英)公認会計士協会

第1章　英国1948年会社法

を加えた計5つの公認の職業会計士監督団体の会員に限られることとなり、その資格要件、権限、任務等に鑑みてわが国の会計監査人に近いと判断されるようになったためである。

(90)　See, e.g., Gower, supra note 1, pp.521-524.

(91)　この点は、第6章の香港会社法との比較において意義を有するため、注意を喚起したものである。英国1985年会社法においては、会計監査人の辞任に関する規定が挿入されている。

(92)　1981年にEC会社法第二命令（本書ではdirective(s)を命令と訳す。指令という訳語がどの実定法分野においても定着しているように見受けられるが、EC/EU立法としてのdirective(s)の位置づけを考えると、達成されるべき結果に対して構成国を拘束するという独特の性質を有しており、指令という訳語はミスリーディングであると思われるためである（この点については、たとえば、島野卓爾ほか『EU入門――誕生から、政治・法律・経済まで』有斐閣85頁（2000年））の要請によって会社法上の資本規制が改正されるまで、コモン・ロー上、いわゆる蛸配当は禁止されていたが、以下のような緩やかな部分もあった。①期間（通常は1年）損益のみで配当を決定することができる（過年度の損失は考慮されない）、②固定資産の未実現売却益や固定資産の再評価による未実現利益からの配当は可能である、および、③過年度の累積利益からの配当も可能である（ただし、当該利益が無償増資や資本準備金への組入などにより、内部化されていないことが条件とされる）。改正により、1981年以降は、過年度分も併せた損益通算による配当の決定、および未実現利益からの配当の禁止などが実施されている。以上の点については、たとえば、P.L.Davies, *Gower and Davies' Principles of Modern Company Law*, seventh edition (London: Sweet & Maxwell, 2003), pp.275-278.

(93)　英国1948年会社法A表は本文のような規定を置いているが、このほか、会社によっては、通常定款において、株主総会の承認（sanction）を得て取締役会が利益配当の宣言をなす旨、または、取締役会が単独で利益配当の宣言をなしうる旨が規定されることがある（小町谷・前掲注(55) 376-377頁）。小町谷・前掲注(55) 376-377頁は、多くの会社が採用するA表の規定においても、理論的には株主総会が利益配当についての最終的な決定権を有しているといっても、先述したように取締役会のイニシアティヴにおいて内部留保の決定がなされ、株主総会においては配当の減額の決議がなされうるにすぎず（増額の決議は事実上不可能）、消極的な支配権である、とする。

第 2 章　英国会社法の展開

　本章では、英国会社法自体における変遷の過程をみることにする。以下の叙述は、時系列に沿って展開される。
　英国1948年会社法は、施行後、1985年に総括法として1985年会社法（Companies Act 1985）が制定されるまで、英国の会社に関する基幹法（principal act）であった[1]。その間、1967年、1976年、1980年、1981年に改正を受けている[2]。
　1985年総括会社法までの諸改正に関しては、改正に向けてのインパクトは、大局的には2つの源から供給されたといえよう。1962年のジェンキンズ勧告と1973年の英国のEC加盟である。以下、第1節においては前者を、第2節においては後者を扱うこととする。また、1985年総括会社法以後の会社法の動きを第3節においてフォローするものとし、さらに第4節においては1986年の金融サーヴィス法およびそれを包括的に改正する2000年の金融サーヴィス・市場法をめぐる動きを中心としながら、英国における証券規制を概観しておくこととしよう。

第1節　ジェンキンズ勧告

第1款　会社法改正委員会

　第1章に既述したように、19世紀以来の英国の慣行として、約20年毎に会社法改正のための委員会が設置され、この勧告に基づいて会社法の改正がなされている[3]。1948年会社法施行以後、会社法改正のために組織された委員会として、ジェンキンズ卿（Lord Jenkins）によるジェンキンズ委員会（Jenkins Committee）がある。このジェンキンズ委員会の勧告（Cmnd. 1749）により、前述の1967年改正、および1976年改正がなされた[4]。

第 2 款　1967年改正 (5)

　1959年に任命されたジェンキンズ委員会は、1962年に国会に対し膨大な報告書を提出し、会社法改正に関する答申を行った。この報告書によって1967年に会社法の一部が改正された。このなかでも、重要な改正と位置づけられているのは、免除私会社の廃止と実質株式保有の開示である。

1　免除私会社の廃止

　免除私会社と非免除私会社の区別は、1948年会社法によって設けられたものである。免除私会社となるには、所有者以外に会社の株式または社債に利害関係を有する者がいないこと、社債権者が50名を超えないこと、法人が取締役となっていないこと、など、1948年会社法第129条および第七附則で定められる要件を満たさなければならない。免除私会社には、私会社一般につき付与される特権のほか、計算書類届出の免除（第129条）、および会計監査人の要件の緩和（第161条）、取締役に対する貸付の免除（第190条）など、さらに種々の特権が付与される。

　ジェンキンズ報告書は、免除私会社・非免除私会社の区別のみならず、私会社と公開会社の区別さえ、廃止するよう勧告した(6)。区別する実際の必要性があるとはいえず、また、開示を奨励するうえでも、このような特権は廃止されることが望ましいとの理由からであった(7)。1967年改正では、このうち免除私会社と非免除私会社の区別を廃止し（1967年会社法第2条）、これにより、計算書類の届出は、すべての会社において必要とされることとなった。もっとも、その後EC第四命令（本章第2節第2款、参照）において、小規模会社に対する監査特例を認めていたところ、英国においては、1989年会社法によって、年間売上、貸借対照表上の純資産総額、および労働者数を基準とする小会社（small companies）および中会社（medium-sized companies）の定義づけがなされ、それぞれに固有の会計緩和措置が設けられるに至った（第246条以下）。1994年には、1985年会社法監査特例規則（Companies Act 1985（Audit Exemption) Regulations 1994 (SI 1994/1995)）が制定され、小会社について会計監査を免除しうることとした(8)。EC第八命令（本章第3節第4款、参照）によって会計監査人の資格がより厳密に要求されることとなり、小規模企業における監

査コストが不均衡に大きくなるとの懸念に配慮したものである。英国における登記会社の約95％が小会社に関するこれらの恩典を享受しているとされる⁽⁹⁾。

なお、ジェンキンズ勧告にかかわらず、私会社[10]は、今日でも英国において圧倒的に選好される会社形態である。2001年3月現在で全登記会社数150万社のうち、公開会社は13,000社にも満たないとされる[11]。

2 実質株式保有の開示

1948年会社法上、イングランドを登記地とする会社は、株主名簿に信託の通知を記載しないものとされており（第117条）、現実には、ノミニー・カンパニーによる信託保有がかなりの数あるなかで、実質株主の存在が明らかにならないという問題があった[12]。1948年会社法の制定にあたって組織されたコーエン委員会は、1945年に提出した報告書のなかでこの問題に触れ、発行済株式資本の1％以上の保有者は、会社にその旨を通知しなければならず、また、会社は、通知に基づいて実質株式保有に関する帳簿を備置すべきことを勧告していた（第1章第2節、参照）[13]。しかしながら、この勧告は1948年会社法においては採用されず、採用されたのは、取締役の株式保有簿の維持、商務省の実質株主に関する調査権のみであった。

ジェンキンズ報告書は、再びこの問題を取り上げ[14]、公開会社 (company, whose shares or any class of them are quoted on a recognised stock exchange) における発行済議決権株式の10％以上の株式を保有する者は、会社に所定の事項を通知しなければならず、また、会社は、実質株式保有に関する帳簿を作成し、備置しなければならない旨を勧告した[15]。この勧告は1967年改正において採用され、1967年会社法第32条ないし第34条となった。なお、この規定に関するその後の変遷をもここで一瞥すれば、1976年会社法では、第24条ないし第27条となり、インサイダー取引や調査に関する規定のなかにも採用されたことがわかる[16]。次いで、これらの規定は、1985年会社法第198条第1項および第2項、第199条第2項、第4項および第5項、第201条第1項に総括された。実質株主の保有株式割合に関する要件は、1976年改正によって、従来の10％という基準に対して、「所定率（prescribed percentage）」という語が充てられ、この所定率が5％に引き下げられるとともに、通産大臣（Secretary of State for Trade and Industry）は、関連規則をもってこれを変更しうるものとされた（1976年会社法第26条第1項、第2項[17]）。通知が義務づけられる保有割合の閾値（1985年会社法では prescribed percentage ではなく notifiable interest という語に置き換えられている）は、1985年会社法によって、さらに3％（形式保有を含む場合は10％）に引き下げられ（第199条）、開示要件が高められた。なお、1989年改正では、1985年会社法に第210A条が挿入され、通産大臣は関連規則において株式保有の開示に関する諸条件を変更しうることとされ[18]、通知が義務づけられる保有割合も大臣の権限によって変更されうる諸条件のうちのひとつとされている（第210A条第1項(b)）[19]。1976年改正の通産大臣の保有割合に関する変更規則制定権は、より整備された形で会社法本体に復活することとなったわけであるが、第210A条はさらに通産大臣の規則制定は国会の承認を得て行う、としている（第210条第5項）。なお、株式保有に関する開示規制は、次第に市場の透明性を高める道具と捉えられるようになり、目下通商産業省（Department of Trade and Industry; 以下、DTI という）は、対象会社を上場会社に絞る方向で検討を重ねているという[20]。

第3款　1973年会社法案

　1967年改正は、法案の作成途上において内閣の更迭があったことから、政府がジェンキンズ勧告を十分に参照して法案を作成する余裕を持たず、緊急性の高い改正のみがなされることになったため、ごく一部の改正に留まった[21]。このため、ジェンキンズ勧告に基づく会社法の改正作業は、政権が保守党に交代した1970年以降も継続され、1973年7月、通産大臣は国会に、会社法改正についての基本構想を明らかにした報告書を提出した[22]。

　この基本構想に基づいて作成されたのが1973年会社法案である。この法案は、政権交代のため、立法には至らなかったが、会社の社会的責任の問題などにも触れられている先駆的なものであり[23]、かつ、他の英連邦諸国に影響を及ぼしたため、その概要につきここで紹介しておくこととしよう。

　法案は、71か条から成っている。多くは、ジェンキンズ勧告によるものである。以下、条文の順にしたがい、重要と思われる点を指摘する。

1 会社の分類および能力

公開会社の定義を初めて設け、会社の能力外法理の大幅な制限をなした。すでに、ヨーロッパ共同体法（European Communities Act 1972；以下、単に共同体法という）第9条第1項によって能力外法理の修正が図られているので、実際にはこれと同じ内容の規定を会社法案のなかに置いたに留まる[24]。

2 株式会社に対する最低払込済株式資本の導入

株式会社に対する最低払込済株式資本制度は、ジェンキンズ勧告では見送られた[25]が、1973年会社法案のなかでは、採用された。これによると、法定の最低資本金は主務大臣によって定められ、私会社と公開会社とで異なる下限を設けることができる。株式の券面額は法定の最低限を維持しなければならない（法案第8条第8項）。

3 自己株式取得および自己株式取得に関する資金援助

ジェンキンズ勧告では、自己株式取得に関しては、過去の濫用の経験に照らし、これを一般的に廃止するのは妥当ではないとして認容されなかったが、自己株式取得に関する資金援助については、特別決議によって承認され、かつ支払能力に関する宣言書が登記官に提出されれば、認容されうる旨が提言されていた。しかし、法案では、両者とも禁止の原則を明示するに留まった（法案第11条）。

4 インサイダー取引

ジェンキンズ勧告は、自社の証券について価格に重大な影響を及ぼすと思われる秘密情報を不当に利用する取締役に、その取引によって損害を被った相手方に対して損害を賠償する責任を負わせ、さらに自社の証券についてオプション取引をなすことを禁止すべき旨を勧告した。この勧告に基づいて、1967年の実質株主開示規制が実現したのであるが、取締役のインサイダー取引の相手方に対する保護の規定は設けられなかった。また、ジェンキンズ勧告は、米国におけるインサイダー取引に関する慣行を英国会社法のなかに取り入れなかったため、関係各界の批判を受けていた[26]。1973年法案は、これらの批判に応えて、米国のインサイダー取引に関する慣行を考慮した立法を行った。

すなわち、会社関係者は、インサイダー情報を有する場合には、その会社

第2章　英国会社法の展開

またはその会社と関係のある会社の証券を取引してはならず、そのような取引の斡旋も禁止される。さらに、このような情報が上場証券に関わり、情報受領者が当該証券を取引することが予想される場合には、その者に対する情報の伝達も禁止される（法案第12条）。インサイダー取引規制は、公務員にも及ぶ（法案第13条）。このほか、一般的なインサイダー取引規制の免除（法案第14条）や商務省の権限（法案第15条）についても定められている。

5　TOBの際の少数株主からの株式買取

ジェンキンズ勧告では、シティ・コード（本章第5節第4款、参照）に加えTOBの手続きに関する規定を会社法においても採用する旨を勧告していたが、法案ではこの点については採用されず、会社あるいは第三者による少数株主の株式買取を少数株主の株式買取請求権という形で規定するに留まった。

6　取締役の利益相反行為

何人も、自己またはその家族が株式持分に利害関係を有する会社においては、取締役に就任することはできない旨の規定が挿入された（法案第45条）。また、既存の会社から取締役への貸付の規制に加え、ジェンキンズ勧告に基づき、会社は、当該会社の1名以上の取締役が支配的持分を有する会社へは貸付をなすことができない旨が追加された（法案第46条）。

7　取締役の義務

ジェンキンズ勧告では、他の英連邦諸国および米国の会社法に倣い、取締役および会社の利害関係者にとって有益な取締役・会社間の信任関係の基礎原理を一般的に規定することが提案されていた。1973年法案は、これを全面的に採用し、取締役の一般的信任義務の規定を設けた（法案第52条）。そして、取締役の一般的信任義務のあとに、株主と同様に会社の労働者の利益を顧慮すべき取締役の義務を規定した（法案第53条）。このほか、取締役が、会社の営業および財産の実質上すべてを処分する場合には、事前に株主総会の承認を要する旨の規定（法案第54条）、および取締役が新株発行をなす場合には、事前に株主総会の承認を要する旨の規定が設けられた（法案第55条）。

8　会　計　規　定

会計監査人の被選資格について、所定の専門職団体に一任することを認めた。また、会計監査人の欠格事由について、従来不明瞭であった点がジェン

キンズ勧告に基づいて改められ、会計監査人の欠格要件が明記された（法案第64条）。

9　少数株主の保護

ジェンキンズ勧告に基づき、1948年会社法で採用された少数株主保護の規定を修正し、救済を受けうる範囲をより広くし、少数株主の保護に厚くした（法案第70条）。

この保守党の法案の基本的な構想は、引き続き政権を担当した労働党政権にも受け継がれ[27]、インサイダー取引に関する規定や会計規定など、その一部が1976年改正となって実現した[28]。1976年改正は、会社の会計規定の改正、ウィルソン勧告に基づく証券規制の改革、共同体法の修正やインサイダー取引の規制の導入などを内容としていた[29]。

（1）　青木英夫「イギリス―1989年会社法を中心として」金融商事判例856号（1990年）130-131頁；L. S. Sealy, *Cases and Materials in Company Law*, fourth edition（London: Butterworths, 1989）, p. 2.

（2）　英国の会社法は、総括法形式を採っており、個別的修正法が集積すると基幹法と修正法とを整理統合して新たな総括法が制定され、これが基幹法となる（酒巻俊雄「英連邦諸国の会社法(2)」国際商事法務4巻54頁（1976年））。

（3）　酒巻・同上、北沢正啓「イギリス会社法改正委員会（ジェンキンズ委員会）報告書の要点」商事法務研究267号36頁（1963年）（以下、北沢1）、同『株式会社法研究Ⅲ』有斐閣341頁以下（1997年）（以下、北沢2）、星川長七「英国会社法改正の課題」『株式会社法の論理と課題』中央経済社246頁（1963年）、青木・前掲注（1）131頁、L. C. B. ガワー（北沢正啓訳）「イギリス会社法の改正の方法と最近の発展（上）」国際商事法務8巻103頁（1980年）；Sealy, supra note 1, p. 4.

（4）　このほか、労働者参加制度（employee representation）に関するブロック委員会（Bullock Committee）勧告（1977年）、金融機関（financial institutions）に関するウィルソン委員会（Wilson Committee）勧告（1980年）、支払不能（insolvency）に関するコーク委員会（Cork Committee）勧告（1982年）、報告書として、ガワー（Gower）の投資者保護の検討（Review of Investor Protection）（1984年）、プレンティス（Prentice）の能力外原則の改革（Reform of the Ultra Vires Rule）（1986年）、ダイアモンド（Diamond）の財産上の担保持分の検討（A Review of Security Interests in Property）（1989年）、ディアリング委員会（Dearing Committee）の会計基準の作成（The Making of Accounting Standards）が提出されている（Sealy, supra note 1, p. 4; Farrar, et al., *Farrar's Company Law*, third edition (London: Butterwoths, 1991), p.492）。しかし、ジェンキンズ報告書も、一部が立法に採用されただけであり、ブロック報告書に至っては、EC第二命令の履行によって労働者の利益を顧慮すべき取締役の義務（Cmnd.6706, para.38）が法定されるに留まった（Ibid.; D. D. Prentice, *Companies Act 1980* (London: Butterworths, 1980), p.138）。なお、1980年改正および1981年改正のなかにも、ジェンキンズ勧告は取り入れられているが、改正の直接のインパクトとはならなかった。

（5） 1967年改正の概要については、星川長七「1967年イギリス新会社法の素描」商事法務研究431号10頁以下（1967年）、同「1967年イギリス改正会社法の概観」法律時報463号111頁以下（1967年）、酒巻俊雄「イギリス会社法の改正とその概要(1)(2)」企業会計19巻12号・13号（1967年）、参照。

（6） 北沢1・前掲注（3）37頁、北沢2・前掲注（3）343-345頁。

（7） なお、英国においてこのような公開会社、私会社の区分が設けられたのは、計算書類の公開に負うところが大きいとされる。すなわち、1907年会社法は、社員が有限責任である会社の貸借対照表の登記所における公開を復活させたが、この原則に重大な例外を設け、所定の要件を満たす私会社（いわゆる免除私会社；第1章第2節第1款、参照）は、登記所に提出される年次報告書に貸借対照表・会計監査人の報告書を添付しなくてもよいものとした。この結果、法の理念とは裏腹に公開を免れるための脱法行為が認められるようになったので、1984年会社法において私会社に免除私会社、非免除私会社の区分を設け、前者にのみ計算書類の登記の免除を認めたのである（酒巻俊雄「英連邦諸国の私会社制度」早稲田法学53巻1・2号32頁（1984年）、浜田道代「商業登記制度とその発展」『現代企業法講座1』東京大学出版会150-151頁（1984年））。

（8） 1985年会社法第247条（1989年改正により挿入）によれば、小会社は、前会計年度および当該会計年度において、年間売上高が280万ポンド以下、貸借対照表上の純資産総額が140万ポンド以下、労働者数が50名以内の3要件のうち2要件以上を満たす会社である。小会社は、①通常の会計監査手続きでは、計算書類が会計基準審議会基準にしたがって作成された旨、および、そうでない場合には、その理由を説明することが要求されるが、それらを免れることができる、②損益計算書および取締役報告書の会社登記所への届出を要求されない、③小会社グループの親会社はグループ計算書類の作成を要求されない、および、④計算書類の法定様式を簡略化することが認められる。

（9） P. L. Davies, *Gower and Davies' Principles of Modern Company Law*, seventh edition (London: Sweet & Maxwell, 2003), pp.563-567. ただし、会計監査の免除を受けるには、次の要件を満たす必要がある。①会計に関する小会社の基準（第247条）を満たしていること、②当該会計年度における年間売上高基準および貸借対照表純資産総額基準（第249A条）を満たしていること、③私会社であること、および、④小会社グループに該当し、またはグループ全体として②の基準を満たしている場合を除き、グループ会社を構成し

ていないこと。See also, DTI, *Accounting and Audit Requirements for Small Firms: A Consultative Document*（1985）; DTI, *Consultative Document on Amending the Fourth Company Law Directive on Annual Accounts*（1989）.

(10) 英国における私会社の概念は、EC第二命令における会社の概念が導入されるに至り、1980年に、改正を余儀なくされた。すなわち、EC第二命令は、公開会社（public limited liability companies）のみを対象としていたため（第二命令第1条）、従来のような、私会社以外の会社を公開会社とする概念では、第二命令が適用される会社の範囲があまりにも大きくなりすぎるためであった（Prentice, supra note 4, p.4）。1948年会社法においては、私会社には、株式の譲渡制限、株主数の制限、および株式または社債の公募の制限が通常定款で規定されていること、という要件が課され、かつ、この要件を満たさない私会社については、罰則が規定されていた（1948年会社法第28条第1項）。1980年改正においては、この要件が削除される（1980年会社法第88条第2項および第四附則）とともに、同改正法第1条第1項において、私会社とは、公開会社でない会社を指す旨が明示された。もっとも、1948年会社法、またはそれ以前の会社法のもとで設立された会社は、通常定款において旧来の私会社に対する制限を課しているのが通例であり、また1980年改正以降に設立された私会社であっても、会社の経営の便宜上、通常定款において株式の譲渡制限や株主数の制限を定めているものが多いという（R. R. Pennington, *Pennington's Company Law*, sixth edition (London: Butterworths, 1990), pp.751-752）。

(11) Davies, supra note 9, p.14. なお、英国通商産業省が発行する年次報告書から、登記会社数の経年変化がわかる。DTI, *Companies in 2003-2004*, pp.27-28 (2004). 本資料は、DTIのウェブサイト http://www.dti.gov.uk/cld/dtiannualreport.pdf から入手できる。なお、DTIは、1970年に設立され、商務省の内実は、これに吸収された。もっとも、商務省自体は存置され、通産大臣は商務省長官を兼任した。DTIは、1974年には通商省と産業省とに分離されたが、これらは1983年に再び併合されるに至った（L. C. B. Gower, *Principles of Modern Company Law*, fifth edition (London: Sweet & Maxwell, 1992), p.35 n.85）。

(12) L. C. B. Gower, *Principles of Modern Company Law*, fourth edition (London: Stevens & Sons, 1979), p.442.

(13) Cmd. 6659, paras. 77-87.

(14) Cmnd. 1749, paras. 88, 91 and 141-147.

(15) Ibid.; 北沢1・前掲注(3) 38頁、北沢2・前掲注(3) 346-348頁。

(16) Gower, supra note 12, p.443.

(17) Ibid.; Sealy, supra note 1, pp.437-438.

(18) 本規定のもとに採択された規則として、Disclosure of Interests in Shares (Amendment) Regulations 1993, SI 1993/1819 (EC Council Directive (EEC) 88/627 (OJ L348/62 17.12.88))を履行するもの)、Disclosure of Interests in Shares (Amendment) (No 2)

Regulations 1993, SI 1993/2689、Disclosure of Interests in Shares（Amendment） Regulations 1996, SI 1996/1560. なお、シティ・コードにも株式持分開示に関する詳細な規定が包摂されている。

(19)　Pennington, supra note 10, p. 364 n. 9 ; Farrar, et al., supra note 4, p. 582.

(20)　DTI, *Proposals for Reform of Part VI of the Companies Act 1985*（April 1995）; B. Hannigan, *Annotated Guide to the Companies Act*（London: Butterworths, 2001）, p. 349. この問題は、1990年代後半に入って精力的に進められた会社法改正作業のなかでも触れられているが、1995年のDTI提案を踏襲する内容を簡潔に示すにとどまっている（たとえば、DTI, *Company Law Review——Completing the Structure*（URN 00/1335）, November 2000, para. 7. 32）。開示義務を上場会社のみに絞ると公開会社約12,000社から上場会社2,500社へと対象会社数が相当数減ると推定されている（Davies, supra note 9, p. 595）。

(21)　星川長七＝川内克忠「英国改正会社法（1974年）案(I)——その条文と注解」商事法務675号23頁（1974年）。なお、本文では英国内での一般的呼称にしたがい1973年法案とした。

(22)　報告書の内容については、酒巻俊雄＝上村達男「英国会社法改正の基本的構想」商事法務644、646、648各号（1974年）、参照。この報告書では1973年法案提出の理由が以下のように述べられていた。①1967年会社法において法文化されなかったジェンキンズ委員会の勧告は、いまなお妥当かつ重要であること、②会社の経営に関する不正行為を防止する手段として、経営に関する情報の完全な開示の必要性に対する認識が増大してきたこと、③商事犯罪および不正行為を摘発し、また処置するための仕組みが、多くの点で不適当であることが判明したこと、④会社に対する既存の分類を今日の諸要求に適合させる必要があること、⑤会社の従業員に対するだけでなく、社会一般に対する責任の問題が公的な議論において社会の注目を引くに至ったこと、そして、制定法によってこれらをどの程度まで考慮することが望ましく、かつ実現可能であるかを考える必要があること、など。

(23)　星川＝川内・前掲注(21)24頁。ただし、会社の社会的責任については法案化されていない。

(24)　1972年共同体法第9条第1項は次のように規定する。すなわち、「会社と善意で取引した者の利益に鑑み、契約の相手方である会社の取締役が決した取引は会社の能力の範囲内であるとみなされるものとする。取締役の会社を拘束する権限（代表権）は基本定款または通常定款上のいかなる制限にも服しないものとする。会社と取引する相手方は、会社の取引権能もしくは取締役の権限の制限について調査義務を負わず、また、反証がないかぎり、善意で行為したものとみなされる」。本規定は、EC会社法第一命令に基づいて制定されたものであり、1948年会社法に当然に組み込まれることになる。詳細については、本章第2節を参照。

(25)　Cmnd. 1749, para. 27.

(26)　星川長七＝川内克忠「英国改正会社法(1974年)案(II)」商事法務676号19頁（1974年）。

(27) 星川長七＝川内克忠「英国改正会社法(1974年)案(Ⅲ)」商事法務677号23頁(1974年)。
(28) Gower, supra note 12, p.56.
(29) Ibid. なお、英国の1976年改正については、酒巻俊雄「1976年のイギリス会社法の改正(1)(2)」国際商事法務6巻9号373頁以下(1978年)、6巻11号513頁以下(1978年)、参照。

第2節　EC会社法命令の履行

　欧州共同体(EC)の究極的目的は、単一市場の完成という経済的統合を通じて、ヨーロッパの政治的統合を図ることにある。したがって、この目的を遂行するためには、経済活動の主要手段としての会社企業に対する各国法の規制が異なるような事態を終結させなければならない。1957年のローマ条約は、閣僚理事会(Ministerial Council)とEC委員会(Commission of the European Communities；欧州委員会)に、各国会社法調整の義務を課し、この義務を履行させるべく、閣僚理事会に命令(directive)を発する権限を与えた(ローマ条約第44条第2項(g))[30]。EC会社法命令は、条約上のこの権限に基づいて、閣僚理事会が発するものである。EC会社法命令が採択されると、構成各国は、何らかの形で命令を国内規制化せざるをえず、会社法の域内統一が進められることになる。会社法分野に限るものではないが、EC立法のなかでも、とりわけ命令は、裁量的法調和というECにおける法統合の特徴をよく表すとともに、域内の法統合を進めるきわめて有効な道具ともなっている[31]。
　英国は1973年1月1日にECに加盟し、それに併せて1972年にヨーロッパ共同体法(European Communities Act 1972)を制定してEC法(aquis communautaire)を包括的に国内法化する措置を講じている。それにより、会社法に関する数々のEC命令も、逐次国内法化してきている。第一命令は、すでに英国のEC加盟当時成立しており(1964年3月9日成立)[32]、英国はEC立法の包括的受容の帰結として第一命令の国内法化を条件にECに加盟したこととなる[33]。なお、1993年のマーストリヒト条約によってEC構成国はEU(欧州連合)を発足させ、その共同活動範囲を拡大するとともに構成国間の紐帯をより深めたが、共同体活動は依然としてEUの3本柱のひとつを構成しており、立法・司法は従来どおり共同体活動のなかで行われる。したがって、現在もなお、ヨーロッパではEU法よりはむしろEC法という呼称のほうが一般的で

第2章　英国会社法の展開

ある。本書では、マーストリヒト条約以降の統合体に対してはEUという呼称を用いるが、ECという呼称もとりわけ法律分野においてはいまなお生きていることを含みおくものである。

第1款　第一命令

　第一命令の内容は、会社の能力および取締役の権限、ならびに会社の公示および無効に関するものであった[34]。英国における命令の履行は、1972年ヨーロッパ共同体法第9条第8項によりなされている[35]。共同体法第9条第8項は、「本条は、1948年会社法と一体のものとして解釈されなければならない」と規定するので、これにより本修正は、ただちに、1948年会社法の一部としての効力を有することになる[36]。

　共同体法第9条第1項は、「善意で（in good faith）会社と取引する者の利益において、取締役の決定した取引は会社の能力の範囲内のものとみなされ、かつ、会社を拘束する取締役の権限（代表権）は、基本定款や通常定款上のいかなる制限にも服しないものとする。取引の相手方は会社の能力に関する調査義務を負わず、反対事実が証明されないかぎり、善意で行為したものと推定される」と規定する[37]。これにより、従来の英国の能力外法理に対して、はじめての大幅な修正が施されたといえる。もっとも、この改正においても、能力外法理が完全に排除されたとはいえず、取引の相手方を保護すべくその適用範囲が制限されたのみであった[38]。1985年総括会社法では、第35条第1項および第2項において、これと同様の文言が規定された[39]。

　英国会社法上歴史の古い能力外法理に関しては、それを克服するための苦闘が長引いた。その廃止への動きは、英国がECに加盟する遙か以前に始まり、かつそれが最終的に実を結ぶのは1989年改正に至ってのことである。すなわち、コーエン委員会は、1945年の報告書において（Cmnd. 6659, para. 12）、能力外法理の廃止を勧告したが[40]、商務省が、擬制認識との連動性（第1章第2節第1款、参照）から、一方のみの廃止に難色を示したため、実現されずに終わった[41]。ジェンキンズ委員会は、1962年の報告書において（Cmnd. 1949, para. 42）、擬制認識の修正を勧告したが、能力外法理自体の廃止には触れなかった[42]。能力外法理に関連してEC加盟以前に提出された報告書は、

第 2 節　EC 会社法命令の履行

この 2 つである。国内においても、すでにこのような修正論が日程に上っていたところ、EC 立法の影響によって改正が決定的になったのである(43)。

もっとも、1972年共同体法および1985年総括会社法は、上述のように能力外法理を制限するものであっても、これを完全に廃止するものではなかった。そのため、能力外法理に関しては、1985年の後も、さらに検討が加え続けられることとなった。1986年に提出されたプレンティス報告書は、能力外法理を対外的関係において廃止しつつも、内部的な関係でなお維持すべき旨を勧告した。プレンティス勧告は、1989年会社法における能力外法理のさらなる改正をもたらした。1989年改正は、プレンティス勧告に基づいた DTI の諮問報告書（consultative report）にしたがうものである(44)。1989年改正の内容に関しては、第 3 節および第 4 節において取り上げることとしよう。

第 2 款　第二命令以後

第二命令ないし第四命令は、いずれもその草案が英国の EC 加盟以前に EC 委員会から閣僚理事会に対して提出されている(45)。

第二命令（1977年 2 月14日成立）(46)は、会社の種類と株式資本に関する。第二命令の内容は、英国では1980年改正および1981年改正となって実現した。これらによって改正された規定は、19世紀後半以後、英国の判例法において形成されてきた資本維持の原則を、資本および配当に関する明確な規定によって再確認する内容のものが多かったが、判例法の原則に大幅な修正を加えるものも少なくない(47)。

たとえば、私会社に限ってではあるが、自己株式取得を認容する規定が、1980年および1981年の相次ぐ会社法改正によって挿入された（1980年会社法第35条第1項、第2項および1981年会社法第46条ないし第56条）。会社の自己株式取得に厳格に対応してきた従来の英国の判例法理を激変させるものであった(48)。私会社については、一定の要件を満たせば、資本を財源とする自己株式取得さえ認容された(49)。自己株式取得に関する規定は1985年会社法第162条ないし第167条に総括され、同法第171条ないし第177条が私会社に対する特則として規定されている。なお、自己株式取得に関する資金援助も、厳重な要件を課しつつ、私会社に限って認められることとなった（1985年会社法第155

53

条)⁽⁵⁰⁾。

　また、配当は利益以外から支払われてはならないとの規定が、設けられた（1985年会社法第263条第1項）。もっとも、これは、従来の判例法理を再確認する規定であり、すでにジェンキンズ勧告は、配当について一般原則を明示する旨を勧告していた (Cmnd. 1979, para. 335)⁽⁵¹⁾ため、第二命令の履行としてのみ導入されたものではないといえよう⁽⁵²⁾。

　さらに、公開会社のみを対象とする第二命令に対応すべく、会社の区分に対する従来の概念が修正された。すなわち、従来は、私会社のほうに一定の要件を課し、これ以外の会社を公開会社としていたが、1980年改正においては、公開会社の概念が充実されるとともに、私会社については、公開会社以外の会社という概念が当てはめられることとなった（本章第1節、参照）⁽⁵³⁾。公開会社には最低資本金制度が導入され、公開会社は5万ポンドの最低株式資本を発行し、かつその額面の4分の1とプレミアムの全額を受領するまでは営業を開始することができず、その商号の末尾に従来の'Ltd'に代えて'public limited company'または、略して'plc'なる語を付さなければならない、とされた（1985年会社法第43条第2項、第118条第1項⁽⁵⁴⁾）。

　1981年には、企業買収に便宜を図るため、株式プレミアム勘定への組入（1985年会社法第130条）に適用免除の規定が設けられた。すなわち、2会社が協定 (arrangement) に基づいて株式の交換を行い、一方の会社が他の会社の株式の90％以上を取得する場合、または、かかる協定が、一方の会社の株式の対価として、他の会社の非株式を取得することを条件とする場合には、一方の会社は株式プレミアム勘定への組入を要しない (merger relief)（1985年会社法第131条）。この適用免除はグループ会社における再構成の場合にも及び、完全子会社が支配会社または（当該支配会社の）他の完全子会社に株式をプレミアム付きで発行し、その対価としてそのグループ内の会社の資産を譲り受ける場合には、株式を発行した完全子会社は、株式のプレミアム分に相当する額を株式プレミアム勘定に組み入れなくてもよい（1985年会社法第123条⁽⁵⁵⁾）。1980年代初頭の保守党政府は、マネジメント・バイアウトおよび完全子会社への事業譲渡協定 (hiving-down arrangements) を奨励するため、この改正を望んでいたといわれる⁽⁵⁶⁾。

第 2 節　EC 会社法命令の履行

　なお、新株予約権（pre-emption rights）については、従前は、通常定款の規定がある場合にのみ、株主は新株予約権を付与されることになっており、ただ、上場会社に関して、証券取引所の上場規則により、既存株式に対する割当について持株比例の制限があるのみであった。1980年改正では、私会社、公開会社を問わず、会社法によって新株予約権が付与されることとなった[57]。この規定は、1985年会社法に総括された（1985年会社法第89ないし第96条）。1980年改正においては、このほか、取締役・会社間の利益相反取引の規定（1980年会社法第48条、取引の開示につき第54条、第55条、会計につき第56条）、取締役およびその関係者に対する貸付の規定（同第49条ないし第53条）の整備、従業員の利益を顧慮すべき取締役の義務の法定（同第46条、第74条）、少数株主の保護強化（同第75条）、ならびに、インサイダー取引の取締りおよび罰則規定の改訂（同第5編（第68条ないし第73条））が、いずれも第二命令の履行のためになされた[58]。

　第四命令（1978年7月25日成立）[59]は、会社の年次計算書類に関するものであり、1981年会社法の第1編（会社の会計および開示）に取り入れられた。財務諸表に関する従来の一般規定を手直しするとともに、小会社・中規模会社に対する財務諸表開示義務の一部の免除、および、休眠会社に対する会計監査人選任義務の免除に関する規定を導入している。第四命令の草案は、上述のように英国およびアイルランド加盟以前の1971年11月にEC閣僚理事会に提出されたので、会計様式は大陸の規定方式（prescriptive approach）を採用していたところ、両国の加盟によって、英国流の真実かつ公正な概観（true and fair view）の概念が導入されてある程度の調整が図られた[60]。しかし、1981年会社法における財務諸表の雛型の導入、分配可能利益の確定のための詳細な会計規定の導入などの点で、英国の会計制度が大陸法の影響を大きく受けたことは否定できない[61]。

　1981年改正法は、以上のような第四命令の履行のための規定のほかにも、雑多な改正の寄せ集めとなっている。しかし、改正の誘因が第四命令履行の義務にあることは疑いない[62]。

---

(30)　酒巻俊雄「イギリスのEC加盟と会社法への影響」民商法雑誌78巻・末川先生追悼論

集・法と権利 2・208-209 頁（1978 年）、山口幸五郎『EC 会社法指令』同文舘 8 頁（1984 年）；See, Farrar, et al., supra note 4, pp. 23-27.
(31) たとえば、島野卓爾ほか編『EU 入門――誕生から、政治・法律・経済まで』有斐閣 51 頁（2000 年）、岡村堯『ヨーロッパ法』三省堂 183 頁（2001 年）、庄司克宏『EU 法　基礎篇』岩波書店 111 頁（2003 年）。
(32) 68/151/EEC of 9 March 1968, OJ spec. ed. 1968 41-5.
(33) 森本滋『EC 会社法の形成と展開』商事法務研究会 96 頁（1984 年）。
(34) 山口・前掲注(30) 13 頁以下、森本・同上 96-97 頁；Sealy, supra note 1, pp. 3-4；F. Wooldridge, *Company Law in the United Kingdom and the European Community* (London: The Athrone Press, 1991), pp. 6, 16ff.
(35) 酒巻・前掲注(30) 213 頁、森本・前掲注(33) 96 頁。
(36) 酒巻・同上。
(37) 条文の翻訳は、森本・前掲注(33) 96 頁にしたがった。
(38) Gower, supra note 10, p. 79. むしろ、ジェンキンズ勧告の趣旨に近いと評されている（酒巻・前掲注(30) 218 頁）。
(39) 斉藤武「英国における能力外原則の行方」立命館法学 199 号 6 頁（1988 年）、参照。
(40) コーエン報告書は、原則として株主総会の特別決議のみで定款所定の目的を変更しうるように勧告するとともに、能力外の法理については、目的条項を広範囲にわたって記載する実際界の慣行のため、株主にとっては幻想的保護と化し、かえって会社と取引する第三者の落し穴となっているとして、第三者に対する関係では、会社は自然人と同一の一般的能力を有するものとしてその廃止を勧告し、定款所定の目的は、取締役によって行使されるべき権限に関する会社と取締役間の契約としてのみ効力を有するものとすべきことを示唆した（Cmnd. 6659, para. 12）。
(41) Sealy, supra note 1, p. 116.
(42) Sealy は、この事実の紹介のくだりで、「奇妙にも（oddly）」という修飾を施している（Ibid.）。酒巻・前掲注(30) 216-218 頁もコーエン勧告からの大幅な後退を指摘する。
(43) Sealy, supra note 1, p. 84.
(44) G. Morse, et al., *The Companies Act 1989: Text and Commentary* (London: Sweet & Maxwell, 1990), p. 40-138. 1989 年会社法第 108 条ないし第 112 条に採り入れられた。
(45) 山口・前掲注(30) 46、119、187 頁。
(46) 77/91/EEC of 13 December 1976, OJ 1977 L26/1.
(47) Sealy, supra note 1, p. 329.
(48) 自己株式取得については、Trevor v. Whitworth (1887) 12 App. Cas. 409 以来、厳格に禁止されてきた。1985 年会社法第 143 条は、コモン・ローの原則を規定し、原則として会社は自己株式を取得できない旨を規定したあと、これが例外的に認められる場合を限定列挙している。基本原則において、会社が相当な対価をもって、自社の全額払込済株式

を取得することは禁止されておらず（M. Renshall and K. Walmsley, *Butterworths Company Law Guide*, second edition (London: Butterworths, 1990), p. 103）、通常定款において授権されていれば、私会社および公開会社、ならびに株式資本を有する保証有限（責任）会社に自己株式取得を認めている（本文に述べたように、株式資本を有する保証有限（責任）会社は1980年改正によって新規に設立できないこととなった）。ただし、当該株式取得にかかる財源は、配当可能利益または株式プレミアムなど、会社の資本を害しないものでなければならず、また、自己株式取得の結果、会社の社外株式のすべてが償還株式（redeemable shares）となる場合には、当該株式取得は認められない（Pennington, supra note 10）, p. 190（1985年会社法第162条第1項および第2項；第162条第2項は、1989年改正により、同法第133条第4項に置き換えられた）。市場で買い付ける場合は、株主総会の普通決議を、市場外で買い付ける場合および未確定の（contingent）買付契約の場合は、株主総会の特別決議を、いずれも事前に要する（1985年会社法第164条、第166条）。なお、従属会社による支配会社株式の取得は、第二命令の内容となっていないが、英国1985年会社法は、これを一般的に禁止している（1985年会社法第23条、第二附則）。

(49) 私会社に限っては、通常定款の授権があり、かつ、①利用しうる配当可能利益がないとき、または、②新株発行によって自己株式を取得する場合に、払込剰余金と配当可能利益との総計が取得総額に満たないときには、資本からの自己株式取得が認められることとなった（Pennington, ibid., pp. 195-197）。

(50) 自己株式取得に関する資金援助は、私会社に限り、①純資産の減少をともなわない場合になされることができ、または、②純資産の減少をともなう場合は、配当可能利益のなかから支払われることを前提とし、かつ所定の事項を記載した通知を行ったうえで減資に準ずる特別決議の承認を得れば可能とされる。本取引が特別決議の承認を得た場合の異議申立権者は株主のみであることに留意されるべきである（Renshall and Walmsley, supra note 48, p. 143）。

(51) ジェンキンス委員会は、さらに、損金（realised losses）を控除する便法として、損金に対する減価償却を認める旨を勧告した（Cmnd. 1749, paras. 340, 341 and 350）。また、1985年会社法は、株式プレミアム勘定および資本償還準備金に対して準資本（quasi-capital）の概念を徹底させ、株式プレミアム勘定および資本償還準備金からの配当支払を禁じた（第130条、第170条）。ジェンキンズ勧告およびこれらの規定は、オーストラリア統一会社法の制定にあたり、参照された（第3章、参照）。

(52) Sealy, supra note 1, p. 361.

(53) Prentice, supra note 4, p. 4.

(54) 他の英連邦諸国では、私会社の商号のほうに私会社である旨の文字を挿入する負担（たとえば、オーストラリアでは私会社に'Proprietary'ないし'Pty'の文字が（2001年会社法第148条第2項）、シンガポールでは私会社に'Private'ないし'Pte'の文字が（会社法第

第 2 章　英国会社法の展開

27条第 8 項、第 9 項）有限責任を示す語の直前に挿入すべき旨が定められている）が課されているため、英国のこの改正には批判があった。しかし、故ガワーは、この批判に対し、数的に圧倒的に少ない公開会社のほうにこの負担を課すほうが実際的であるとしてこの改正を支持している（ガワー（北沢正啓訳）「イギリス会社法の改正の方法と最近の発展（下）」国際商事法務 8 巻168頁（1980年））。

(55)　これらの規定は、1981年 2 月 4 日（1981年改正会社法施行日）以後の企業買収に対して適用される。なお、これらの規定は、従来判例で確立されてきた、企業買収の際の被買収会社に対する発行株式の対価であっても株式プレミアム勘定への組入を要するとする原則を覆すものである（Henry Head & Co. Ltd v. Ropner Holdings Ltd［1952］Ch. 124, ［1951］2 All E. R. 994および Shearer v. Bercain Ltd（1980）3 All E. R. 295）。英国では、1948年会社法以降、株式の対価のプレミアム分は株式プレミアム勘定（準資本）として、株主に配当しえないこととされている（それまでは、コモン・ロー上配当しえた）。したがって、とくに被買収会社の株式あるいは現物を対価とする企業買収においては、実際には、その対価が被買収会社の資本＋利益を代表しているにも関わらず、これを資本と株式プレミアム勘定に組み入れることによって配当可能利益が凍結されてしまうという理論上の問題が生じていた（Renshall and Walmsley, supra note 48, at 85-86：C. M. Schmitthoff, *Palmer's Company Law*, twenty-fourth edition (London : Stevens, 1987), p. 426)。

(56)　Sealy, supra note 1, pp. 341-342
(57)　Ibid., p. 326.
(58)　Prentice, supra note 4, pp. 41-43, 92-93, 125ff, 138-143.
(59)　78/660/EEC of 25 July 1978, OJ 1978 L222/11.
(60)　中川美佐子「英国1981年会社法における会計規定（上）」国際商事法務12巻 7 号480頁（1984年）。
(61)　中川・同上。
(62)　中川美佐子「英国1981年会社法の概要（1）」国際商事法務10巻 7 号374頁（1982年）。

第 3 節　1985年会社法制定以後

第 1 款　1985年会社法——改正の集大成——

　1962年のジェンキンズ勧告、およびそれに基づく1960年代、1970年代の小改正、そして、EC 第一命令、第二命令、第四命令に基づく一連の改正により、1948年会社法は、相当に複雑になった。このため、従来の英国会社法の慣行（本章第 1 節、参照）に倣い、1985年に総括法が制定された。これにより、上

述の改正点はすべて網羅されたほか、その第十五A附則においては有限責任の公開会社（public limited liability companies）の合併に関する第三命令（1978年10月9日成立）[63]、および有限責任の公開会社の分割（demergers）に関する第六命令（1982年12月17日成立）[64]の内容もまた盛り込まれることになり、英国会社法の基本構造のなかに、ヨーロッパ大陸の諸制度が包摂されていった。

第2款　個別立法の集積──1985年会社法以後──

　1985年総括法制定以後も、英国では会社および証券取引に関する立法が次々となされた。1980年代後半の周辺立法の整備を含め、会社法は、1985年総括法（Companies Act 1985）、1985年会社総括（附属規定）法（Companies Consolidation (Consequential Provisions) Act 1985）、1985年会社証券（インサイダー取引）法（Companies Securities (Insider Dealing) Act 1985[65]）を中核とし、広義においてはさらに、1985年営業名称法（Business Names Act 1985[66]）、1986年会社取締役資格剝奪法（Company Directors Disqualification Act 1986）、1986年支払不能法（Insolvency Act 1986）および1986年金融サーヴィス法（Financial Services Act 1986）を含み、かつ、これらを広範囲にわたって改正する1989年会社法（Companies Act 1989）を加えたもので構成される。2000年には、金融サーヴィス法を改正する金融サーヴィス・市場法が成立した。金融コングロマリット化に対応すべく、単一規制機関による横断的金融規制を実施することにより、市場の透明性を確保し、ひいてはロンドン市場の信頼回復と英国経済の回生をかけるものである。会社法の改正作業も課題となっており、2002年7月および2005年3月、7月にはDTIからそれぞれ会社法改正に関する条項案を含む諮問文書および会社法改革の趣旨説明書が公表された。

第3款　1986年支払不能法および会社取締役資格剝奪法

　支払不能法は、従来会社法（Companies Act 1985）と破産法（Bankruptcy Act 1914）とで個別に規定されていた支払不能に関する手続きをひとつにまとめるものである[67]。立法に先立ってコーク委員会が組織された。1985年にコーク勧告（支払不能の法と実務に関する報告書（Report of the Review Committee on Insolvency Law and Practice (Cmnd. 8558, 1982)）を大幅に採り入れた支払不能

法（Insolvency Act 1985）が制定され、国王の裁可を得たが、一部は未施行のまま1986年支払不能法に総括された。

　1986年支払不能法は、第一編ないし第七編を会社の支払不能および会社の清算の規定に充て、第八編ないし第十一編を自然人の支払不能の規定に充てている。第十二編ないし第十九編は、会社および自然人に共通する雑則を規定する。会社の支払不能に関する手続きとしては、会社の任意整理（company voluntary arrangements）、管理命令（administration orders）、管財制度、清算の４つを規定している。任意整理は、従来会社法上の制度であった裁判所の承認に基づく会社整理を効率的に運用させるべく設けられた制度で、裁判所の介入なく、取締役が債権者に対して直接会社整理の提案をなす方法である。管財制度および清算は、1985年会社法上の制度を移入するものである[68]。

　管理命令は、この支払不能法によって新設され、かつ後述のシンガポールの改正に影響を与えたため[69]、ここでその内容を簡単に紹介することとしよう。コーク委員会は、再建の見込みのある会社が選択しうる会社の整理方法を多元化し、支払不能会社と債権者との和議を効果的になしうるよう既存の規定を改善するとともに、新たな制度をもまた設けるべきであると考え[70]、ここに、管理命令という新たな制度が生まれることになった。管理命令の申立は、会社、取締役もしくは債権者のいずれかまたはそれらの連名でもって裁判所に対してなされ、管理命令が発せられると、会社の財産は、裁判所から指名される管理人（administrator）によって管理されることになる。この間に会社に更生の機会を与えようというのである。この制度の目的として以下の４点が規定されており（第１条第３項）、裁判所は、管理命令の発令に際し、この４点を参酌することができる。すなわち、①会社またはそのゴーイング・コンサーンの可能性、②第一編の任意整理による債務の清算、③1985年会社法上の会社整理による債務の清算、④清算の場合より有利な会社資産の換価、のいずれかが管理命令によって成就されうることである[71]。

　会社取締役資格剥奪法は、従来会社法にのみ規定されていた取締役の個人責任について、原告の重い挙証責任負担などによって、実効性がほとんどなかった点を改め、支払不能会社の取締役について裁判所の命令によって取締役の資格を剥奪させる制度を定めるとともに、詐欺的取引（fraudulent trading) をなした取締役に対する責任追及の道を広げる(72)。構想時点では、支払不能法と不可分一体であったが、法案となった時点で取締役の資格剥奪に関する部分が独立し、会社取締役資格剥奪法として制定された(73)。支払不能会社の取締役の資格剥奪命令は、大きく次の3つの場合に発せられうる。会社に関連する一般的な違法行為 (misconduct) による場合、経営不適格 (unfitness) による場合、その他の、たとえば、取締役が支払不能法（第213条ないし第214条）によって有責とされるような不正取引に関わっていた場合である。それぞれの場合で手続きおよび効果が異なる。このうち、経営不適格による資格剥奪は、シンガポールの改正に際して参照された点においても注目に値しよう（第5章第3節第4款、参照）。すなわち、裁判所は、ある会社の経営に関わる取締役のその会社または別会社も含めた会社における行為が取締役として不適格であると認定した場合には、資格剥奪命令を発しなければならない（第6条第1項）。経営不適格による資格剥奪の申立は、主務大臣が行い、あるいは強制清算に付された会社の官選管財人が、主務大臣の指示の下に行う（第7条第1項）。資格剥奪期間は2年以上15年以下とされる（第6条第4項(74)(75)）。コーク委員会は、さらに、この経営不適格による資格剥奪の場合には清算人または債権者からの直訴を認める旨を勧告していたが、この点は採用されなかった(76)。

第4款　1989年改正

1989年には、1985年総括法およびその後の個別立法に対する包括的な改正がなされ、1989年会社法（Companies Act 1989）のなかに収められた(77)。

1989年会社法第一編は、親子会社におけるグループ計算書に関するEC第七命令（1983年6月13日成立）に基づくものである。1989年会社法は、1985年会社法に新設規定を付加する（第258条）ことによって、連結に含まれる親子会社の定義を整備し、その範囲を相当に拡張した(78)。オフバランス金融現象（phenomenon of off-balance sheet financing）の規制を狙うものであるという(79)。

1989年会社法第二編は、会計監査人の資格に関するEC第八命令（1984年4月10日成立）(80)に基づくものである。第八命令は、会計監査人の資格および規

第2章　英国会社法の展開

制について高度の基準を要求する。これにより、会社の監査が一定の有能な人物によって遂行されることを目的とする。もっとも、従来の専門職団体は会計監査人の被選資格を認定しうるとされているので、従来の会計士団体は、通産大臣に、認可監督機関（recognised supervisory bodies ; RSBs）の認証の申請を行うことができる。目下認可監督機関とされているのは、イングランド＆ウェールズ、スコットランド、アイルランド（アイルランド共和国も含む）、の各地域と連合王国全域をカヴァーする4つの勅許会計士協会に、（全英）公認会計士協会を加えた5つである。

　1989年会社法第三編は、検査役（inspector）の会社に対する調査（investigation）に関するものであって、1985年会社法第431条ないし第453条および1986年金融サーヴィス法第177条ないし第199条を改正する。この改正により、DTIの検査役の任命権および検査役に対する調査の指揮・監督権が拡大され、検査役自身の権限も強化された。改正によってDTIと海外の会社および保険・金融サーヴィスに関する規制機関との連携調査の規定が採り入れられたことからも、改正の背景として、DTIが外国の関係機関と協力し合って、保険・金融サーヴィスおよび証券業務の規制を実行し、かつ強化する必要性が増大してきたという事実が指摘されよう[81]。

　1989年会社法第四編は、担保の登記に関する改正である[82]。本改正によって、1985年会社法に新たに第十二編が挿入されることになり、とくに外国会社の担保の登記手続きが簡略化されることとなった[83]。さらに、第103条においては、担保の登記に関する擬制認識の法理が排除されている。

　1989年会社法第五編は、その他の改正に関する規定で構成されている。ひとつには、会社の能力に関する改正[84]がなされたが、これは、EC第一命令をさらに徹底するものである。すなわち、1989年改正では、第108条によって1985年会社法第35条が修正されている。そこでは、会社の行為が会社の目的外であるとしても、会社の能力の欠缺という理由ではその効力は問題とされないこと、株主は、会社の能力外の行為に対する差止訴訟の提訴権者となりうること、および、取締役が対内的にはなお、基本定款に由来する権限の制限にしたがう義務を有しており、取締役のなした能力外の行為は、特別決議によってのみ追認されうること、が定められた。第108条は、これに加え、新

第3節　1985年会社法制定以後

たに1985年会社法に、取締役会の権限に関する第35A条および第35B条を挿入する旨を規定する。第35A条は、善意の第三者との取引においては、取締役会は、定款のいかなる制限にも服さず、会社が有する全権限を行使しうることを規定している。第35B条は、第35条および第35A条についての擬制認識を排除する規定である[85]。1985年会社法と比較すると、1985年会社法が能力外法理の根幹には触れず、抽象的な規定に終わっているのに対し、1989年会社法は、能力外法理の廃止の具体的な内容にまで踏み込んでいる。今回の改正は、直截にはプレンティス勧告によるが、改正の背後に存在するEC命令の影響は無視できない。

ほかには、一般的な擬制認識の法理が排除されている。すでに1985年改正における能力外法理の修正は、擬制認識法理の排除を示唆するものであった。今回の改正は、ダイアモンドおよびプレンティス報告に基づき、上述の担保の登記に関する擬制認識法理の排除および能力外法理に関する擬制認識法理の排除を一貫して進めたものである[86]。

第五編におけるその他の注目すべき改正点としては、私会社に対する規制緩和（de-regulation）、会計監査人に関する規定、会社の記録およびそれに関連する事項、年次報告書（annual return）の記載事項、ならびに親子会社の一般的な定義の改正などが挙げられる。このなかには、私会社に一人会社を認めるEC会社法第十二命令[87]による立法も含まれている。

1989年会社法第六編以下では、第九編において、通産大臣に、正式な書面によらない株式上の権利およびその譲渡を登録させる権限を与えたことが特筆される。この制度の構想は、1985年1月に公刊された「連合王国における金融サーヴィス――投資者保護のための新たな枠組み（Financial Services in the United Kingdom: A New Framework for Investor Protection ; Cmnd. 9432)」と題する白書のなかで述べられていた。証券取引所における株券の保管振替業務を迅速化し、そのコンピュータ化に即応する制度である。取引事務の迅速化は、ロンドン証券取引所の国際的な地位を維持するのに資する制度としてその後現在に至るも、継続して検討の俎上にのぼっている[88]。

なお、EC／EUの会社立法はその後も進展し[89]、第一命令から第十三命令のうち提案段階にとどまっている第五命令、第九命令、および第十命令を除

くそのすべてが閣僚理事会によって採択されている。第十一命令(90)は、外国会社の登記と情報開示に関するもので、すでに英国では後述する1990年代からの会社法改正作業のなかで改正項目のひとつとして検討されている。第十三命令(91)は、TOBに関するもので、1988年末（公式には1989年1月）に欧州委員会案が提出されてから紆余曲折を経てようやく2004年に採択されたものである。その内容は、TOB・合併に関するシティ・コードに関連するため、後述する（本章第5節第4款、参照）。

なお、第五命令案は、公開会社の機関構成に関する内容で、ドイツおよびフランスが二層式の経営監督機関を採択し、労働者と株主との共同決定方式を採用していることから、そのような機関構成をもたない国との間で軋轢を生じ、未だ採択の兆しはない。第九命令案はグループ会社の情報開示に関するものであるが、欧州委員会としての公式提案はなされておらず、そのことを反映してか採択に向けた動きはまったくみられない。最後に第十命令案(92)は、株式会社の越境合併に関する命令案として2003年に再度欧州委員会が提案しているものである。委員会の原始提案は1985年であったことから、この命令案も採択が難航している命令案のひとつであることがわかる。なお、第一命令を改正する命令および第四命令と第七命令を改正する命令が1990年(93)に、さらに第四命令、第七命令のみならず銀行業や保険業の計算書類の公開に関する命令をも併せて改正する命令が2003年に採択された(94)ほか、第八命令を現代化し閉鎖会社もその適用対象に含める命令案も2004年に提案されている(95)。第四命令および第七命令、銀行業および保険業の計算書類に関する命令の改正は、EUが国際会計基準を承認したことにともなうものである。

前述の国際会計基準の適用に関する規則は2002年に採択された(96)ほか、欧州経済共同体（EEC）発足当時から懸案となっていた欧州会社（Societas Europaea; SE）に関する規則(97)および従業員参加に関して同規則を補完する命令(98)も2001年に採択され、EU会社立法は急ピッチで進展している。この背景には、2000年のリスボン・サミットで合意された2005年を目処とするEU金融市場の統合という強力な政策目標があるものと推察される。

第5款　会社法改正作業の深化

　1989年に部分改正が成立した後も、英国では引き続きDTIを中心に会社法の見直し作業が企図されている。ひとつには、EU立法の進展による国内法改正の強制が挙げられうるが、より大きな要因は、英国自身が19世紀のヴィクトリア風会社法が「激変する企業環境」に合致していないことを認識した点にある(99)。会社法制の枠組みの建て直しこそが英国企業の国際競争力の源泉のひとつと捉えられはじめたといえよう(100)。

　1989年以降の会社法改正作業は、保守党政権のもとで1992年11月に開始された(101)。見直し作業が顕在化したのはブレア政権に代替わりしてからである。1997年5月に第一次ブレア政権が誕生すると、21世紀を目前に控えた英国において、19世紀の枠組みを残したままの会社法制を基本原則から徹底的に問い直すことが喫緊の課題と位置づけられた(102)。DTIでは、会社法見直し運営グループ（Company Law Review Steering Group）を立ち上げ(103)、この運営グループの下にさらに個別のテーマごとにワーキング・グループを組織し、この課題へ対応した。その成果は、1998年以降の諮問文書となって次々に現れているが(104)、ここでは、2002年7月に公刊された2巻組みの白書 Modernising Company Law（Cm 5553）（以下、現代化白書という）、および2005年3月に公刊された Company Law Reform と題する白書（Cm 6456）と2005年7月に同白書を補完すべく公表された会社法改正法案策定にかかるDTIの趣旨説明書から近時の改正動向を拾ってみることとしよう(105)。前者は、それまでの個別の論点に関する検討結果を総括したものであり、後二者は現代化白書以降の検討成果を踏まえ具体的な立法提言を行っているからである。

1　小会社に関する特例

　英国会社法は、株式会社が外国貿易などの大規模事業向けの事業形態であるとの認識の下にあった19世紀に誕生し、したがって、大規模会社中心の立法枠組みが現在まで維持されている。20世紀の会社法においても私会社向けの各種便宜が図られてきたが、実態として圧倒的多数を占める私会社に対する規制緩和をさらに進めようというのが課題のひとつである。この方向性に沿い、現代化白書では以下の提言がなされている。

会社法本体における公私会社別規制は現状どおり維持するものとし、私会社規制を原則とし、それに公開会社規制を付加するという形式をとることにする(106)。定款の一元化とそれにともなう新モデル定款を公私会社別に策定する。定時株主総会開催を強制せず、所定の議決権の賛成でもって書面決議を成立させうる旨を定めるとともに、会計および監査について恩典を受けうる小会社の定義を EU 最高基準にまで引き上げ（本章第1節第2款、参照）(107)、キャッシュフロー報告書や連結財務諸表の作成が免除される小会社の範囲を拡大する。株主総会の開催、会計情報の開示、および、会計監査人の選任を前回の手続きから10か月以内（公開会社では6か月以内）とする。秘書役の選任を任意とする。資本制度に関しては公私会社の別を問わず、簡略化することが提案されているが（たとえば、授権資本要件の廃止、減資手続きの簡素化）、私会社に対してはさらに自己株式取得に関する資金援助を解禁する。

2　設立規制

　会社の設立に関しては、以下の提言がなされている。公開会社についても一人会社の設立を認め、前述したような定款の一元化と公私会社別モデル定款の措定を行い、株主総会特別決議による定款変更を認め、公私会社別設立登記情報の開示を要件を定めたうえで実施し、能力外法理の廃止と取締役の権限の開始時期を明文化する。

3　会社統治に関する事項

　会社統治に関する項目は、会社法の要諦をなすだけに現代化白書においてもその提言は多数項目にわたっている。株主総会における決議方法の整理（特殊決議を廃止）、株主総会における投票結果およびその他の年次報告書記載事項のウェブ上での公開、株主による投票情報請求権の規定の導入、株主提案にかかる株主総会議案書の会社への送付、取締役の注意義務基準の明文化、および、上場会社に対する取締役報酬報告書作成の義務づけなどが挙げられる。

4　継続的見直し体制の確保

　会社法改正が成立した後にも会社法の絶えざる見直しを可能とする制度を盛り込むこととしている。そのひとつは、会社法上に明確な根拠をもたせたうえで、二次立法への授権規定を置き、簡易な手続きで時宜を得た対応を可

第3節　1985年会社法制定以後

能とすることである。電磁的手法を用いた情報開示の諸制度などにみるように、日進月歩の技術革新の成果は当然法制度インフラとして受け容れざるをえず、将来の成果を迅速に吸収し法発展を可能とする柔軟な制度枠組みが会社法分野においても望ましいとの判断からである。他のひとつは、会社法見直しのための非制定法上の非政府機関を設けることである。後者については、とりわけ、会計・監査・報告書作成に関する分野で専門性が高まっていることから、既存の会計・開示等に関する諸機関の機能的分化を進め、かつ、これらの諸機関の運営経費の民間への依存度と政府からの独立性を高めたいとするのがDTIである。

　2005年3月に公表された「会社法改革」白書および同年7月の趣旨説明書は、2002年の白書以降のDTIのさらなる検討結果を反映したものであるが、コアとなる方針は踏襲されている。すなわち、会社法改革白書では、引き続き「啓発された株主価値（Enlightened Shareholder Value）」の概念に基づき、長期的視野に基づいた価値判断（たとえば、従業員、地域社会、環境等へのインパクトなど）を株主に可能とすべく、①株主に対する情報開示を徹底するとともに、株主の会社運営への積極的参画を促し、②公開会社にも一人設立を認め、授権資本制度を廃止するなど会社の設立を簡略化するとともに不要と考えられる要件や手続き等を廃止し、③私会社を会社の原則的形態とし、私会社に対する要件以外についてはオプションとすることによって、会社法上の諸要件の緩和を旨とし、④会社法見直しの柔軟化・迅速化を図るべく、セーフガードを置きつつも法律による授権規定を最大限駆使し、⑤法遵守コストを縮減し、もってすべての会社の業績改善に資することが謳われている。究極的な目的が、英国の国際規制競争上の優位を確保することにあるのは疑いない。

　改革の方針は、会社法見直し運営グループの検討結果や2002年の現代化白書の内容をほぼ踏襲している。しかし、全体としては、改革は現代化白書の時点からは相当にトーン・ダウンした感がある。すなわち、現代化白書が改革方針に基づいて詳細に改正提言を行っていたのと比べると、会社法改革白書では緊急性の高い順に既存の1985年会社法の手直しという形で進めていこうという意図が窺える。DTI試案の名称が現代化白書時の「会社法案（Companies Bill)」ではなく「会社法改革法案（Company Law Reform Bill)」となっていることも、より部分改正的色彩が濃くなっている証左であろう。英国の会社法大改正作業に関しては、とかく改革コストを望まない圧力団体と2005年の総選挙の結果が出るまでは慎重に進めたいDTIの思惑とが奇妙に合致し、ブレーキ役を果たしてきた(108)。白書における後退は、このような声を反映したものかとも推測される。したがって、白書において詳細に取り上げられているのは、まず、EU立法に基づいて義務的に行う改正である。これらについて、白書では検討課題を比較的具体的かつ詳細に揚げ、パブリック・コメントを求めている。次いで、2005年7月に公表された会社法改革法案に関するDTIの趣旨説明書は、会社法改革の基本的方向性を改めて呈示するとともに、同年3月の白書では検討段階にあったTOB（本章第5節第4款、参照)、会計監査人の資質向上と責任制限、企業担保、株券不発行、株式等の間接保有者への情報開示などの問題に対する検討内容と同白書に盛り込まれていた草案をいっそう充実させたDTI草案とを含んでいる。

　第一次ブレア政権以来精力的に進められてきた会社法改正作業も、2005年5月に再び労働党が勝利し、ブレア政権の三期目の続投が確定し、いよいよ勢いを増している。DTI自ら趣旨説明書のなかで述べているように、すでに会社法改正作業は最終段階にはいっており、この趣旨説明書とともに公表された試案条項に対する国民からの意見集約を行って、法案が作成されることはほぼ間違いない。2005年もしくは2006年前半にも「会社法改革法」が成立するならば、1985年の総括会社法からは約20年、1989年の部分改正からは約16年であるから、従来の英国会社法改正のサイクルと何ら異なるところはない。果たしてその内容もまた従来どおり——ヴィクトリア朝の会社法の骨格を引きずったまま——であるとすれば、当初の触れ込みが大きかっただけに、少々期待はずれでもある。現段階では、今後の改正スケジュール、その内容ともに予断を許さず、それゆえ、引き続き改正動向を注視してゆく必要がある。

---

(63)　78/855/EEC of 9 October 1978, OJ 1978 L295/36.

第 3 節　1985年会社法制定以後

(64)　82/891/EEC of 17 December 1982, OJ 1982 L378/47.
(65)　1985年会社証券（インサイダー取引）法は、従来コモン・ロー、会社法、および証券取引所やシティの自主規制のなかにあった関連規定を総括するものである。第 1 条は、過去 6 か月間に、会社と故意に関わった者がその会社の内部情報を有している場合には、その者は、認可証券取引所においてその会社の証券を売買してはならない、としてインサイダー取引の禁止を明示する。この原則には、例外が設けられ、利益を得、もしくは損失を回避しようと意図せずに売買する者、および善意の清算人やマーケット・メーカー、または、適切な者（たとえば、ブローカー）のアドヴァイスのもとに売買する受託者や人格代表者、ならびに売買の完結に時間を要するもの（たとえば、株式公開買付を計画している者が、過去 6 か月間に、自己の買付によって株価が上昇することを知りつつ、当該買付をなす場合）は、禁止を免除される（第 3 条、第 7 条）。上場あるいは上場継続を希望する会社には、証券取引所の規則が加重される。
(66)　1985年営業名称法は、会社にも、個人企業やパートナーシップにおけると同様に、商号とは別の営業名称によって営業する権利を与えるものである。従前は、1916年の営業名称登録法(Registration of Business Names Act 1916)のもとで、営業名称登録所(Business Names Registry) において個人企業、パートナーシップ、および会社に対する営業名称の登録が行われていた。営業名称登録所が、職員の削減および民営化によって廃止されるのにともない、1981年会社法は、1948年会社法の商号の新規または変更登記に対する主務大臣の同意(consent) を排した（1981年会社法第22条ないし第27条、第119条第 4 項、第四附則；Farrar, et al., supra note 4, p. 65；Schmitthoff, supra note 55, pp. 88）。商号および営業名称に関する部分を会社の自治に委ねるためである。1981年会社法における改正は、1985年会社法に総括された（第26条、第27条、第28条）。営業名称法においては、規定に違反した場合の刑事罰が明示されるとともに、営業名称の不開示について提訴された者は、原告の不開示（または、それに起因する損害）を疎明すれば、免訴されるとする旨の民事救済が規定された（第 5 条）。営業名称法が制定される以前の民事救済としては、たとえば、個人企業やパートナーシップが登記会社の暖簾（goodwill）を利用する目的でその商号に類似の営業名称を使用する場合に、登記会社による営業内容の同一を前提とする不法行為上の詐称通用訴訟（passing off action）の利用が有効であったにすぎないのである（Gower, supra note 11, pp. 271-273；See also, D. F. de l'Hoste Ranking, et al., *Ranking and Spicer's Company Law*, thirteenth edition (London: Butterworths, 1987), pp. 36-37）。
(67)　1986年支払不能法は、会社の支払不能・清算（支払不能以外の理由による清算や未登記会社の清算を含む）、個人の支払不能・破産、およびこれらに関する諸立法を統合するものである。法人格がないパートナーシップや有限パートナーシップ、あるいは、共済組合（未登録を含む）や保険会社等の支払不能や清算に関する諸手続きには、特別法が制定されている（K. Walmsley, *Butterworths Company Law Handbook,* seventeenth edition

第 2 章　英国会社法の展開

(London: Butterworths, 2003), pp. 1218-1219.
(68)　Ranking, et al., supra note 66, p. v ; Sealy, supra note 1, p. 528 ; L. S. Sealy, *Disqualification and Personal Liability of Directors*, third edition (London : Sweet & Maxwell, 1989), pp. 1, 2. 1985年支払不能法にしたがって施行され始めていた制度、たとえば、支払不能に携わる実務家の資格認定、不正取引に関わった取締役の責任や不適任な取締役の資格剝奪などの制度については、ただちに新法が施行されることになったため、かえって混乱が起こらないではなかった (D. Milman and C. Durrant, *Corporate Insolvency: Law and Practice*, first edition (London : Sweet & Maxwell, 1987), p. 6)。
(69)　コーク委員会勧告は、シンガポールにおける1987年改正の際に参照されたという (T. Kaan S.-H., 'Legislation Comments / Out of The Depth- The Companies (Amendment) Act 1987,' (1988) 30 Malaya Law Review 349) (第5章、参照)。
(70)　Sealy, supra note 1, p. 529 ; I. F. Fletcher, *The Law of Insolvency* (London : Sweet & Maxwell, 1990), p. 346.
(71)　管理命令の目的を定める規定は、コーク勧告を採用したものであったが、コーク勧告は、利益の回復と雇用の維持、および公益的見地からの事業の継続などをもその目的に掲げていた (Fletcher, ibid., p. 350)。
(72)　Morse, et al., supra note 44, pp. 40-240～40-241.
(73)　Sealy, supra note 68, pp. 1, 32.
(74)　Ibid., p. 2.
(75)　Ibid., pp. 20-21.
(76)　会社取締役資格剝奪法が施行されたのちは、支払不能会社の取締役の責任はもっぱら、同法 (とくに、第2条ないし第6条、第8条、第10条；会社法の継続的な違反および会社の清算における詐欺に対する訴追において、陪審によらない有罪判決 (summary conviction) によって有罪が確定した場合の資格剝奪、支払不能会社における経営不適格な取締役の資格剝奪、会社の検査による資格剝奪、および不正取引に対する資格剝奪) によって追及されている。1985年会社法第296条ないし第300条の規定へ会社法のもとでの継続的懈怠 (persistent default)、および清算における詐欺に対する訴追において、陪審によらない有罪判決によって有罪が確定した場合の資格剝奪、ならびに支払不能会社との結託 (association with) に関する資格剝奪) を利用した支払不能会社の取締役資格剝奪の申立件数は、1986年度をピークに漸減し、1989年度を最後に、1990年度以降は皆無となっている (DTI, *Companies in 1990-1991* (1992), p. 37；もっとも、1985年会社法上の取締役の資格剝奪に関する規定は、1985年支払不能法第十附則ないし1986年支払不能法第四附則によって削除されることになっている)。経営不適格による資格剝奪を申し立てようとする債権者は、その会社の整理に関与した支払不能の実務家(insolvency practitioner) に申し出るか、または当該支払不能の実務家を介して、もしくは直接、主務大臣に自己の報告書を渡す方法によることになろう (Sealy, supra note 68, p. 21)。もっとも、

第 3 節　1985年会社法制定以後

経営不適格による資格剥奪を除くすべての場合の申立権者は、主務大臣、官選管財人、清算人、元または現株主、債権者となっている（第16条第 2 項）。

(77)　1989年会社法は、1981年会社法以来 8 年越しの非総括会社法であり、その法案は1988年12月21日に、ヤング通産大臣によって貴族院に提出された。提出された法案は、140か条17附則を有するものであったが、その後の国会の修正を経て、最終的に国王の裁可を得る時点では、さらに216か条24附則に膨れあがった。1989年会社法は、過去40年来で最も改革的な会社法であるといわれている（CCH, *Companies Act 1989*（Bicester: CCH Editions Limited, 1989), p. v)。

(78)　C. Swinson, *A Guide to the Companies Act 1989*（London : Butterworths, 1990), p. 12.

(79)　Morse, et al., supra note 44, pp. 40-7～40-8. なお、オフバランス金融とは、貸借対照表に表示されない資金の調達運用取引をいう（小宮山賢「オフバランス取引の会計処理と開示の問題点」商事法務1171号14頁（1989年）、田中建二『オフバランス取引の会計』同文舘 3 頁（1991年））。英国では、① イングランド銀行が、銀行の自己資本比率を上げるよう規制を強化したため、各銀行が自己資本比率規制の網にかからないオフバランス取引に力を入れはじめたこと、② 企業評価の際にギアリングが殊更重視されるため、負債として貸借対照表に計上されない資金調達の方法が強く求められていること、などを背景にオフバランス取引が台頭してきた（田中・同上93-94頁）。

(80)　84/253/EEC of 10 April 1984, OJ 1984 L126/30.

(81)　Swinson, supra note 78, p.57;青木・前掲注（ 1 ）137頁。もっとも、通産大臣指名の検査役による調査については、その要請は数多くあるものの（年間210件ないし250件）、その約20％が公式に調査手続きに付されるにすぎず、検査役を選任した本格的な調査ではなくそのほとんどが証拠書類の閲覧等で終わるという（1992年から2000までに検査役が選任されたのは 4 件のみである）。とりわけ、少数株主の申請に基づいてなされる検査役の選任（1985年会社法431条、参照）は、選任理由と担保の提供が必要であるため、ほとんど利用されていない（Hannigan, supra note 20, p. 861)。

(82)　Swinson, supra note 78, p.60. もっとも、ダイアモンドの最終報告書は、1989年会社法案が国会に上程されたあとで発表されたので、日程の都合上、国会はダイアモンド勧告について十分に議論する余裕をもたなかった。ダイアモンドは、報告書のなかで、たとえば、すべての担保物権に関する包括的な登記制度の設立というような、発展的な見解を示したが、1989年会社法に採用されるところとはならなかった（Morse, et al., supra note 44, pp. 40-8～40-9)。

(83)　立法を推進したヤング通産大臣は、担保登記手続きに関する改正の目的について、以下のように述べた。「……主たる目的は、会社登記所（Companies House）への登記を負担する会社の重荷を軽減することにある。……第二の目的は、会社登記所の担保処理の事務量を減少させ、結果として費用を減少させることである。……第三に、外国会社の担保登記の手続きに若干の重要な変更を加える……。」（Morse, et al., ibid, p. 40-8)。

第2章　英国会社法の展開

(84)　能力外法理については、その他の英連邦諸国においても、改正の日程に上っている重要なテーマであるため、他の改正点に比べ、本文においてやや詳述することにした。

(85)　See, e.g., Gower, supra note 11, pp. 175-182.

(86)　Morse, et al., supra note 44, p. 40-195.

(87)　89/667/EEC of 21 December 1989, OJ 1989 L395/40.

(88)　B. Rider, et al., *Guide to the Financial Services Act 1986*, second edition (Bicester: CCH Editions Limited, 1989), pp. 19-21; 青木・前掲注（1）140頁、日本証券経済研究所『英国の金融サービス——投資者保護の新しい枠組み（政府白書）』証券資料85号序文（1985年））。

(89)　EU会社法の近時の進展については、上田廣美「EUにおける会社法の現代化」石川明編集代表『国際経済法と地域協力』信山社457頁以下（2004年）。

(90)　89/666/EEC of 21 December 1989, OJ 1989 L395/36.

(91)　2004/25/EC of the European Parliament and of the Council of 21 April 2004 on Takeover bids, OJ L 142/12.

(92)　Proposal for a Directive of the European Parliament and of the Council on Cross-border Mergers of Companies with Share Capital, COM（2003）703 final.

(93)　90/605/EEC, OJ 1990 L317/60.

(94)　2003/51/EC of the European Parliament and of the Council of 18 June 2003, OJ L 178/16.

(95)　Proposal for a Directive of the European Parliament and of the Council of March 2004.

(96)　Council Regulation (EC) of the European Parliament and of the Council on the application of International Accounting Standards, 7 June 2002.

(97)　Council Regulation (EC) No. 2157/2001 of 8 October 2001 on the Statute for a European Company (SE), OJ L 924/1.

(98)　2001/86/EC of 8 October 2001 supplementing the Statute for a European Company with regard to the involvement of employees, OJ L 294/22. なお、SEに関するEU立法と英国会社法との関係については、上田純子「欧州会社（SE）と英国会社法——英国通商産業省（DTI）諮問文書を中心として」椙山女学園大学ディスカッションペーパー No. 7、1頁以下（2004年）、参照。

(99)　詳細については、DTIが会社法の見直しに関して相次いで公刊してきた以下の諮問文書を参照。*Modern Company Law for a Competitive Economy*, March 1998; *Company Law Review—The Strategic Framework*（URN 99/654）, February 1999; *Company General Meetings and Shareholder Communication*（URN 99/1144）, October 1999; *Company Formation and Capital Maintenance*（URN 99/1145）, October 1999; *Reforming the Law Concerning Overseas Companies*（URN 99/1146）, October 1999; *Company Law Review—Developing the*

第 3 節　1985 年会社法制定以後

Framework（URN 00/656）, March 2000; *Company Law Review—Capital Maintenance: Other Issues*（URN 00/880）, June 2000; *Company Law Review—Registration of Company Charges*（URN 00/1213）, October 2000; *Company Law Review—Completing the Structure*（URN 00/1335）, November 2000; *Company Law Review—Trading Disclosure*（URN 01/542）, January 2001; *Modern Company Law for a Competitive Economy: Final Report Volume 1*（URN 01/942）and *Volume 2*（URN 01/943）, July 2001; *Modernising Company Law Volume 1*（URN 02/1092）and *Volume 2*（URN 02/1340）; *Modernising Company Law: Small Business Summary*, July 2003; *Interim Report by the Co-ordinating Group on Audit and Accounting Issues, Review of the Regulatory Regime of the Accountancy Profession*, October 2002 ;"*Rewards for failure" Director's Remuneration—Contracts, Performance and Severance*（URN 03/652）, June 2003; *Fair Value Accounting*（URN 03/960）, June 2003; *The Operating and Financial Review Working Group on Materiality*（URN 03/963）, June 2003; *Corporate Law and Governance/Employment Relations: Implementation of the European Company Statute: The European Public Limited Liability Company Regulations 2004*, October 2003; *Director and Auditor Liability*, December 2003; *Modernisation of Accounting Directives/IAS Infrastructure*, March 2004; *Fair Value Accounting: Summary of Responses to the Consultation on the Use of Fair Value Accounting*（URN 04/729）, March 2004; *Draft Regulations on the Operating and Financial Review and Directors' Report*（URN 04/1003）, April 2004; *Company Law: Flexibility and Accessibility*, May 2004; *European Law: Draft Directive on Cross-border Mergers*（URN 04/595）, June 2004; *Consultation on Disclosure of Auditor Remuneration*, November 2004; *Takeover Directive*（URN 05/511）, January 2005; *Pre-emption Rights: Final Report*（URN 05/679）, February 2005; *European Company Law and Corporate Governance Directive Proposals on Company Reporting, Capital Maintenance and Transfer of the Registered Office of a Company*（URN 05/544）, March 2005; *Company Law Reform*（Cm 6456）, March 2005; *Company Law Reform Bill Explanatory Statement, Draft Clauses and Explanatory Material*（19 July 2005）; *Promotion of Competitiveness: The UK approach to EU company law and corporate governance*, July 2005. 営業・財務概況報告書（OFR）に関する指針（The Operating and Financial Review—Practical Guidance for Directors）は 2004 年 5 月に採択され，2005 会計年度からすべての上場会社において OFR の作成が義務づけられる。会社法改正作業の経緯および内容については，中村信男「英国における会社法見直しの動きと今後のコーポレート・ガバナンス」日本コーポレート・ガバナンス・フォーラム編『コーポレート・ガバナンス——英国の企業改革』商事法務 84 頁以下（2001 年）、伊藤靖史「イギリスにおける会社法改正——「競争力ある経済のための現代的会社法　最終報告書」および白書「会社法の現代化」を中心に」同志社法学 54 巻 5 号 1 頁以下（2003 年）、同「イギリスにおける会社法改正の動向」森本滋編著『比較会社法研究——21 世紀の会社法制を模索して』商事法務 35 頁以下（2003 年）、上田純子「イギリスにおける会社法改革——DTI 会社法改正試案の検討を中心として」椙山女学

第2章　英国会社法の展開

　　　　園大学ディスカッションペーパー No. 4、1-4頁（2003年）。
(100)　上田・同上。
(101)　S. Mayson, et al., *Mayson, French and Ryan on Company Law*, nineteenth edition (Oxford: Oxford University Press, 2002), pp. 21-23; J. Rickford, 'A History of the Company Law Review,' in J. de Lacy (ed.), *The Reform of United Kingdom Company Law* (London: Cavendish Publishing, 2002), p. 5.
(102)　上田・前掲注（99）2頁。
(103)　会社法の見直しにおいては、実務施行が優先され、その結果、運営グループ・メンバーも実際界から多数起用されている。また、非法律家の割合も過半数に達したが、このような人事については、国民からは概ね好意的な反応があったという（Rickford, supra note 101, p. 10）。
(104)　個々の諮問文書のタイトルについては、前掲注(99)を参照されたい。
(105)　同白書の詳細な内容については、上田・前掲注(99)。
(106)　DTI, *Modernising Company Law*, p. 15.
(107)　Ibid., para. 4.23. 前述のように、現行の小会社基準では、年間売上高280万ポンド以下、貸借対照表上の資産総額140万ポンド以下、労働者数50名以下のうちの2要件を満たすものを小会社とする。現代化白書での提言は、このうち年間売上高および貸借対照表上の資産総額をそれぞれ480万ポンドおよび240万ポンドにまで引き上げている。
(108)　ケンブリッジ大学法学部（セント・ジョンズ・カレッジ）、リチャード・ノーラン（Richard C. Nolan）上席講師およびケンブリッジ大学ジャッジ・インスティテュート・オブ・マネジメント・スタディーズ、ビジネス研究センター、サイモン・ディーキン（Simon Deakin）・企業統治に関するロバート・モンクス記念教授（Robert Monks Professor of Corporate Governance）からの聞き取りによる。聞き取り日はそれぞれ2004年3月19日および2004年12月2日。

第4節　英国および英連邦におけるコーポレート・ガヴァナンス・コード

　会社法とは別に、近年の企業統治のあり方を巡る議論を受けて、いずれの国においてもコーポレート・ガヴァナンス・コードが採択される傾向にある(109)。経済協力開発機構（Organisation for Economic Cooperation and Development; OECD）や世界銀行のような国際機関がその推進役であったことも、この問題が全世界的潮流のなかで検討される素因となったといえよう。現在のところ、企業統治論が闘わされているのはもっぱら大規模公開会社についてであり、コードも上場会社のみを適用対象としている国が多い。本書では、

第4節　英国および英連邦におけるコーポレート・ガヴァナンス・コード

　証券規制についても触れてはいるが、上場規則等の取引所の自主規制については検討の視野外に置いているので、上場規則等に組み込まれて施行されているコーポレート・ガヴァナンス・コードについて取り上げる必要性はそれほど大きくないようにも思われる。したがって、この問題については、各章で個別に論じるのではなく、ここで一括して英国および英連邦諸国のコード策定の背景および内容に触れる。英国では、1990年代のキャドバリー委員会以来専門委員会を組織して企業統治の枠組みの検討にあたってきており、また、英連邦諸国においても、「コーポレート・ガヴァナンスに関する英連邦協会（Commonwealth Association for Corporate Governance; CACG）」を組織して統一的にコードの策定を模索してきた。英連邦の構成国は各国とも独自のコードを採択しているが、その内容は、他の先発国のコードをモデルとしつつ、英連邦協会の検討結果を踏まえたものとなっている。

第1款　英国における統合規範

　英国において上場会社の企業統治のあり方が問題となったのは、1990年代初頭であった。上述のように、従来の企業実務に基づき、模範慣行規範（Code of Best Practice）を策定すべく、ロンドン証券取引所の委託を受けてキャドバリー・シュウェップス（Cadbury Schweppes）社の取締役会会長を歴任したエイドリアン・キャドバリー（Adrian Cadbury）を委員長とする専門委員会が組織され、1992年にはその報告書が提出された。キャドバリー報告書においては、取締役会および会計監査人のアカウンタビリティの強化、独立取締役の活用による中立かつ実効性ある経営監督などを大企業におけるチェック・アンド・バランス機能確保のための基本柱に据えた。1995年に提出されたグリーンブリー（Greenbury）報告書は、取締役の報酬に関する検討を中心に行い、報酬支給基準の明示と開示、および、その適正な運用の必要性に触れた。キャドバリー委員会の検討内容はその後組織されたハンペル（Humpel）委員会およびターンブル（Turnbull）委員会において深化され、1997年および1998年に提出された両委員会報告書に基づき、ロンドン証券取引所においては、それまでに提出された報告書の内容を統合し、同取引所に上場する会社に対し、その遵守を義務づけることとした。これが統合規範である[110]。

第2章　英国会社法の展開

　統合規範の実効性は、対象会社に統合規範の遵守状況の開示を求めることでもって担保される。すなわち、上場会社は、年次報告書において統合規範の遵守状況を記載し、遵守していない場合にはその理由を開示しなければならない。いわゆる comply or explain の原則である。統合規範は、取締役会の構造、取締役の報酬、株主の役割、財務報告の透明性と監査の各側面から、企業運営に関する模範慣行を定める。この間、2002年1月に提出された、非執行取締役の役割に関するヒッグズ（Higgs）報告書を受けて、2003年には統合規範が改訂された。以下では、改訂統合規範を前提に、内容を概観する。

　統合規範の目的は、取締役会の効率性を高め、かつ、企業統治に関する基準を引き上げることによって投資家の信頼を得ることである。この目的に基づき、規範はまず取締役会、取締役会会長、および非執行取締役の役割を定める。さらに、専門家を含め取締役の人材を広く求め、取締役会、取締役会委員会、および個々の取締役の業績評価を公式に行い、業績改善の誘因を積極的に導入すべきこと、FTSE350以上の会社の取締役会委員会には、過半数（FTSE350未満の会社では2名以上）の独立取締役を選任すべきこと、取締役会会長と最高経営責任者との兼務はしないこと、取締役会会長、独立取締役、非執行取締役、および、大株主間に緊密な関係を構築すべきこと、会社の財務報告における誠実性のモニタリングとリスク管理を強化すべく監査委員会の役割の拡充と会計監査人の独立性を確保すべきこと、などを盛り込んでいる。

第2款　英連邦のコーポレート・ガヴァナンス・コード

　前述したように、個々の英連邦構成国は独自のコードを採択しているので、本来ならば各国の法制の叙述のなかで個別にその内容を取り上げるべきであるが、ここでは、英連邦として模索したいわゆる理念型コードを提示する。コードの内容は、各国において大きく乖離するものではなく、ここで共通分母としての英連邦協会の勧告コードを概観しておけば十分であると思われ、かつ、叙述の反復ないし重複も避けうるからである[111]。

　コーポレート・ガヴァナンスに関する英連邦協会は、1997年の英連邦諸国首脳会議において採択されたエディンバラ宣言に基づいて1998年4月に組織さ

第 4 節　英国および英連邦におけるコーポレート・ガヴァナンス・コード

れ、英連邦における企業統治の最適基準の模索とその採択および公表を任とする。OECD の基本原則等に依拠しつつ、約 2 年間の検討の後、同協会は1999年11月にガイドラインの最終版をまとめ、公表した[112]。それによれば、取締役に求められる資質や能力として、会社の永続的繁栄に必要な指揮統率力、誠実性、判断力を発揮し、透明性、アカウンタビリティ、および責任を前提に会社の最善の利益のために行動すべきこと、独立した意思決定能力を有すべきこと、会社の資産および信用を確保すべく企業価値評価等を行うべきこと、自ら決定した戦略等を適正に実施すべきこと、会社法規制の遵守を担保すべきこと、株主の合理的利益を考慮しかつ株主に対する説明責任を全面的に負うべきこと、最高経営責任者と取締役会会長との役割分担および執行取締役と非執行取締役との適正なバランスを保つべきこと、会社の内部統制機能の効率性を高めるため定期的な監査手続きを実施すべきこと、個々の取締役の業績評価を定期的に実施すべきこと、経営者および労働者の研修および必要な技術を適正に導入すべきこと、および、リスクならびに業績の評価指針を特定し、毎年翌年度のゴーイング・コンサーンの可能性を追求すべきこと、が定められている。

---

(109)　ヨーロッパ・コーポレート・ガヴァナンス研究所のサイト http://www.ecgi.org が各国のコードや関連資料を公開しており、有用である。

(110)　経緯については、関孝哉「英国コーポレート・ガバナンス──三報告書の概要と論点」日本コーポレート・ガバナンス・フォーラム編・前掲注(99) 4 頁；G. Proctor and L. Miles, *Corporate Governance* (London: Cavendish Publishing, 2002), pp. 152-153.

(111)　なお、本書で取り上げた個々の英連邦諸国におけるコーポレート・ガヴァナンスについては、たとえば、J. H. Farrar, *Corporate Governance in Australia and New Zealand* (South Melbourne: Oxford University Press, 2001); Tie Fatt Hee, *Corporate Governance and Corporate Law Reform in Malaysia* (Petaling Jaya: Sweet & Maxwell Asia, 2003)、上田純子「シンガポールの企業統治と企業法制改革」今泉慎也＝安倍誠編『東アジアの企業統治と企業法制改革』アジア経済研究所161頁以下 (2005年) を参照。

(112)　Commonwealth Association for Corporate Governance, *CACG Guidelines: Principles for Corporate Governance in the Commonwealth*, November 1999.

第 2 章　英国会社法の展開

第 5 節　証 券 規 制

すでに、個別立法の箇所において金融サーヴィス法および同法を改正する金融サーヴィス・市場法の制定につき、多少触れないではなかったが、これらの内容については、証券規制として一括して本節において述べることとする。

第 1 款　詐欺防止法（Prevention of Fraud (Investment) Act 1958）

ロンドンの証券市場の歴史は古く[113]、証券取引に纏わる不正取引の問題は早くから認識されていた。すでに、1696年には、詐欺や資産剥奪（asset stripping operations）、インサイダー取引、および相場操縦（market manipulation）に関する報告書が国会に提出されていた[114]。1697年には、ブローカー・ジョバーの数・不正実務を制限する法律（Act to Restrain the Number and Ill Practice of Brokers and Stock-jobbers）が制定されている[115]。

証券市場に関する規制の方針は、昔も今も基本的には変わりがない。1939年には、政府により任命されたボドキン（Bodkin）委員会とアンダーソン（Anderson）委員会双方の報告に基づき、詐欺防止法が制定された[116]。1939年詐欺防止法は、その後1958年詐欺防止法に代替された。

1958年詐欺防止法は、商務省から免許を受けた者および例外の適用される者[117]を除く一切の者に証券取引を禁止する。商務省は、免許の付与や免許業者に対する規則の制定などに関する広範な権限を付与される（たとえば、同法第 7 条）。さらに、詐欺防止法では、ユニット・トラストを認可制にするために、ユニット・トラストに関する商務省の権限や支配人および受託者の地位に関する条件、および信託証書に含まれる事項（第一附則）を規定している[118]。同法が、米国の証券諸法における詐欺禁止条項を引用し、虚偽、もしくは欺瞞的な記載、約束、および予告、または重要な事実の隠蔽によって他人を投資取引に勧誘する場合には、犯罪を構成する旨を規定している（同法第13条）ことも、特色に数えられうる[119]。しかし、それ以外の内容は、概ね1939年詐欺防止法と一致している。

第5節　証券規制

第2款　金融サーヴィス法の制定

1　立法の経緯

　1974年、商務省は、証券業務の多様化に対応するため、法改正に着手した(120)。同省は、関係各界に対し、証券市場の監督と規制に関する諮問をなした。しかし、各界ともシティの伝統である自主規制が最も効率的であるという見解を圧倒的多数でもって維持し、米国における証券取引委員会（Securities and Exchange Commission;SEC）のような国家機関を設置することに強い懸念を示した(121)。1970年代には、こうした各界からの見解や勧告が寄せられていたところ、1980年には金融機関（financial institutions）の機能を再評価するべく設置されたウィルソン委員会の報告書が提出された(122)。

　1981年には、免許業者の不祥事件が起こり(123)、商務省は、サザンプトン大学学長を歴任していた故ガワー教授に、投資者保護体制の全面的見直しを委嘱した。その際、ECの立法の動向をも考慮に入れることとされた(124)。ガワーは、1982年に投資者保護の再検討に関する調査報告書（Review of Investor Protection——A Discussion Document（1982 HMSO））を、1984年1月および1985年3月には、その後提起されたさまざまな問題についても検討した2部構成の報告書（Review of Investor Protection（1984 Cmnd. 9125および1985 HMSO））を提出した。ガワーは、市場規制のあり方として、規制に係る利害得失を衡量した(125)うえで、投資業務の機能別区分（functional devision）に基づき、政府を最高監督機関とする自主規制機関を制定法によって設置することが最善の策である旨を提言した(126)。シティの多くの実務家は、ガワー勧告を机上のものとして無視した(127)。

　英国においては、伝統的にシティの自治が非常に効率よく、合理的に行われていた。かつては異なる団体、異なる職能、異なる階層がシティ・コードという自治規則のもとにある程度の均質性（homogeneity）をもって統率されていたためである(128)。この均質性が瓦解の方向に進んだこと、政府がシティにおける不祥事や規制の弱体化に対し、目を瞑るに絶えない段階まで到達したこと、カナダやオーストラリアの証券規制の改革が進展した(129)ことなどが誘因となり、ガワー報告後まもなく、ビッグ・バン（証券市場の大改革）の

第 2 章　英国会社法の展開

実施が決定された(130)。ビッグ・バンにおいては、委託手数料の自由化(131)、単一資格制の廃止、銀行・外国業者の大量進出にともなう新たな法規制の制定が主な目的とされた。シティは、自主規制堅持の姿勢を貫きながらもこれを認受することを決定する(132)。ビッグ・バンと並行して、新たな制定法案作成作業が進められた。1985年 1 月、DTI は、ガワー報告を細部にわたり採用した(133)「連合王国における金融サーヴィス」という白書（本章第 3 節第 4 款、参照）を発表した。同年12月、DTI は、金融サーヴィス法案を国会に提出し、翌年、金融サーヴィス法（Financial Services Act 1986）が成立した(134)。

2　立法趣旨および規制方法

　金融サーヴィス法の主な目的は、規制範囲を広く定義してこれを投資業（investment business）と名づけ、認可業者であるかまたは適用免除業者でなければ投資業を営んではならないとすることである。立法趣旨は詐欺防止法と類似しているが、適用免除の範囲は相当に限定されている。違反した者は、処罰される。

　認可業者の規制監督は自主規制を基本とする。ガワー勧告による業者の機能別区分方式を採用したため、新たに新設または改組された 5 つの自主規制機関（self-regulating organisations ; SROs）が発足した(135)。このほかにも、金融サーヴィス法の枠に入る多くの自主規制機関が存在する(136)。以上の自主規制機関の中枢には証券投資委員会（Securities and Investment Board ; SIB(137)）が置かれることとなった。SIB は、DTI から規制に関する権限を委譲されている（金融サーヴィス法第114条）。

　投資業の規則は、あらゆる者に適用される一般的規制、認可業者として承認されるための開業規制、認可業者の活動を規律する業務行為規制、認可業者に資本維持などを求める財務規制、およびその他の規制の 5 本柱で組み立てられている。その他の規制には、ガワー勧告に基づく投資者保護の規定が盛り込まれている(138)。なお、金融サーヴィス法第四編、第六編、および第十二附則には、1987年証券取引所（上場）規定、および上場審査（Admission to listing）、上場細則（Listing particulars）、継続開示（Continuing disclosure）に関する 3 つの EC 命令が、総括されている(139)。1987年証券取引所（上場）規定は、EC 第三命令および第六命令に基づいて制定されたものである。

第5節　証券規制

第3款　金融サーヴィス・市場法へ

　英国における金融ビッグ・バンによって誕生した金融サーヴィス法は、上述のように機能別区分方式による5つの自主規制機関を創設したため、実務上煩雑になっていた。すなわち、金融主体がコングロマリット化し、金融業務を横断的に行うようになると、個別事項ごとに複数の規制機関が縦割り式に存在するような事態は金融業者に負担を強いることとなる[140]。同様の問題は、規制機関のみならず、投資業を対象とし銀行業などその他の金融業務を包摂していない立法自体にもあった[141]。さらに、英国には、1990年代後半のマネーロンダリング[142]やデリヴァティヴ取引による巨額損失[143]、あるいは、ファンド・マネジャーによる不正投資[144]などの相次ぐ金融・証券不祥事の発覚により、失墜しかけたシティの信頼回復を図る必要があった。そのため、2000年に従前の金融サーヴィス法を改正する金融サーヴィス・市場法が制定され、従前の5つの規制機関に代えて、単一の金融サーヴィス機構（Financial Services Authority; FSA）が創設された。同法は、大要、業者の規制、FSA の権限、販売に関する規制、市場に関する規制、および救済制度の5本柱で構成される。以下、それぞれを一瞥する。

　業者の規制においては、規制対象業務を行う業者に適用免除業者でないかぎり、FSA の認可を得ることを要求し、資産要件や適格性要件などのいわゆる認可要件を規定する。認可を得た業者は認可範囲においてのみ業務を遂行することができる。

　FSA の設置とその権限等に関する規定は、本改正の目玉であった。FSA は、保証有限私会社として設立されており、その運営費用は、規制対象業者から拠出される。すなわち、公益性の高い民間機関ということができる。FSA は、旧 SIB（1997年10月に FSA と改名しているが、実態は SIB と同じ）、個人投資委員会、投資運用規制団体、証券先物委員会、イングランド銀行前検査・監督局、住宅金融組合委員会、財務省保険局、友愛組合委員会、友愛組合登記官等の規制権限を受け継ぐため、その責任は広範に発生する。その役割は、①市場の信頼性の確保、②公衆の意識の高揚、③消費者の保護、および、④金融犯罪の抑止にあり、これらの目的の達成度合について財務省に対し年次

報告書を提出することが義務づけられている。この４つの目的を達成すべく、FSAには、統合規範（本章第4節第1款、参照）などの従来の自主規制を含む一般的な規則制定権が付与されているほか、情報収集権、調査官による調査権限、介入権限、制裁権限、および違法行為の差止と原状回復権限も認められ、犯則事件に対する実効性の高い処理が期待されうる。

販売に関する規制では、既存の金融サーヴィス法が投資広告と不招請の勧誘（unsolicited calls）とを区別して規制していたのを金融販促活動として一括して規制し、適用免除を受けないかぎり認可業者または認可業者の承認を得た者のみが行いうることとしている。規制に違反して締結された契約は顧客に対しては拘束力をもたず、顧客は対価として支払った金銭の返還や補償を求めることができる。

市場に関する規制は、前述の規制目的のうち、市場の信頼性の確保に対応する部分である。法律の名称に新たに「市場」が加わっているところから、この部分が従来にもまして重要になっていることが窺い知れる。金融サーヴィス・市場法は、市場不正行為に対する民事制裁金の制度を導入したほか、刑事制裁においては、DTIのみならず所定の場合にFSAにも訴追権限を付与している。また、FSAは公認投資取引所および公認清算機関に対しても指揮権限を付与され、必要に応じて是正措置を講ずることができる。

最後に、金融サーヴィス・市場法上の救済制度として、既存の８つの紛争処理機構が一体となった金融サーヴィスオンブズマン機構が創設され、また、既存の５つの補償機構をまとめた単一の補償機構が誕生したことが特筆される。

第４款　シティ・コード

シティが自治の伝統に根ざしており、古くから、異なる団体や異なる職能ごと、あるいはそのすべてを統括する自主規制を制定してきたことは前述した。シティは一種のムラ社会であり、高度な均質性が保たれていたために、このような自主規制が効率よく、また合理的に運用されえたのである。

TOB・合併に関するシティ・コード（City Code on Take-overs and Mergers）は、1960年代のTOBブームに対処するため1968年３月に制定され、これまで

幾多の修正を経てきた。1967年9月には、イングランド銀行のイニシアティヴのもとにシティ関連諸団体によって「TOB・合併に関するパネル（Panel on Take-overs and Mergers）」の原型が生み出されたが、翌年公表されたシティ・コードは、パネルの設置を保証するとともに、パネルの諸権限について定めていた(145)。

パネルは、1986年金融サーヴィス法のもとでは、指定規制機関のひとつ（1987年金融サーヴィス施行令 Financial Services（Disclosure of Information）（Designated Authorities）（No.2）Order 1987（SI 1987/859）第180条）として、前述のシティ・コードの運用にあたっていたが、2000年金融サーヴィス・市場法のもとでは、単一の規制機関 FSA が広範な権限をともなって創設されたことから、FSA との権限競合が問題となった。FSA とパネルは運用ガイドライン（Operating Guidelines）を共同策定して、それぞれの権限の範囲を明確化するとともに、FSA は独自の執行マニュアルを策定し、TOB に関する第一次的規制機関としてのパネルの役割を尊重し、原則として、パネルの要請があった場合、および、市場不正行為に関わる問題についてパネルの権限行使が不適切であると判断される場合にのみ介入し、これらの場合にも TOB 期間中は原則として介入しないとしている(146)。また、当事者、関係者間の利害が先鋭に対立する TOB に関し、規制機関が複数存在することによって規制機関間の利益相反が生ずるおそれがあるため、コードはとりわけ、TOB の表明、情報開示、そのタイミングや内容、あるいは、注意義務などに関して、セーフ・ハーバー・ルールを盛り込み、FSA に裁量的介入の機会を与えないよう配慮している。

シティ・コードは、序章（Introduction）、一般原則（General Principles）、定義（Definitions）、規則（Rules）の4部構成を採っている。序章は、まず、コードについて、コードの性質および目的、コードにおける責任の適用、ならびにコードの執行を定める。次に、パネルについて、パネルの構造や権限を定めたのち、コードの適用範囲やパネルに関連する手続きなどに触れ、最後にコードの適用の対象となる会社や取引などについて定めている。

一般原則は、とくに被買付会社（offeree company）の株主の保護に重点を置き、これに鑑みた公正な取引および平等の理念を具体化するものである(147)。

被買付会社のすべての株主が、同等の対価を受領し、かつ、同等の情報を得なければならない。一般原則は、この基本に則り、買付会社（offeror）および被買付会社の取締役の忠実義務などをも定める。定義は、コードにおいて用いられる用語の定義を定めるものである。

規則は、TOB取引に適用される38か条の特則（Specific Rules）を定める。基本的には、一般原則に則り、TOB取引の際にしたがわなければならない手続き、および株主に提供されなければならない情報について定める(148)。これらの規定のなかで、とりわけ重要なのは、義務的買付の規定であろう（Rule 9およびRule 37）。義務的買付の要件を設けた趣旨は、支配の変容を強いられる被買付会社の株主に対し、買付会社に均等な買付をさせることによって、支配権取得の対価として買付会社から支払われるプレミアムを被買付会社の株主に衡平に享受させることにある(149)。義務的買付の要件は、ある者がその会社の議決権の30％に該る株式を単独もしくは共同で取得する場合、または、その会社の議決権の30％ないし50％を支配する者が12か月以内の期間に議決権の2％以上をさらに取得する場合に、適用される。買付価格は、オファー期間中で、かつ当該オファー開始前12か月以内に、買付会社またはその共同行為者（person acting in concert with）が買付証券に対して支払った最高値以上で客観的かつ衡平に評価される（Rule 9.5）。このほか、コードは、TOB取引の際に遵守されるべき手続きとして、オファーが発表される前の情報の秘匿やオファーの発表時期およびその内容（Rule 2）を定めている。これは、オファーが慎重な検討をなしたうえで発表されるべき旨を定める一般原則の規定（General Principles 3）に対応するものである。Rule 23ないしRule 29は、被買付会社の株主に郵送される書類の内容に関する詳細な要件を定める規定である。買付価格や条件などはもちろんのこと、買付スケジュール、買付会社の財務情報や被買付会社株式の保有状況、さらに買付会社と被買付会社の取締役や株主等との間のオファーに関する協定の詳細や買付会社のTOBに関して必要な一切の現金支払能力の証明など、非常に多くの情報内容の記載が求められている。買付会社の買付書類の送付から14日以内に被買付会社はいわゆる対抗書類（defence document）を自己の株主に送付しなければならない（Rule 25）。対抗書類には、自己が標的になっているTOBに関する取締役

およびフィナンシャル・アドヴァイザーの見解を記載する(150)。買付書類 (offer document) は、通常オファーの発表をなしてから28日以内に被買付会社の株主に郵送されなければならない (Rule 30.1)。Rule 30.2は、被買付会社の取締役会が通常買付書類の送付後14日以内に自社の株主に対して負担すべき、オファーの評価に関する助言の義務を定める。Rule 31ないしRule 33は、オファーの期間について定める。オファーが失敗した場合は、買付会社およびその共同行為者は、オファーの取り下げから12か月以内はオファーをなすことができない。また、オファーが成功した場合も、被買付会社株式の総議決権の50%超を保有する者は、続けてオファーをなしたり、オファーから6か月以内にその買付価格より高値で被買付会社の株式を取得することはできない (Rule 35)。

規則は、上述のようなTOBの際の手続き規定のほか、一般原則を具体化した買付会社の義務についても定めている。たとえば、TOBの当事会社の株主は、マス・メディアや広告などを通じて十分な情報を与えられなければならない (Rule 19) こと、買付会社やその関係者は特定の株主のみを優遇してはならない (Rule 16) こと、オファー期間中は、買付会社およびその関係者は、被買付会社の証券を売却するには、パネルの許可を得なければならない (Rule 4.2) こと、部分買付にはパネルの同意を要する (Rule 36) ことなどに加え、異なる種類株式や転換証券 (convertible securities) に対するオファーの方法 (Rule 14およびRule 15)、オファー期間中の買付会社、その関係者、および被買付会社の自己の計算によるオファー株式の取引に関する開示義務 (Rule 8)、などが定められている(151)。シティの非形式主義に即し、理念的アプローチによる弾力性の高い規定となっていることが特色である(152)。

なお、前述したように、1989年1月にTOBに関するEC第十三命令案が閣僚理事会に対し提出された。この命令案は、公開会社のみを対象とし、TOBの当事会社における株主の衡平な扱いを狙うものである(153)。各国の企業結合規制を参酌しつつもかなり詳細な規制枠組みを有し、株式買付け申込みに関する報告義務、手続き期間、および、行為規制を明文で規定し、全構成国の第一次的な企業結合規制として機能することを意図したものであった(154)。しかし、1989年のオリジナル命令案は、そのパターナリスティックな

性格から構成国の賛同を得ることができず、1990年代初頭の企業買収の低迷から1994年には完全に棚上げされた。1996年にその起草作業は再開されたが、前回の轍を踏まず、フレームワーク命令の形をとり[155]、シティ・コードの総則部分に大きく依拠し[156]、被買付会社の株主保護を図ることを目的としつつ買付会社の義務的買付制度と被買付会社の対抗措置の禁止を盛り込んだ。第十三命令案は採択に向けて順風に乗っていたが、英国ヴォーダフォン社によるドイツのマンネスマン社に対する敵対的株式公開買付が起こるとドイツが離反し、また、フランス国営企業の外国公共事業買収の動きを牽制するイタリアとスペインがドイツに同調したため、2001年7月4日の欧州議会での投票結果は可否同数となり命令案は採択されなかった。なおも、被買付会社の対抗措置を認めるか否か、を中心に構成国間で議論が続き、18歳（おそらく、公式提案される前から起算して）の命令案もそろそろスタミナ切れかと揶揄されるなか[157]、第13命令案は英国のシティ・コード方式に則ることで基本的には構成国内の合意が得られ、2004年4月21日に「TOBに関する命令（以下、TOB命令という）」として採択の運びとなった（本章第3節第4款、参照）。

　TOBに関する命令は、EU構成国間のTOB手続きとTOBの利害関係者保護制度の調和を企図するものである。命令は、同一の制度内容について既存のシティ・コードとは異なった文言を用いており、その解釈にやや注意を要する部分も散見される。命令は、構成国間の裁量的規制調和を旨とするので、命令の採択により、英国のシティ・コードがただちに改正を余儀なくされるものではないが、現行制度との関係で問題となりうる点をここに摘示しておく。

　最も大きな論点は、命令が制定法上の根拠をもつ規制と規制機関を要求しているため、英国の36年にわたる自主規制の伝統を覆す選択をすべきか否か、である。この点に関しては、DTIは、2005年1月に「TOB命令（Takeovers Directive）」と題する諮問文書[158]を公表し、パブリック・コメントを求めた。同年7月の会社法改革に関するDTIの趣旨説明書によれば、パネルを規制執行機関として維持しつつ、現行制度の基盤のうえに、コードをより強制力の高い法律とすることも視野に入れた新たな枠組みを模索していくとしている。このことを具体化すべく、趣旨説明書と同時に公表された草案規定のなかにはTOBの項が設けられ従来のコードの内容が会社法に組み込まれると

ともに、パネルは会社法上の規制機関と位置づけられている。以上の点が、命令によって最も変容を強いられる部分であると思われる。その他の点としては、以下が挙げられうるが、いずれもほとんど軋轢を生じる余地がないものである。

命令第5条は、義務的買付に関する規定である。被買付会社の支配を得た買付会社は、被買付会社の残余株式を買い取らなければならない旨を定めるが、「支配」の定義を有していない。したがって、シティ・コードの30％ルールはそのまま適用できると解釈されうる(159)。また、命令第5条第4項は、義務的買付の際に買付会社に「衡平価格（equitable price）」での株式取得を義務づけ、かつ、衡平価格の定義を定める。それによれば、衡平価格とは、オファー開始前6か月ないし12か月の期間内に買付会社（またはその共同行為者）が同一証券に支払った最高値を被買付会社の株主からの買取に等しく適用することである。この6か月ないし12か月という期間は構成国の規制間の期間設定に幅をもたせたものであり、この期間を12か月以内と定めるシティ・コード（前述、Rule 9.5）とは矛盾しない(160)。なお、シティ・コードの捕捉範囲ではないが、命令は、スクイーズ・アウトやセル・アウト（標的会社の少数株主の締め出しや株主側からの買取請求権）の手続きをも定める（第14条、第15条）が、これらの規定は、英国1985年会社法がすでに有するものであり（第428条ないし430条）、TOB命令によって英国会社法が直接影響を受ける点も見当たらない。むしろ、TOB命令は、前述のように英国立法を主モデルとしているので、英国立法や英国のTOB実務へ及ぼすインパクトは小さいといえよう。

第6節 小　括

以上、英国における1948年会社法を礎石とする会社法および証券規制の変遷過程をみてきた。近時、英国におけるECの影響は、会社法のみならず証券規制においても強固であり、多くの改正はEC／EU命令あるいはEC／EUの動向に裏打ちされたものである。もっとも、英国は、EC／EU命令を採用する際に、国内の経済事情に適合させうるように、独自の工夫を重ねている(161)。

しかしまた、英国の改正に対する他の英連邦諸国の影響も無視できない。

第2章　英国会社法の展開

たとえば、英国の従来のコモン・ローの法理を大幅に修正するような場合には、慎重を期し、他の英連邦諸国の立法が参照されることは多い。

今後も英国の会社法および証券規制は、基本的にはこの方向性に沿い、技術的部分についてはヨーロッパ大陸化しながらも、旧来の伝統あるコモン・ローの基盤を墨守する姿勢は崩さないように思われる。英連邦のなかでは一定程度の調和を保ちつつ、ヨーロッパにおける共通分母としての会社法の採択に向け相互に妥協点を見い出そうと歩み寄ることによって、英国会社法の新たなページが繰られることとなろう[162]。

---

(113)　日本証券経済研究所編『イギリスの証券市場』日本証券経済研究所2頁（1989年）。ロンドン証券取引所の正式な設立年は1802年であるが、英国における証券取引は、それより2世紀前、すなわち16世紀から17世紀にかけての植民地開発のための特許会社（ロシア会社や東インド会社）の証券の取引に始まる。

(114)　Rider, et al., supra note 88, p.3.

(115)　Ibid.

(116)　Ibid., p.6. ボドキン委員会報告（Cmnd.5259）は、株式の押込販売および詐欺的販売（share-pushing and share-hawking）に関するものであり、アンダーソン委員会報告（Cmnd.5539）は、特定信託における公益に鑑みた訴訟のあり方に関するものである。

(117)　たとえば、認可証券取引所または認可証業者協会、イングランド銀行、および制定法によって設立された法人である自治市（municipal corporations）は禁止を免除された（ibid., p.6）。

(118)　Ibid., pp.6-7.

(119)　Ibid., p.7.

(120)　Ibid., p.12.

(121)　Ibid., pp.12-13.

(122)　Ibid., pp.13, 15. ウィルソン委員会報告（Cmnd.7939）は、1959年に提出されたラドクリフ委員会（Radcliffe Committee）報告（Working of the Monetary System；Cmnd.827）をも考慮に入れるものであった。ウィルソン報告は、行政規制と自主規制、および制定法による規制と非制定法による規制との調和において、健全な自主規制制度を設けるよう勧告した。

(123)　投資管理会社であったNorton Warburg社は、1981年に投資者から預託された現金を握ったまま倒産し、投資者に莫大な損害を及ぼした。このほかにも、1981年前後には、小規模投資管理会社の倒産が幾度か生じ、その都度、投資者に与える損害が社会問題と

第 6 節　小　括

なってきていた（D. F. Lomax, *London Markets after the Financial Services Act*（London：Butterworths, 1987), p. 4; 中村俊夫「英国金融サービス法について（上）」証券投資信託月報323号9頁（1987年））。

(124)　Rider, et al., supra note 88, pp. 14. 政府がガワーに示した基本的な問題設定は、次のようであった。①次の異なる種類の投資者の制定法上の保護を考慮すること、(a)私的投資者、(b)イギリスで営業するユニット・トラストおよびオープン・エンド型の投資会社を含めた、証券および他の財において、業として投資を行う者、②証券会社、投資コンサルタントおよび投資管理者の制定法上の管理の必要性を考慮すること、③新たな立法の必要性について助言を与えること。

(125)　Ibid., pp. 15, 17. ガワーは、ウィルソン委員会の、証券規制を自主規制と制定法上の規制とのバランスにおいて調和させるという見解に反対した。これは、自主規制にかかるコストの大きさに鑑みてのことであった。

(126)　ガワーは、投資者保護の方法として次の4本の柱を設定した（ibid., pp. 14-15）。①投資者が投資する団体（body）の営業様式の規制、②投資条件（terms）の規制、③投資条件の内容についての完全開示、④仲介者として行為する者の規制。②については、ガワー自身は、会社法上の問題と捉えていたようである。ガワーは、米国におけるSECを規制機関の理想像と考えていたが、同時に、英国においてはこの考えが受け入れられがたいことも認識していた。そのため、彼は、譲歩して、制定法による行政機関と実務家主体の自主的監督機関との混合体系を提案した（ibid., p. 15；Lomax, supra note 123, p. 4）。

(127)　ガワーが調査報告書および報告書を3回にわたって提出している間も、証券規制は、揺れ動いていた。DTIは、1983年に免許業者（業務行為）規則（Licensed Dealers (Conduct of Business) Regulations）を制定し、1958年詐欺防止法による業者の免許授与および監視を相当に厳格化した。これによって、シティのなかにも政府規制を受け入れる素地ができあがったのである（ibid., pp. 16-17；中村・前掲注（123）9頁）。1982年にガワーが調査報告書を発表してから、1985年に政府の白書が発表されるまでには、シティ内部においても新たな立法の必要性を疑う者はいなくなった。金融サーヴィス法が、証券業者のみならず、投資顧問業についても包括的に扱うところとなったのは、ガワーが米国法律家協会の作成にかかる「連邦証券法典」を高く評価したためであった（森田章『投資者保護の法理』日本評論社28-29頁（1990年））。

(128)　Ibid., p. 12.

(129)　Ibid., pp. 11-12. 政府は、カナダのキンバー委員会報告（Kimber Committee ; Report of the Attorney-General's Committee on Securities Legislation in Ontario (1966) 1.09）やオーストラリアのラエ委員会報告（Rae Report ; Report of the Senate Select Committee on Securities and Exchange (1974) Australian Government）を参照した。ラエ委員会については、第3章を参照。

(130)　ビッグ・バンの誘因としては、本文に挙げられた現象が指摘されうるが、この背景

第2章　英国会社法の展開

に、ロンドン市場の国際化があったことはいうまでもない（ibid., p.21）。なお、ビッグ・バン後、シティは、BCCI 事件およびロバート・マックスウェル事件という二大金融事件に直面し、再び、新たな改革の必要性に迫られた（日本経済新聞1992年11月23日付朝刊）。

(131)　委託手数料の自由化は、1976年に制限的取引慣行（サーヴィス業）規制会（Restrictive Trade Practices（Service）Order）が成立したことに始まる。1983年には、証券取引所の規則や慣行のなかに多くの競争制限規制が導入されることについて、政府と証券取引所の合意が得られ、証券取引所は、1986年末までに最低手数料制を廃止することを約束した（A. C. Page, 'Self-Regulation : Constitutional Dimension,'（1986）49 Modern Law Review 150-151; 中村・前掲注(123) 8 頁、森田・前掲注(127)27頁）。

(132)　日本証券経済研究所編・前掲注(113)138頁；Rider, et al., supra note 88, p.21.

(133)　Ibid., pp.18-19；Lomax, supra note 123, p.4. もっとも、白書は、実務家の意見をも反映するものであったため、ガワー勧告とはかなりのずれがあった。

(134)　本文の叙述から明らかなように、金融サーヴィス法の制定は、かなりの急ピッチで進められた。この理由として、サッチャー政権が総選挙を控えていたこと、およびギネス事件などの証券不祥事件に歯止めをかけ、金融サーヴィス法の規定を用いてこれら事件の究明を急ぐ必要があったこと、が挙げられている（Lomax, ibid., p.33；「英国金融サーヴィス法施行の影響」商事法務1146号36頁（1988年））。

(135)　自主規制の構造は次のようになっている。証券取引所と5つの自主規制機関（self-regulating organisations ; SROs）の中枢に SIB が設置された。SIB は、規則制定権など規制に関する重要な権限を通産大臣から委譲されていた（金融サービス法第114条）（Rider, et al., supra note 88, p.26；H. Creamer, et al., *Securities Regulation in the UK*（London : Freshfields, 1987）, p.40；牧野明「英国の金融革命——ビッグ・バン」証券投資信託月報313号26頁（1986年））。DTI と無関係な公正取引庁（Office of Fair Trading ; OFT）ならびに TOB・合併に関するパネル（Panel on Take-overs and Mergers）という自主規制機関もイングランド銀行とともに規制の目を光らせる。金融サーヴィス法施行以後、金融サーヴィス法によって設置される規制団体と他の自主規制団体とが相互に関係しあって規制を実施していくことになるが、同法施行の効果としてこの点は重要であろう（Rider, et al., supra note 88, p.27）。

(136)　他の自主規制機関のなかで重要なのは、認可専門職団体（Recognised Professional Bodies ; RPBs）、認可投資取引所（Recognised Investment Exchanges ; RIEs）、認可清算所（Recognised Clearing Houses ; RCHs）である（ibid., p.26）。

(137)　Lomax, supra note 123, pp.6, 9. SIB は会社法上保証有限責任の私会社の形態を採る自主規制機関で、その委員は、通産大臣とイングランド銀行総裁との連帯でもって（jointly）任命される（ibid., p.29；中村俊夫「英国金融サーヴィス法について（中）」証券投資信託月報325号39頁（1987年））。SIB の監視機関として金融サーヴィス審判所（Financial Services Tribunal ; FST）が設置された（Rider, et al, supra note 88, p.27；中村・

第6節 小 括

同上）。1984年5月、イングランド銀行総裁は、証券規制の見直し、とくに自主規制が将来的にも有用であるかどうかという問題を検討するため、実務家による諮問グループを指名した。同時に、DTI の圧力もあって、ユニット・トラストと生命保険に関する自主規制を検討する別の実務家による諮問グループも組織された。こうした実務家の意見が反映された結果、ガワーの勧告は折衷化され、半官半民の SIB が生まれることとなった（ibid., pp.18-19）。

(138) 日本証券経済研究所編・前掲注(113)150頁。

(139) Sealy, supra note 1, p.4；青木・前掲注（1）132頁、証券化関連商品開示制度研究委員会報告『英・米における金融化関連商品のディスクロージャー』企業財務制度研究会15頁（1991年）。

(140) R. K. Abrams and M. W. Taylor, 'Assessing the Case for Unified Financial Sector Supervision,' in D. Arner and J-J. Lin (eds.), *Financial Regulation: A Guide to Structural Reform* (Hong Kong: Sweet & Maxwell Asia, 2003), pp.44ff.

(141) 河村賢治「英国金融サービスおよび市場法案の概要と近時の展開」国際商事法務27巻8号897頁（1999年）、同「英国金融サービス・市場法について」SFI 会報29号18頁以下（2000年）、斉藤美彦「イギリスの金融サービス法制について」地銀協月報99年10月号16頁（1999年）、同「英国金融サービス・市場法について」金融2000年11月号2頁（2000年）、林康史「英国の金融サービス市場法案における規制機関のあり方」金融財政事情1999年10月18日号20頁（1999年）、落合大輔＝林宏美「成立した英国の金融サービス・市場法」資本市場クォータリー2000年秋号26頁（2000年）、小林襄治「金融サービス市場法の成立」証券経済研究28号79頁（2000年）など。

(142) BCCI 事件。

(143) ベアリングズ事件。

(144) ドイチェモルガングレンフェル事件。

(145) See, e.g., Gower, supra note 11, p.704; 浜田道代「国際的な株式公開買付けを巡る法的問題」証券研究102巻79頁（1992年）；R. Murley, 'The Takeover Panel,' in M. Button (ed.), *A Practitioner's Guide to The City Code on Takeovers and Mergers 2004/2005* (Surrey: City & Financial Publishing, 2004), pp.1ff.

(146) Murley, ibid., pp.18-19; N. Boardman and A. Ryde, 'Share Dealings—Restrictions and Disclosure Requirements', in Button, ibid., pp.67-68.

(147) Creamer, et al., supra note 135, p.112.

(148) CCH Company Law Editors, *Financial Services Reporter*, Volume 1 (Bicester: CCH Editions Limited, 1990), p.55102（1990）.

(149) Ibid., p.56102.

(150) C. Evans, 'Documents from the Offeror and Offeree Board', in Button, supra note 145, pp.174-175.

第2章　英国会社法の展開

(151) Ibid., pp. 55101 ff, 55601ff, 56101ff, 56601ff; *Financial Services Reporter*, Volume 2 (Bicester: CCH Editions Limited, 1990), pp. 140001ff.
(152) P. Lipton and A. Herzberg, *Understanding Company Law*, fourth edition (Sydney: Law Book, 1991), pp. 473-474. シティでは自主規制と独特な非形式主義で物事が処理され、その柔軟性はロンドンを国際的金融センターにするうえで有利であった（日本証券経済研究所編・前掲注(113) 138頁）。
(153) この点につき、浜田・前掲注(145) 131-132頁、参照。
(154) 上田純子「国際的企業結合をめぐる諸問題」椙山女学園大学ディスカッションペーパー　No.3、20頁（2002年）。
(155) フレームワーク命令の形をとったのは、オリジナル草案に対する批判を考慮したためのみならず、1993年のマーストリヒト条約によって補完性の原則（principle of subsidiarity）が導入されたことにもよる（上田・同上）。
(156) パネルは、EC第十三命令の提案に対し、EC第十三命令によって構成各国から権限を委譲された機関がTOB規則を制定するようになれば、制度の柔軟性は失われ、また、TOBに関する訴訟の増加によってTOBの規制が阻害される可能性があるなどの懸念を表明していた（DTI, *EC Proposal for a Thirteenth Company Law Directive Concerning Takeovers: A Consultative Document*, August 1989, pp. 7-12）。EC第十三命令案においては、被買付会社の議決権の一定の割合（33(1/3)％を最高限度とする）を買い付けた者に対する義務的買付制度や買付書類中の買付会社やその関係者に関する情報開示の最低要件、被買付会社の取締役会の報告書作成義務などが定められていた（CCH Company Law Editors, supra note 148, pp. 58104, 58601）。
(157) P. Betts, 'Directive to Fall at Last Hurdle,' The Financial Times, 28 April 2003.
(158) URN 05/511.
(159) Boardman and Ryde, supra note 146, p. 105.
(160) Ibid.
(161) たとえば、EC第二命令は、主として公開会社の設立に関する事項を定めるものであったが、英国は、第二命令の多くの規定を私会社に適用しうるよう、独自の工夫を施してきた（Wooldridge, supra note 34, p. 25）。このことは、すでに注(49)(50)において指摘したような、私会社における自己株式取得および自己株式取得に関する資金援助の例を顧みれば明らかであろう。
(162) 本書のもととなった研究の遂行中であった1991年に、当時ランカスター大学法学部長であったデヴィッド・シュガーマン（David Sugarman）教授のECと英国会社法についての講演を拝聴する貴重な機会を得た。教授の指摘によると、英国内においてもEC命令の国内法化に強硬に反対する向きがあり、会社法の調整は限られた技術的な分野に留まっているとのことであった。EC/EUの法統合が裁量的法調和の域を出ないかぎり、この指摘は今日においてもなお正鵠を射ているといえよう。

第3章　オーストラリア会社法の展開

　本章においては、オーストラリアが、連邦に唯一の統一的な会社法を制定するために苦闘を続けた歴史が中心をなしている。オーストラリアでは、英国1948年会社法（以下、1948年会社法という）からの乖離は、すべて会社法統一への希求の過程で生じたといっても過言ではないからである。

第1節　統一会社法

第1款　統一会社法制定までの歩み

　植民地時代のオーストラリア[1]においては、会社法は、英国本国の立法を植民地、のちには州がそのまま採択する、という形態をとってきた[2]。英国において1844年のジョイント・ストック・カンパニー法が準則主義を認めるに至ると、これが各植民地の会社法のモデルとなり、準則主義がオーストラリア会社法のなかに導入された[3]。次いで、植民地の多くは、1862年の英国会社法をモデルとした立法を進めた[4]。オーストラリア会社法は、統一会社法が生まれるまでは、英国1862年会社法を基礎としつつ、この法律に、政府による借入制限、株式市場の大暴落といった社会的諸事実、および増資や証券取引の新たな方法といった先進的諸制度が加えられることによって、近代化されていったのである[5]。

　その後、とくにヴィクトリア州では、いくつかの点で会社法の革新的な発展がみられ、同州はオーストラリアで最も進んだ会社法を有するに至る。たとえば、1850年代のゴールド・ラッシュ[6]は、国家の鉱業保護育成策と相俟って、1871年には、鉱業会社（mining company）にのみ許される形態ではあるが、各株主は会社からなされる払込催告に対してまったく責任を負わない、無責

第3章　オーストラリア会社法の展開

任会社（no-liability companies）という独特の会社を作出し、続いて生じた土地ブームは、これに乗じた倒産を相次いで惹起したため、1896年には、公開会社（public companies）と私会社（私募会社；proprietary companies[7]）という会社の区分が設けられ、前者にのみ会計監査および財務諸表（financial statements）の会社登記所への提出が強制されるに至った[8]。

　その他の州の会社法も、1950年代後半には、各州が独自に英国の会社法に追随することによって形式的には大同小異となっていたが、近代化の旗手となったヴィクトリア州に比べると会社法の諸制度の導入においてかなり遅れをとっている州もみられ、その差は次第に顕著に現れるようになっていたため、統一法化が懸案として浮上してきた。ちなみに、1950年代後半頃には、ニュー・サウス・ウェールズ州が1936年、ヴィクトリア州が1958年、クインズランド州が1931年、南オーストラリア州が1934年、西オーストラリア州が1943年、およびタスマニア州が1959年に制定した、それぞれ独自の会社法を有していた。それらの立法においては、英国の影響のみならず、国内における州相互の影響も無視しえなかった[9]。

　統一法化は、主として経済上の要請に基づくものであった[10]。各州および連邦の代表の合意により、1950年代後半には統一会社法（uniform companies legislation）の作成が開始された。会社法案作成は1961年に完結した。これは、当時オーストラリア国内では、最も進んだ会社法といわれていたヴィクトリア州の1958年会社法をモデルとするものであり、同法は、英国の1948年会社法を参照して制定されていた[11]。

　1961年から1962年にかけて、各州がこの会社法案を可決し、準州（territory）についても、連邦（Commonwealth）が首都特別地域（Australian Capital Territory）、北部地域（Northern Territory）、およびパプア・ニューギニア地域（Territory of Papua and New Guinea）に対し、統一会社法に基づく会社令（Companies Ordinances）を発した[12]ので、オーストラリア全土の会社法はほぼ統一されることとなった[13]。

第2款　統一会社法における英国1948年会社法の修正

　統一会社法（Uniform Companies Act 1961）は、ヴィクトリア州会社法を介

して間接的に英国の1948年会社法を継受したため、1948年会社法とほとんど同一の内容を有している。しかし、統一会社法の立法者は1948年会社法には採用されなかったコーエン勧告や、当時英国で新たな立法作業を進めるために組織されていたジェンキンズ委員会（第2章、参照）の動向をも調査して立法を行ったため、同法には1948年会社法とは異なる部分もある。以上の事情から、本款においては、オーストラリアの統一会社法と英国の1948年会社法との乖離を中心としつつ、必要な場合にはその後の変遷についても一瞥しながら、叙述を進めることとする。統一会社法の基本構造を改めて説明するならば、本書の第1章において述べた1948年会社法の説明の繰り返しともなりかねないからである（なお、条文の番号は、とくに断らないかぎり、統一会社法上のものである）。

1　会社の種類

　会社の種類には、1948年会社法に定める3種類（第1章、参照）のほか、株式保証有限(責任)会社（companies limited both by shares and by guarantee）および上述の鉱業会社にのみ認められる無責任会社がある。前者は、株主に株式の引受価額の払込義務とともに清算時の出資義務を負わせる会社であるが、実際の利用件数がきわめて少ないので、長らく廃止が提案されており[14]、1998年の会社法再検討法（本章第4節第2款、参照）により廃止された。1998年法はこれとともに、株式資本を有しない無限(責任)会社も廃止した。もっとも同法施行前に登記されていた会社については、引き続き存続が認められる。後者は、社員がいかなる払込催告に対しても出資義務を負わない形態であるとともに、資本に関する要件が非常に緩和された会社である[15]。なお、私会社は株式資本を有しなければならない。会社法上、私会社以外の会社が公開会社とされるので、保証有限(責任)会社は常に公開会社と扱われる。英国会社法のもとで保証有限(責任)会社が常に私会社と扱われることとは対照的である（第1章第2節第1款、参照）。また、無責任会社は、株式資本を有していても私会社としての設立が禁止されているので、会社法上は公開会社となる[16]。

　統一会社法は、1948年会社法に倣い、私会社を免除私会社（exempt proprietary companies）と非免除私会社（non-exempt proprietary companies）とに区

第3章　オーストラリア会社法の展開

分する。この区分は、1995年第一次会社法簡素化法（本章第4節第2款、参照）によって廃止され、代わって、大規模私会社（large proprietary companies）と小規模私会社（small proprietary companies）の区分が導入された。この区分は、会社の資産、収益、および労働者数によるものであり、後者には計算書類の作成や登録、あるいは、会計監査人の選任が免除される[17]。英国においても、1989年会社法によって、同様の基準に基づく小会社への会計特例が導入されており（第2章第1節第2款、参照）、オーストラリアにおけるこの改正は、英国の改正に追随するものである。

後述の会社法再検討法により、現行の2001年会社法のもとでは、会社の設立に際し、設立される会社の種類に関わらず、会社の基本定款のオーストラリア証券・投資委員会（本章第5節第5款、参照）への提出は不要とされ、また、私会社については、通常定款の提出も不要とされている（2001年会社法第117条、第118条、参照[18]）。

ちなみに、オーストラリアにおける登記会社数は2002年6月30日現在で、公開株式会社9,005社、私会社1,227,612社、保証有限（責任）会社10,174社、株式保証有限（責任）会社426社、無責任会社573社、および無限（責任）会社463社となっている[19]。

会社以外の形態として、法人格を有しないパートナーシップが各州法に基づいて利用されているが、パートナーシップと有限パートナーシップの分類にとどまっている[20]。

2　発起人および会社設立前の契約

コモン・ローにおいては、会社の設立に関与し、基本定款に署名する者は、通常発起人とされるが、オーストラリアの統一会社法は発起人の定義を会社法において定めており、これによれば目論見書の作成に関与した者となっている。同法は、会社の設立には公開会社で5名、私会社で2名の発起人を要するとしている。統一会社法制定以前の各州では、1948年会社法におけると同様に公開会社で7名、私会社で2名とする州と、公開会社で5名、私会社で2名とする州とが半々に分かれていた[21]。統一会社法のモデルとなったヴィクトリア州会社法が後者の手続きを採用していたため、統一会社法は1948年会社法とは異なり、公開会社で5名、私会社で2名という制度を採用

している。会社設立前になされた契約は、所定の書面に基づくものであれば、会社設立後、会社によって追認されることができ、これにより、当該会社には契約締結日に遡及して存在していたのと同様の効果が付され、かつ会社はこの契約に拘束されることになる（第35条）。

3　能力外法理の排除

統一会社法は、コーエン勧告およびジェンキンズ勧告の一部を参照したため、当初から能力外法理を大幅に制限していた。オーストラリア1981年会社法（Companies Act 1981）は、統一会社法を踏襲したが、その後1983年会社・証券立法(雑改正)法（Companies and Securities Legislation (Miscellaneous Amendments) Act 1983）が制定されて、能力外法理は対外的には排除された。1985年には、改正を徹底させるため、能力外法理に関する改正に遡及効を与える規定が設けられた。もっとも、英国におけると同様に能力外法理は対内的には維持されている[22]。規定の内容は、英国のそれとまったく同じわけではないが、改正時期は英国とほぼ重なっている。この改正は、かねてからの実際界での要望に加え、英国の改正の動向に触発された部分があるものと推察される。能力外法理の修正は、統一会社法以後も発展を続けていった箇所である。後述の会社の目的および擬制認識法理との関連でみていくと、本改正の位置づけがいっそう明確に把握されるであろう（本章第3節第3款、参照）。

4　取締役の義務

オーストラリア会社法上は、英国会社法におけると同様に取締役会（board）という概念は存在しない。すなわち、会社の経営権は、総体としての取締役に帰属する[23]（第1章、参照）。

取締役は、会社の受託者として、コモン・ローおよびエクイティ上、信任義務を課されてきた。オーストラリアでは、統一会社法以来、この取締役の義務を、役員の注意義務・信任義務という形で、罰則付きで法定している（第124条）。これは、英国にはないオーストラリア独自の規定である[24]。

1989年の法律・憲法上の諸問題に関する上院常任委員会（Senate Standing Committee on Legal and Constitutional Affairs）は、会社の取締役の義務（company directors' duties）に関する報告書において、英国の改正（第2章、参照）

に倣い、取締役の義務のなかに、従業員の利益を株主の利益と同等に顧慮すべき義務を挿入するよう勧告した[25]。

5 配当に関する規定

1948年会社法は、配当に関する規定を置いていなかったが、オーストラリアでは、統一会社法制定にあたって配当に関する従来のコモン・ローの原則を明文化した。この規定は、今日まで維持されている。これによると、配当は、利益および株式プレミアム勘定のなかからのみ支払われる（第376条）。故意に利益を超えて配当をなした取締役は刑事責任を負うほか、超過分を会社債権者に対する直接債務の形で個人的に負わなければならない（第376条第2項）。

英国では、ジェンキンス勧告およびEC第二命令の履行により、配当に関する規定が新設されるとともに、その財源規制として株式プレミアム勘定および資本償還準備金からの配当が禁じられた（第2章第2款、参照）。オーストラリアでも、英国の規定を参照すべきことが勧告されている[26]。

6 公的管理制度（official management）

統一会社法上のユニークな制度のひとつに公的管理制度がある。これは、会社整理とともに会社の再建を可能とする手段として、統一会社法制定の際に初めて設けられた制度である（第200条、第206条、第207条、第212条）。当初の制度は、1966年までにかなり修正されたが、この制度の目的ないし効果として、現在もなお以下の4点が維持されている。①会社に対する訴訟手続きに対し、制定法上の猶予を与えること、②猶予期間中、会社財産の保全にあたる公選管理人（official manager）に、会社の経営権を移転させること、③無担保債権者に対しては、この期間を自己の債権の実行のための待機期間とすること、④公的管理制度の決定がなされると、債権者の多数決が、少数債権者を拘束すること、である[27]。債権者であれば、英国国王さえこの規定に拘束される[28]。公的管理制度の目的および手続きは、英国の支払不能法において設けられた管理命令（administration orders）のそれとほぼ同様である。南アフリカにおいては、すでに20世紀央には、会社法のなかにオーストラリアの公的管理制度に相当する司法管財制度（judicial management）が、設けられており、統一会社法は、南アフリカのこの制度にしたがったものであるとされ

る[29]。

　もっとも、公的管理制度が利用されることは稀で[30]、オーストラリア法改革委員会（Australian Law Reform Commission）は、任意管財のための新たな制度の導入により公的管理制度を廃止すべき旨を勧告している[31]。

---

(1)　英国植民地としてのオーストラリアの歴史は、1786年に、その東海岸に対して英国がニュー・サウス・ウェールズ植民地の成立を宣言したことに始まる。先住民族であったアボリジニーズには、農耕民族のような土地所有の観念がなく、また、統一政権が存在しなかったため、英国人による一方的な掠奪と植民は容易であった。その後、オーストラリア各地に植民地が建設されて、全オーストラリアが英領となるが、その開拓は、米国と異なり、困難をきわめた。自然環境が厳しいうえに、人口も資本も希薄であったためである。このため、植民地の開発と運営には、英国から派遣された総督を中心とする植民地行政当局があたった。オーストラリアにおいて、現在もなお、公共部門が大きく、州権が強いのは、植民地体制の名残であるとされる（マニング・クラーク（竹下美保子訳）『オーストラリアの歴史』サイマル出版会4頁（1978年）、北大路弘信＝北大路百合子『オセアニア現代史』山川出版社10‐11頁（1987年）、久保信保＝宮崎正壽『オーストラリアの政治と行政』ぎょうせい211‐212頁（1990年））。

(2)　H. A. J. Ford, *Principles of Company Law*, fifth edition (Canberra: Federation Press, 1990), p. 10; I. I. Kavass and R. Baxt, *Australian Supplement to the Third Edition of Gower's Modern Company Law* (Sydney: Law Book, 1970), pp. 8ff.

(3)　英国におけると同様、オーストラリア会社法に準則主義が導入される以前は、設立証書（deeds of settlement）を取得した法人格のないジョイント・ストック・カンパニー（いわゆる設立証書会社）が主たる会社の形態であった。この会社は、信託法理を用い、法人格がないにもかかわらず、役員の名で訴えられ、かつ訴えることができた。他には、国王の特許状（Royal Charter）により法人格を得た特許会社があった（Ford, supra note 2, p. 10）。

(4)　Ibid; C. Turner, *Yorston, Fortescue, and Turner Australian Commercial Law*, eighteenth edition (Sydney: Law Book, 1990), p. 642; P. Lipton and A. Herzberg, *Understanding Company Law*, fourth edition (Sydney: Law Book, 1991), p. 2. 西オーストラリアは、1829年6月に植民地となり、1858年にジョイント・ストック・カンパニー令（Joint Stock Companies Ordinance 1858）を制定した。南オーストラリアは、1836年12月に公式植民地となり、1847年に会社条項総括法（Companies Clauses Consolidation Act 1847）を制定し、その後、1855年から1856年にかけてジョイント・ストック・カンパニーの登記およびその有限責任に関する法律を制定した。クインズランドは、1859年にクインズランド植

第 3 章　オーストラリア会社法の展開

民地となり、1863年に、英国1862年会社法に基づいた会社法（Companies Act 1863）を制定した。ヴィクトリアも1851年 7 月 1 日より独立した植民地となって、1864年に会社法（Companies Statute 1864）を制定した。タスマニアは、もともとニュー・サウス・ウェールズ植民地を構成していたが、1825年 7 月 1 日に分離し、1869年に会社法（Companies Act 1869）を制定した。ニュー・サウス・ウェールズは、1786年に最初に植民地となったにもかかわらず、会社法の制定に関しては最も遅く、ジョイント・ストック・パートナーシップの清算および有限パートナーシップに関する 2 つの制定法が死文化したあと、1874年に英国の1867年会社法（Companies Act 1867）に基づいた会社法を制定した（CCH Company Law Editors, *Law of Companies in Australia*, second edition (Sydney : CCH Australia, 1986), pp. 12-13)。なお、統一会社法制定までの各州の立法史については、Kavass and Baxt, supra note 2, pp. 8-44参照。

(5)　Ford, supra note 2, p. 10 ; Turner, supra note 4, p. 642.

(6)　1850年代のニュー・サウス・ウェールズとヴィクトリアは、ゴールド・ラッシュの時代を迎える。1850年代前半には年平均 5 万9,000人、後半には 3 万5,000人の移住者を迎え、オーストラリア植民地は人口40万5,000人から114万6,000人と、10年間に一挙に2.8倍になった。1850年代のみで40万の人々がメルボルン港に入港し、1850年には人口がシドニーの半分（ 2 万3,000人）にすぎなかったメルボルンは、1860年には人口14万人の産業都市に変貌していた。メルボルン港からは毎年200万オンスの金が輸出され、メルボルンは、シドニーの約 4 倍から 5 倍の収入を得た。メルボルンは、南半球における最初の産業資本主義発祥の地となった（北大路・前掲注（ 1 ）60頁）。

(7)　オーストラリア会社法上、英国会社法の私会社（private company）に当る会社には、proprietary company という語が充てられる。なお、2001年会社法のもとでは、所定の証券につき、ディスクロージャーを要しない私会社の公募が認められている（第708条、参照）。

(8)　Ford, supra note 2, pp. 10-11; Lipton and Herzberg, supra note 4, pp. 2, 51 ; J. H. Farrar and M. W. Russell, *Company Law and Securities Regulation in New Zealand* (Wellington : Butterworth, 1985), p. 17. 英国において公開会社と私会社の区分が設けられたのは、1907年のことであった。ヴィクトリア州会社法は、本国に先駆け、またコモン・ロー圏ではじめて公開会社と私会社の区分を導入した。

(9)　CCH Company Law Editors, supra note 4, p. 13. たとえば、タスマニア州の1959年会社法は、1958年のヴィクトリア州の改正法に倣って制定されたものである（浪川正巳「オーストラリアにおける取締役の制定法上の誠実・勤勉義務」愛知学院大学論叢法学研究17巻 1 ・ 2 号92頁（1974年））。

(10)　久保＝宮崎・前掲注（ 1 ）261-262頁。もっとも、連邦の立法権は憲法上制約されていると一般に解釈されていた（本章第 3 節第 2 款、参照）ので、各州および準州で統一的な模範法を作成し、これに倣った立法を各州および準州が独自に制定するという方法が

第1節　統一会社法

採られた（栗山徳子「オーストラリア・カナダにおける会社法統一運動」立正法学2巻2号82頁（1968年）、酒巻俊雄「英連邦諸国の会社法（１）」国際商事法務3巻39頁（1975年）；Lipton and Herzberg, supra note 4, p. 3）。

(11) Ford, supra note 2, p. 11；酒巻・同上。
(12) Ibid.
(13) ただしこの時点でも、各州の立法には、相違があったことが指摘されている（see, e. g., 川村明「オーストラリアの最近の会社法の改正」ジュリスト510号110頁（1972年）、p. 32; 並木俊守『太平洋諸国会社法入門』大成出版社59頁（1973年）、安田信之「オーストラリアにおける連邦会社法の生成過程」アジア経済19巻12号53頁（1978年）；P. Redmond, *Companies and Securities Law : Commentary and Materials*（Sydney : Law Book, 1988）。
(14) R. McQueen and M. McGregor-Lowndes, 'The Company Limited by Shares and Guarantee,' (1991) 9 Company and Securities Law Journal 248.
(15) たとえば、無責任会社には、株式の払込金額如何にかかわらず配当請求権を有する者に対する持株に応じた配当の支払いが認められている（2001年会社法第254W条第4項）。
(16) See, e. g., H. A. J. Ford, et al., *Ford's Principles of Corporations Law*, eleventh edifion (Sydney: Butterworths, 2003), pp. 150-159.
(17) 大規模私会社は、次の3要件のうち2つ以上を満たさなければならない。すなわち、①当該会計年度の当該会社およびその被支配事業体の総営業収益が1000万USドル以上、②当該会社およびその被支配事業体の当該会計年度末における連結総資産が500万USドル以上、ならびに、③当該会社およびその被支配事業体の当該会計年度末における労働者数が50名以上。小規模私会社は次の3要件のうちの2つ以上を満たす会社である。すなわち、大規模私会社の①について、1000万USドル未満、②について、500万USドル未満、③について、50名未満、である（2001年会社法第45A条、参照）。本文にも述べたように、小規模私会社は、計算書類の作成・登録や会計監査人の選任を免れる。
(18) このような会社は、Table A proprietary companiesといわれており、実際には設立される会社の95％がこれに該る（Ian Taylor, Manager of Policies and Procedures, ASC (Melbourne) からの私信に基づく）。See also, Ford, et al., supra note 16, pp. 144-145.
(19) Ford, et al., ibid., p. 147.
(20) Ibid., pp. 10ff. See generally, P. F. P. Higgins and K. L. Fletcher, *The Law of Partnership in Australia and New Zealand*, eighth edition (Sydney: LBC Information Services, 2000).
(21) 7名としていたのは、ニュー・サウス・ウェールズ州、クインズランド州、およびタスマニア州で、5名としていたのは、ヴィクトリア州、南オーストラリア州、および西オーストラリア州であった（D. A. Godwin Sarre, 'Company Law of the Commonwealth,'

101

第3章　オーストラリア会社法の展開

1958〔1958〕The Journal of Business Law 370)。
(22)　1985年の会社・証券（雑改正）法は、能力外法理に関連する規定の効果について、「外部者との関係では、会社との取引の有効性に影響を及ぼさず、会社の役員および株主によってのみ効力を与えられることを確立する」ことである旨を明言している（第68条）(see, Turner, supra note 4, p.656)。
(23)　渋川孝夫『企業資産と法』勁草書房129-130頁（1990年）、酒巻俊雄「英連邦諸国の会社法（3）」国際商事法務4巻49頁（1976年）。ただし、英国法系会社法においても、講学上 board of directors（取締役会）という概念は用いられている。
(24)　役員の注意義務・信任義務に関する規定は、本文で述べたように英国にはないが、マレーシア、シンガポールは、オーストラリア統一会社法を継受したため、それと同様の規定を有していた。ただし、マレーシア、シンガポールの規定は、その後の両国の取締役の責任強化策によって、多数の枝条文が挿入されオーストラリアの規定とは形式的にかなり異なってきている（マレーシア会社法第132条、シンガポール会社法第157条；第4章および第5章、参照）。
(25)　Lipton and Herzberg, supra note 4, p.304.
(26)　Ibid., pp.231, 243.
(27)　Ford, supra note 2, p.743.
(28)　オーストラリアでは、1981年会社法以降、清算に関する編は、連邦、各州、北部地域、およびノーフォーク諸島の権限において国王を拘束する、という規定が挿入されていた（1981年会社法第3条第2項、1989年会社法第3条）（ただし、2001年会社法には、そのような規定は置かれていない）。
(29)　Ford, supra note 2, p.744；栗山・前掲注(10) 93頁。
(30)　オーストラリア法律委員会の支払不能調査（General Insolvency Inquiry）によれば、1985年から1986年の間にニュー・サウス・ウェールズ州でなされた支払不能手続きの内訳は、強制清算が897件、債権者による清算が321件、管財制度が281件、公的管理制度が4件、会社整理が29件であった(ibid., p.743；Lipton and Herzberg, supra note 4, p.562)。参考までに英国の管理命令（第2章第3節第3款、参照）は、銀行や担保債権者に歓迎され、施行初年度に131件の利用があり、幸先のよいスタートを切ったという（L.S.Sealy, *Cases and Materials in Company Law*, fourth edition (London: Butterworths, 1989), p.530)。
(31)　Ford, supra note 2, p.743.

第2節　連邦法化への道程

本節では、統一会社法制定によって州間の会社法においてある程度の調整

をなしえたオーストラリア会社法が、さらに真の意味での統一化を目指しつつ変遷していく過程について、叙述する。この過程は、以下の3つの時期に分けられる。統一会社法を維持しつつ、その部分改正の形が採られた1960年代から1970年代初期までの時期（第1期）、1973年の労働党政権誕生以降の、基本的には州の立法権に依存していた統一会社法を、州分権を排除した真の意味での統一法とすべく試行錯誤のうえ1989年会社法に帰結する時期（第2期）、さらに、連邦の会社立法およびその執行の権限に関する憲法上の疑義を一掃し、1989年会社法に代わる2001年会社法を制定する時期（第3期）、である。以下では、各期について、詳細にみていくことにしよう。なお、以下において「州」という場合には、「準州」をも含むものとする。

第1款　エグルストン勧告とラエ勧告

　1967年8月、法務常任委員会（Standing Committee of Attorneys-General）[32]は、統一会社法の再検討のために3名の委員から成る会社法諮問委員会（Company Law Advisory Committee（Eggleston Committee）；以下、エグルストン委員会という）を組織した。同委員会は、1972年までに統一会社法上の諸問題を7つの報告書にまとめ、そのなかで種々の改正を勧告した。この報告に基づいて、決算報告および会計監査、実質株主の開示およびTOB、特別調査ならびにインサイダー取引に関する改正を統一会社法に加えた立法が、1971年から1972年にかけて各州で採択された[33]。

　1960年代後半の鉱山ブームはオーストラリア証券取引所に熱狂的な取引をもたらし、多くの会社設立をみた[34]。しかし、不公正な証券取引慣行に対する異議申立が頻発したことから、証券取引に関する上院特別委員会（Senate Select Committee on Securities and Exchange（Rae Committee）；以下、ラエ委員会という）が選任されるに至った。ラエ委員会は1970年から1974年にかけて提出した報告書において、証券市場を規制すべく米国のSECと類似の国家的委員会を設立すべき旨を勧告した[35]。この間、ニュー・サウス・ウェールズ州、ヴィクトリア州、クインズランド州および西オーストラリア州では、証券取引に関し、英国の詐欺防止法（Prevention of Fraud（Investments）Act 1958）（第2章第5節、参照）に触発された証券取引に関する立法の発展がみられた。

第3章　オーストラリア会社法の展開

　以下、統一会社法制定後、両勧告に基づいて修正がなされた主たる部分について述べることにする（とくに断らないかぎり、条文の番号は統一会社法上のものである）。

1　実質株主の開示

　すべての会社に適用される規定ではなく、上場会社および開示の必要ありと宣言された非上場会社に限って適用される。このような会社において、実質株主となった者は、その事実に気づいてから14日以内に、会社に対し実質株主となった旨の通知をなさなければならない（第69D条）。会社は、かかる通知をもとに実質株主名簿を作成し、本店に備置しなければならない（第69K条）。

　この規定は、エグルストン勧告に基づく修正[36]として1971年に設けられたものである[37]。1981年会社法までは、実質株主の定義は、登録の有無にかかわらず議決権付株式総数の10％以上を取得した者となっていた（第6A条、参照）が、1989年会社法によって、これが5％となり、規制が強化された[38]。この閾値は、市場に対して適量の情報を保証する数値でなければならないが、最終的には政策的に定められたものである[39]。実質株主の通知には、株主の氏名および住所、所定の持分に関する明細、持分取得の合意の明細などが記載される。実質株主の開示は、TOBに関連してとくに有用となろうが、実際にも1989年会社法および現行の2001年会社法においては、この規定はTOBに関する第六編（2001年会社法では、第六編が細分化され第六A.六編、第六C章）のなかに収められている。

2　特別調査

　エグルストン第二報告書に基づく改正である[40]。改正では、統一会社法に第六A編が新設され、会社に関する特定の問題に対し、主務大臣によって選任される検査役（inspector）による特別調査制度が設けられた。オーストラリアでは、英国の商務省に匹敵するような規制機関がなく、会社登記官が唯一、会社に関する諸問題に介入しうる公務員であった[41]。このため、会社に対する規制ないし監視は十分とはいえないことが危惧されていた。すでに、統一会社法においても、検査役の選任および権限については、むしろ英国の1948年会社法以上に弾力的な規定が置かれていたが[42]、会社法上の制度として独

立するほどまでに強固なものではなかった。改正法は、これを独立した制度として確立し、検査役に広範な権限を与えた。検査役は、自己の調査に必要な情報や資料を会社の役員に求めることができ（第173条）、調査の終了とともに、調査した会社の問題に関する自己の意見を、主務大臣に報告しなければならない（第178条）。検査役による調査制度は、証券規制機関の発展・拡大により、会社証券立法に関する包括的な調査権限として、当該規制機関の任務のひとつに受け継がれていくこととなる（本章第5節、参照）。

3　TOB規制

制定当時の統一会社法は、TOBに関しては、英国の1948年会社法第209条に倣って、譲受会社が譲渡会社の株式の90％以上を取得した場合は、残存株式を強制的に買い取らなければならない旨の規定を置いていた（第185条）ほか、英国1948年会社法にはない、TOBに関する一般的な手続きを定める規定をも有していた（第184条、第十附則）。もっとも、この第184条は、従来、異議を有する株主の保護が十分でないとの批判が強かったため、1971年には、エグルストン勧告に基づき削除され、代わりに統一会社法に第六B編が新設されてTOBに関する規定がここにまとめられた（第180A条ないし第180Y条[43]）。これにより、従前の第184条に比べて規制が詳細化されるとともに、当該TOBに利害を有する者の権利を保護するための手当てが一層強化された（第180R条、第180X条、第180Y条[44][45]）。

4　インサイダー取引規制

1971年改正によってTOB規制が拡充されたのにともない、インサイダー取引規制も強化されることとなった。1971年改正ではインサイダー取引に関する独立した規定としてではなかったが、取締役の義務のなかに役員の証券取引に関する規定が新設され、かつ、これに関連して従来の制定法上の取締役の義務の文言に若干の修正が図られた。すなわち、従来の規定に加えて第124A条が新設され、役員の自社株取引が制限されることとなった（もっとも、この規定は、1975年以降は証券業法に移行され、会社法からは削除された）。また、取締役の利益相反抑止義務を定める第124条第2項については、従来「自己につき不当な利益を」となっていた文言が「自己もしくは他人につき不当な利益を」と改められ[46]、取締役自身のみならず関係者への利益の付与も禁止さ

105

第3章　オーストラリア会社法の展開

れるに至った。

第2款　労働党および自由党の政策

　統一会社法は、その改廃についての権限を各州に与えていたため、1960年代後半には各州の会社法は再び多様化した。そこで、会社法の統一化のためには各州の立法権を事実上排除した政策が必要であることが認識されるようになった。

　1973年、連邦労働党政権は、上院特別委員会の勧告にしたがって、国家証券委員会（national securities commission）を設立し、全国的な会社法を制定する意向を明らかにした。そして、米国における証券規制の経験、各州会社法、証券業法、1973年英国会社法案（第2章第1節第3款、参照）、エグルストン委員会勧告、上院特別委員会の主張などを参照しつつ作成した会社・証券業法案（Corporations and Securities Industry Bill；CSIB。なお、名称の由来については後述するが、本書では、corporation を会社と訳出する）を議会に上程した[47]。労働党政府は、連邦が立法権を有する会社に関しては州の立法を認めない、国家で唯一の会社法である国家会社法（National Companies Act）を制定する予定であった[48]。しかし、労働党は1975年11月の総選挙で政権を失ったため、CSIB も法典化されずに終わった。

　連邦による政策の展開と並行して、ニュー・サウス・ウェールズ、ヴィクトリア、クインズランドの3州では、当時これらの州を支配していた非労働党政権が、労働党の政策に対抗して独自の統一法化のプロジェクトを進めていた。これら3州は、1974年2月18日に州際会社業務委員会（Interstate Corporations Affairs Commission；ICAC）を設立し、3州の規制機関（corporate affairs authorities）による統一的な会社および証券の管理をなすことに合意した。同委員会は、1974年1月より始動した。西オーストラリア州は、政権交代後自由党政権となった1975年1月より、上記プロジェクトに参加した。参加各州の法務長官から成る閣僚理事会（Ministerial Council）が、委員会の任命にあたり、かつ、ICAC の運用における最高機関として位置づけられた[49]。この統一計画のなかには、目論見書の登記、証券取引所の業務、TOB 規制の統一的実施ないし管理などが盛り込まれていた[50]。

第2節　連邦法化への道程

　1975年12月、労働党を破って自由党が政権を担当することとなった。すでにICACにより統一法化を進めていた自由党は、1976年、オーストラリア全土の統一的な立法を推進する共同制度（co-operative scheme）を提案し、それに基づき連邦議会は首都特別地域の会社・証券立法を採択した。また、各州に対しては、上述の立法を州法として適用するような立法を行うことを提案した。

　この制度の内容は、①連邦と各州との間で統一的な会社・証券に関する立法を行うこと、および、②国家会社・証券委員会（National Companies and Securities Commission ; NCSC）を設立し、閣僚理事会の監視下に、NCSCの委任を受けた州・首都特別地域の規制機関（State and Australian Capital Territory corporate affairs authorities）によって上述の立法を統一的に管理すること、であった。従前は、会社が複数の法域にまたがって事業を行うには、異なる法域ごとに設立登記を経由しなければならなかったが、共同制度の導入によって登記地は1州のみ必要とされることになり（登記地1箇所原則）、実務上も大変便利になった[51]。なお、共同制度のもとでは、連邦は、憲法第122条の、首都特別地域に対する立法権に依拠して当該制度に参画していたにすぎず、したがって、憲法上の問題は起こりえなかった[52]。

　TOBに関する1980年会社（株式取得）法（Companies（Acquisition of Shares）Act 1980；以下、株式取得法という）、およびTOB以外の部分に関して統一会社法を踏襲する1981年会社法（Companies Act 1981）は、以上の統一立法化を推進する共同制度に基づいて制定されたものである。各州は、連邦の会社法を州の会社法の一部として適用する立法を行っている。NCSCは、上述のように全国的な会社および証券業に対する規制機関として待ち望まれていたが、1979年に憲法第51条第20号を根拠に[53]国家会社・証券委員会法（National Companies and Securities Commission Act 1979）が立法され、当該立法下で設立されることとなった。

　1984年初頭には、閣僚理事会によって指示された立法を審査する目的で、会社・証券立法検討委員会（Companies and Securities Law Review Committee）もまた、設立された。

第3章　オーストラリア会社法の展開

第3款　独自の立法への萌芽

　本節でみてきたように、エグルストン勧告に基づく統一会社法の部分的な改正は、従来英国会社法が伝統としてきた会社法の分野に留まらず、TOBやインサイダー取引に関する詳細な規定の制定をもその内容としていた。また、ラエ勧告に基づいた国家証券委員会による会社および証券に関する統一的な規制の構想、およびそれを実現させるNCSCの設立という諸事実から、オーストラリアにおいては、すでにこの時期、各州間の会社法の統一のみならず、会社法と証券規制の融合の萌芽がみられたといえよう。この動きは、CSIBに象徴されているように、労働党の政策においていっそう強く現れているように思われる。既述のように、英国においては、証券規制は自主規制に委ねられ、また、オーストラリアと同様に連邦制を採用する米国においては、会社法は各州の立法に任されており、証券規制のみがSECを規制機関とする全国的な規制法として連邦法化されている。オーストラリアにおいてこの時期にすでに芽生えていた会社および証券に関する連邦法化への動きは、英米のいずれに追随するものでもない。むしろ、会社法と証券規制を二元化することによって生じていた先進国モデルにおけるさまざまな問題を克服する道を捜し当てたという意味で、独創的であり、画期的である。この時期のオーストラリアにみられる立法動向は、後の連邦法化された、しかも証券規制をも網羅した会社法の実現を導くうえで、意義深いものであったと考えられる。

---

(32)　法務常任委員会は、1961年に設立され、当初は、「統一法案件を検討するための連邦・州閣僚常任委員会（Standing Committee of Commonwealth and State Ministers to Consider Uniform Law Proposals）」という名称を冠していた。委員会は、法の統一や法改正のためにのみ設立されたわけではなかったので、その後、「連邦・州法務長官常任委員会（Standing Committee of Commonwealth and State Attorneys-General）」と改称された。委員会自体は公開されなかったが、そこでなされた議論については、公表された。委員会の検討課題は山積していたが、職務の約半分を会社および証券業の諸問題のために費やしたという。委員会には、ニュー・ジーランドの代表者も出席していた（N.H. Bowen, 'The Work of the Standing Committee of Attorneys-General,' (1971) 45 Australian

第 2 節　連邦法化への道程

Law Journal 489-490, 492-493)。

(33)　Ford, supra note 2, p. 11; R. Tomasic, et al., *Corporation Law: Principles, Policy and Process*, second edition (Sydney: Butterworths, 1992), p. 16.

(34)　詳細については、安田・前掲注(13) 54頁以下を参照されたい。

(35)　CCH Company Law Editors, supra note 4, p. 16; R. Baxt, *An Introduction to Company Law*, fourth edition (Sydney : Law Book, 1987), p. 4; Ford, supra note 2, p. 11.

(36)　実質株式保有の開示とTOBにおける改正は、直截には1969年2月28日付けで法務常任委員会に提出されたオーストラリアにおける会計士の代表団体（representative body of the accounting profession in Australia）の報告書を受けてなされたものである(W. E. Paterson and H. H. Ednie, *Australian Company Law*, second edition (Sydney: Butterworths, 1972), p. 2329)。

(37)　Ibid., pp. 1614・1〜1614・14. 当初は、実質株主の開示は、会社の実質株主名簿の作成のためのものとして規定されており、実質株主の証券取引所への開示義務は定められていなかった。1981年会社法以降は、実質株主の証券取引所への開示義務が規定されている。

(38)　Lipton and Herzberg, supra note 4, p. 476.

(39)　Ibid.

(40)　Paterson and Ednie, supra note 36, p. 2299.

(41)　Kavass and Baxt, supra note 2, pp. 2, 239, 251.

(42)　Ibid., p. 239; See also, G. Nash, 'The Judicial Function and Inspectors Appointed under the Companies Act, 1961,' (1964) 38 Australian Law Journal 112, 124.

(43)　複数の州にまたがるTOBに関する準拠法は、この改正では明らかにされていない(Paterson and Ednie, supra note 36, pp. 2330, 2339)。解釈上は、全州が、TOBに関する1971年の改正モデルを批准したのちは、このようなTOBに対しては、標的会社の設立地の会社法が適用される、とされる(G.F.K. Santow, 'Some Aspects of Regulating Takeovers and Mergers in Australia,' (1972) 46 Australian Law Journal 274-275)。

(44)　オーストラリアにおける1971年のTOBに関する改正は、1960年代の英国においてTOBが急増し、それにともなって立法が進展したことと、1960年代後半のオーストラリアにおいてTOBが急増したこととが相俟ってもたらされたものである(Santow, ibid., p. 269)。

(45)　なお、オーストラリアの証券規制は、本文に述べたように、会社法中にもないではなかったが、英国におけると同様に基本的には自主規制が中心であり、オーストラリア証券取引所の自主規制が重きをなしていた。もっとも、その内容については、オーストラリア証券取引所のTOB規制をシティ・コードのように、より洗練すべきであるとの声が強かった(Kavass and Baxt, supra note 2, p. 239)。

(46)　浪川・前掲注(9) 101頁；Santow, supra note 43, pp. 271-272.

第3章　オーストラリア会社法の展開

(47) Ford, supra note 2, pp. 11-12 ; Turner, supra note 4, p. 643; See also, O. I. Frankel and J. L. Taylor, 'A 1973 National Companies Act ? — The Challenge to Parochialism,'(1973) 47 Australian Law Journal 119ff.
(48) See, e. g., Ford, supra note 2, p. 12.
(49) たとえば、連邦は単独で立法権を行使することができず、自己の立法に対して常に閣僚理事会の承認（通常、単純多数決）を受けなければならなかった（Ford, supra note 2, p. 13）。
(50) Ibid. ICACによって会社の設立に関する法域が統合されたのにともない、ある州（準州）で設立登記を経由した会社は、他の州（準州）では法認会社（recognised company）と呼ばれることになった（CCH Company Law Editors, supra note 4, p. 15）。ただし、州分権の事実上の排除について、連邦と州との合意が成立して以降、この概念は廃止されている。
(51) Ford, supra note 2, p. 13.
(52) Ibid., p. 15.
(53) ロバート・バクスト（渋川孝夫訳）「オーストラリアにおける労働党政権の誕生と取引慣行および証券取引規制への影響（上）」国際商事法務11巻9号593頁（1983年）。

第3節　連邦国家制度の実現

本節においては、前節に引き続き、連邦による全国的な立法の実現までの過程を叙述する。

第1款　労働党による1989年会社法案の起草とニュー・ジーランド法との調和に関する覚書

1983年、労働党が再び政権の座に就くと、労働党政府は旧自由党の共同制度を、連邦によって制定され管理される連邦国家制度（commonwealth national scheme）で代替する方針を明らかにした。1987年4月には、憲法・法律上の諸問題に関する上院常任委員会（Senate Standing Committee on Constitutional and Legal Affairs）の報告書が提出されたが、この報告書は、共同制度の効果は政権交代によって喪失されるべきでなく、労働党政府も共同制度を継承すべきであると述べていた。それゆえ、労働党政府が方針とした連邦国家制度は、共同制度を内容において継承するものと位置づけられたが、もっとも、

第3節　連邦国家制度の実現

連邦国家制度と共同制度は基本的には異なる。すなわち、共同制度は立法の統一化を、各州の合意のなかから産み出そうとしていたが、連邦国家制度は連邦が一方的に指揮をとって推進するのである(54)。連邦国家制度を推進するにあたり、労働党政府は連邦の立法に対する閣僚理事会の干渉、および全国的立法に対する州間の対応の不統一の克服を急務とした(55)。

1988年5月、連邦の法務長官により、会社法案(Corporations Bill)およびオーストラリア証券委員会法案(Australian Securities Commission Bill)が起草された。同時に、閉鎖会社法案(Close Corporations Bill)も起草された。これは、株主が10名以下の小規模会社に対する会社法の特則であり、私会社よりさらに簡略な有限責任設立の手続きを定めている(56)。1988年10月、これら3法案は、両院特別委員会(Parliamentary Joint Select Committee; Edwards Committee)の審理を受け、若干の修正が施されたあと、1989年5月、両院で可決され、1989年6月から7月にかけて(57)、相次いで英国国王の裁可を得た(58)。

従来「会社法」は英国におけると同様に、companies actとされていたが、これらの法律においては初めて「会社」にcorporationsという語があてられた。これは、連邦会社法が依拠する憲法第51条第20項がcorporationsという語を用いているため、それに併せたものである(59)。

連邦の会社法案作成と並行して、オーストラリアとニュー・ジーランドの間では会社法および証券規制の主たる側面(増資、担保、TOB、証券市場規則)の統一が試みられていた。1988年7月1日には、「企業法分野の調和に関するオーストラリア、ニュー・ジーランド間の覚書(Australia-New Zealand Memorandum of Understanding on Harmonisation of Business Law)」が両国の政府代表によって調印された(60)。これは、1983年に発効した両国間の経済連携協定、ANZCERTA (Australia-New Zealand Closer Economic Relations Trade Agreement)の一環としてなされたものである。オーストラリアとニュー・ジーランドとの間の法の統一は、とりわけ、実務においては会社の支払不能の領域で望まれてきた(61)。

第2款　憲法訴訟

1989年、連邦の会社法(Corporations Act 1989)が採択されてまもなく、

第 3 章　オーストラリア会社法の展開

　ニュー・サウス・ウェールズ、南オーストラリア、西オーストラリアの 3 州からこの会社法に対する憲法訴訟が連邦最高裁判所（High Court of Australia）に提起された（New South Wales（South Australia, West Australia）v. Commonwealth（1990）1 A. C. S. R. 137；8 A. C. L. C. 120）[62]。オーストラリア憲法第51条は、連邦議会の立法権限について、立法権を有する事項を限定列挙する方法で定めている。第20号は、このうち会社に関する連邦の立法権を定めるものである。これによれば、連邦は、連邦の領域内で設立された（formed within the limits of the Commonwealth）外国会社および商事会社（trading corporations）または金融会社について立法権を有する。「連邦の領域内で設立された」とは、通常すでにオーストラリアで設立されたか、あるいは設立された蓋然性が高いことを表す表現とされている[63]。したがって、連邦は、外国会社、商事会社、および金融会社に関して立法権を有するとはいえ、その設立や内部問題、あるいは清算に関しては立法権を有しないことになり、かつ、第51条に列挙されていない証券業[64]についても連邦は立法しえない[65]。また、かかる会社のすべての活動に対して連邦が立法権を有するのかどうか、休眠会社についても立法権が及ぶのかどうか、そもそも商事会社や金融会社の定義が不明瞭であるなど、論点が山積している[66]。

　1989年会社法第二編ないし第五編（会社の定款、内部運営、多様な会社、対外運営）および閉鎖会社法は、明らかに憲法第51条第20号の立法権に依拠して立法されたものである。上記 3 州の州政府は、連邦が、会社の設立に関して立法したこと、および連邦の立法が、州法にしたがう会社の設立を妨害すること、を根拠に1989年会社法を無効であると主張した。連邦は、連邦最高裁判所の判断を待ち、州政府の主張が認容された場合には、1989年会社法第二編ないし第五編、および閉鎖会社法は公布しない、と答弁した[67]。連邦最高裁判所は、憲法第51条第20号に定める連邦の立法権を狭く解した先例にしたがい、1989年会社法（該当箇所）および閉鎖会社法を違憲とした[68]ので、その後これらの施行をめぐり州と連邦との間で数次の協議の機会がもたれた（なお、閉鎖会社法は、施行されることなく無効となり、再検討の動きもみられない）。1990年 6 月、アリス・スプリングスにおいて州と連邦との間で合意が得られ、以下の申し合わせがなされた。①会社法およびオーストラリア証券委員会法

第 3 節　連邦国家制度の実現

は、連邦の立法権の及ぶ首都特別地域の法として修正され、各州および北部地域については州法として州議会の議決を経て適用される。②適用される法は、形式的には州法の形を採っているが、むしろ連邦法としての性質を有する。③閣僚理事会は存置されるが、その権限は著しく縮小される[69]。④閣僚理事会の議長には連邦の法務長官が就任し、連邦が4議決および決選投票権を、各州が1議決を有する。内容からみるかぎり、この申し合わせでは、州側が大幅に譲歩した内容になっているといえよう[70]。

　その後、このアリス・スプリングスでの申し合わせに基づき、会社立法改正法（Corporations Legislation Amendment Act 1990; Corporations Legislation Amendment Act 1991 (No. 1)）が制定された。前者は、20か条7附則から成り、首都特別地域へ1989年会社法を適用するにあたって必要となる規定を盛り込むなどしている[71]。後者は、23か条7附則によって構成され、連結計算書やインサイダー取引規制についても整備しているが、主眼は州の会社法立法権の再確認とそれを前提とする会社法の施行を定めることにある。会社立法改正法との組み合わせにより、1989年会社法は1991年年頭より、ようやく施行されることになったが、連邦と各州との軋轢によって結局のところ、統一法化の方法として共同制度を踏襲する形を採らざるをえなかったことは否めないであろう。

　会社法の施行と相俟って、オーストラリア証券委員会法（Australian Securities Commission (ASC) Act）も施行されることになった。ASC 法によって設置された ASC は、共同制度下の規制機関であった NCSC と内容をほぼ同じくするものである[72]。ASC は、従来各州で管理されていた会社に関する情報を総括したデータベースを導入することによって、事務の簡素化・迅速化にいっそう努め、1998年にオーストラリア証券・投資委員会（ASIC）に発展・継承された[73]（ASIC については、本章第5節第5款、参照）。

　以下では、1989年会社法をもとに英国会社法との比較を試みる。後述するように、その後のオーストラリア会社法の変遷は、主として連邦法化にともなう憲法問題を克服するためにもたらされた部分が大きく、実質においては1989年会社法を基礎としていると考えられるためである。

第3章 オーストラリア会社法の展開

第3款　1989年会社法における英国1948年会社法からの乖離

1 能力外法理に関する改正

(1) 会社の目的

オーストラリアでは、1983年会社・証券立法（雑改正）法（以下、1983年改正法という）の実施によって1984年1月1日以降、会社の目的は基本定款の任意記載事項となった。1989年会社法もこの立場を踏襲している（第117条第2項）。その代わり、会社は自然人と同様の権限を有することを明示するほか、自然人にない特定の権限が付与されるとする規定を設けたのである（第161条第1項[74]）。さらに1983年改正法は、従来英国1948年会社法を踏襲していたために、きわめて例外的にしか認められていなかった基本定款の変更を容易にした。すなわち、基本定款が特別決議によって自由に変更されうる旨を規定した（第172条第1項[75]）。これは、1983年改正法施行日以前に設立された会社に対しても適用されるので、会社の目的の任意記載事項化を補完する意味合いをもとう。会社の目的の任意記載事項化は、英国の諸勧告においても触れられていない[76][77]。近時、米国やカナダでは、基本定款の絶対的記載事項のなかに会社の目的を挙げていないことから[78]、オーストラリアにおける会社の目的の任意記載事項化は、むしろ北米諸国の影響を受けたものであると推察される。

(2) 擬制認識法理の排除

1983年、オーストラリアは、会社・証券立法（雑改正）法によって従来の判例と訣別し、担保の登記を除く一切の公示書類について擬制認識法理を排除した（同法第165条）。商取引において擬制認識法理は第三者の保護に欠け不適切であるとの見解が普及していること、さらに、今日ではほとんどの会社が有限責任会社として設立されており、会社の目的に関する悪意の擬制を無限責任社員のための安全弁として機能させる必要性が少なくなってきていることが、改正の背景として指摘されている[79]。

(3) 能力外法理の対外的廃止

既述のように、能力外法理に関する規定は、すでに統一会社法制定時に英国のジェンキンズ勧告の影響を受けていたが、その後再び改正が検討され、

1983年会社・証券立法（雑改正）法によって対外的な廃止が定められた。1985年会社・証券立法（雑改正）法は、この規定に遡及効が存在することを明示し、これによって、能力外法理に関する改正は一応の決着をみた。

2 資本に関する改正
(1) 自己株式取得

コモン・ローの原則は、オーストラリアでも根強く、会社法は、会社の減資に厳重な要件を課している[80]。しかし、近時、この資本維持の原則が相当に緩められる傾向にある。1989年には、共同制度立法改正法（Cooperative Scheme Legislation Amendment Act 1989）が制定されて、1981年会社法のなかに自己株式取得を認容する規定が挿入された[81]。従来の会社法を総括する1989年会社法は、制定時には自己株式取得を認容する規定を有していなかった。これは、それまでに進められてきた立法作業のなかに自己株式取得に関する改正を割り込ませることができなかったためかと推察される。1990年会社立法改正法は、1989年会社法を違憲とした上述の連邦最高裁判所判決を踏まえ、1989年会社法の法域などに関する解釈規定を中心に構成されたものであったが、同時に1987年に提出された会社・証券立法検討委員会の勧告[82]および1989年の共同制度立法改正法を採用し、会社の自己株式取得を認める規定を置いた。

既述のように英国においても、EC第二命令の履行によって自己株式取得が一部認められるようになった（第2章第2節第2款、参照）が、オーストラリアの自己株式取得に関する規定は、所定の手続きおよび制限さえ遵守すれば財源規制がなく自己株式取得を認容している点で、英国より緩和の方向に踏み込んだ規定となっている。規定の内容は、自己株式取得の場合を、①自己株式買付計画（buy-back schemes）、②選択的自己株式買付（selective buy-backs）、③従業員持株取得のための自己株式取得（employee-shares purchases）、④端株処理のための自己株式取得（odd lot purchases）（上場会社が市場の負担となる端株を処理する場合）、および、⑤市場による自己株式取得（on market buy-backs）の5類型に大別し、すべての取得類型に共通する手続きないし要件規定を置いたのち、上記の取得類型ごとに異なる固有の要件を課す。すべての取得類型に共通する手続きないし要件は、通常定款で自己株式取得が

第3章　オーストラリア会社法の展開

認められていること（ただし、通常定款の規定は3年ごとに更新しなければならない）、取締役が支払可能宣言書（solvency declaration）に署名すること、および、公開会社の場合、または、10％以上もしくは12か月以上にわたって自己株式を取得するときには私会社の場合でも、会計監査人の監査報告書を添付すること、である。さらに、取締役のうちの1名でもTOBまたはその提案を察知している場合や私会社が10％以上または12か月以上にわたって自己株式を取得する場合には、当該自己株式買付計画は株主総会の普通決議の承認を得なければならないとされる（第206DA条ないし第206TB条）。各類型につき固有の手続きないし要件は詳細に定められており、次の点が特筆されよう。すなわち、②については、公開会社による選択的買付の場合は、株主総会の特別決議が必要とされるが、③④による場合には、公開会社でも総会の決議を要さずに10％以上または12か月を超える取得が認められる。⑤の場合は、上場規則（A.S.X. Listing Rule）によって、さらに加重要件が定められている。このほか、株式の相互保有など間接保有の方法によって、これらの制限を潜脱し、かつ会社、株主、債権者の権利または持分を侵害しているおそれのある場合は、ASCは、当該取引に介入し、そのような取引が認容しがたい自己株式取得（unacceptable self-acquisition scheme）にあたる旨の宣言をなし[83]、必要な場合は、裁判所に訴訟を提起することもできるとされている（第206AAD条）。

(2)　自己株式取得に関する資金援助

自己株式取得に関する資金援助は、統一会社法においては厳格に禁じられていた（第67条）。1981年会社法は、企業買収の場合に備え、この原則を初めて緩めた。すなわち、法定の厳格な手続きを経ることを条件に資金援助が可能になったのである。自己株式取得に対する資金援助をなすには、通常の特別決議の通知とは異なる、所定の事項を記載した取引予定の通知（notice of intention）と呼ばれる通知を、取締役会の決議内容に関する報告書（statement）の謄本を添えてASCに提出してから株主、社債権者（またはその受託者）に送付し、株主総会の特別決議を経たあと、さらに株主、社債権者（もしくはその受託者）または債権者に異議の催告をなす旨の公告を日刊紙に掲載しなければならない（第205条）。当該取引をなす会社が、上場会社の子会社である場合、または、トップの親会社が内国会社である場合は、親会社のほうも特別決議に

第3節　連邦国家制度の実現

よる承認を得なければならない。英国の1981年改正によって取り入れられた手続きに類似するが、規制緩和の対象とされる範囲および異議申立手続きは異なっている[84]。

---

(54) Ford, supra note 2, p. 14.
(55) Ibid., p. 14. オーストラリア各州は、もともと、気候や地理、または経済状態の相違からまとまりを欠いていた。とくに、タスマニア州と南オーストラリア州、西オーストラリア州は、他の"本土"州とは孤立して経済を営んできた (R.H. Leach, 'The Uniform Law Movement in Australia,' (1963) 12 American Journal of Comparative Law 209-210。このため、他州との共同プロジェクトには反感が強く、共同制度にも当初から強硬に反対していた。
(56) 閉鎖会社法は、具体的には、閉鎖会社における財務その他の報告義務の軽減、および取締役と株主との区別の廃止を内容としていた (Turner, supra note 4, p. 645; *Australian Corporations Legislation*, second edition (Sydney: Butterworths, 1990), p. xiv。
(57) CCH Company Law Editors, *Australian Companies and Securities Legislation*, Vol. 3 (Sydney: CCH Australia, 1990)。
(58) 1989年会社法の立法の経緯については、ibid., pp. 1ff, 113ff。
(59) Ford, et al., supra note 16, p. 2.
(60) Ford, supra note 2, p. 16.
(61) New Zealand Law Commission, Report No. 9, *Company Law: Reform and Restatement* (Wellington: Government of New Zealand, 1989), pp. 10-11.
(62) 憲法第75条により、州と連邦政府との間で争われる訴訟は、連邦最高裁判所に直接提起することを要する。
(63) Ford, supra note 2, pp. 14-15; Tomasic, et al., supra note 33, p. 47; Baxt, supra note 35, pp. 2-3.
(64) 憲法第51条第1号（保険会社の証券取引については第14号）の通商に関する連邦の立法権は、比較的緩やかに解されているので、これによって証券業も連邦の立法権の射程に収められうるという見解もある。いずれにせよ、証券業に関する連邦法化立法についても、何らかの技術的な工夫が必要であろう（see C. Howard, 'The Constitutional Power of the Commonwealth to Regulate the Securities Market,' (1971) 45 Australian Law Journal 388ff）。
(65) See, e.g., Tomasic, et al., supra note 33, pp. 46-50.
(66) Ibid. pp. 23-53; Ford, supra note 2, p. 15.
(67) New South Wales (South Australia, West Australia) v. Commonwealth (1990)

第3章　オーストラリア会社法の展開

  1 A. C. S. R. 137; 8 A. C. L. C. 120. クインズランド州も訴訟を提起していたが、審理の直前に取り下げた。
(68)　本件では、州への留保権限法理 (doctrine of state reserved powers; reserved power doctrine (implied prohibition)) を支持した Huddart Parker & Co. Pty Ltd. v. Moorhead (1909) 8 C. L. R. 332が踏襲された。連邦の立法権に対する解釈は、Huddart 判決以後、1920年に Amalgamated Society of Engineers v. Adelaide Steamship Co. Ltd. (1920) 28 C. L. R. 129があらわれて、揺れ動いた。後者の判決は Huddart 判決の妥当性を検討することなく、直接、手段的側面の黙示免責法理 (doctrine of implied immunity of instrumentalities) に言及した。この立場は、憲法第51条第20号は、会社の設立、内部問題および清算に対する連邦の立法権を認めないが、それ以外の会社の取引行為や社会的行為に対する連邦の立法権を認めると解するものであって、Huddart 判決における反対意見の立場に近い (P. H. Lane (A Case Commentary), 'Can There be a Commonwealth Companies Act ?,' (1972) 46 Australian Law Journal 407ff)。1971年には、連邦の取引慣行法の効力が争われた Strickland v. Rocla Concrete Pipes Ltd. (1971) 45 A. L. J. R. 485において、連邦最高裁判所は、Huddart 判決の妥当性を再検討し、多数意見は、Huddart 判決の判旨を誤りであるとした。この判決の代表意見は、憲法第51条第20号の射程を会社の設立や清算のみならず、その内部問題にまで拡大している。Rocla Concrete Pipes 判決は、その後の憲法訴訟に影響を与え、とくに Rocla Concrete Pipes 判決を踏襲した Commonwealth v. Tasmania (1983) 158 C. L. R. 1は、連邦による、会社および証券業に関する全国的な立法を推進していたホーク労働党政権を勇気づけたという (J. L. Taylor, 'The Corporations Power : Theory and Practice,' (1972) 46 Australian Law Journal 9, 12; P. J. Hanks, *Australian Constitutional Law*, fourth edition (Sydney: Butterworths, 1985), pp. 640, 685; R. D. Lumb, *The Constitution of the Commonwealth of Australia Annotated*, fourth edition (Sydney: Butterworths, 1986), p. 135)。なお、オーストラリア憲法上、連邦法と州法が抵触する場合には、連邦法が優位し (第109条)、また、連邦は首都特別地域の会社および証券業に対する立法権を掌握する (第122条)。
  閉鎖会社法 (Close Corporations Act 1989) は、全編通じて憲法第51条第20号の立法権に依拠して制定されているため、本判決によって無効となった (Lipton and Herzberg, supra note 4, p. 62 ; Tomasic, et al., supra note 33, p. 46)。
(69)　1990年申し合わせにより、閣僚理事会は、ASC の指揮監督に対する権限を失い、連邦国家制度による会社法の改正に関する諮問に答申しうるにすぎないこととなった (Tomasic, et al., supra note 33, p. 12)。
(70)　Lipton and Herzberg, supra note 4, pp. 9-10.
(71)　会社立法改正法案第12条の注釈によれば、「1989年会社法に挿入される会社立法改正法の各規定は、1989年会社法を、連邦の立法権に全面的に依存した立法から、首都特別地域に対してのみ直接効果を有し、かつ各州および北部地域にも適用しうる立法へと変え

第 3 節　連邦国家制度の実現

る」となっている。

(72)　もっとも、ASC 法設立の目的および ASC の権限は、以下のように規定されており、権限は NCSC のそれより広くなっている（ASC 法第 3 条第 1 項、第 2 項；Lipton & Herzberg, supra note 4, p. v）。①会社全般の遂行を維持し、助長し、改善すること、②投資家の信頼を維持すること、③オーストラリア全体の統一性を貫徹すること、④全国制度に基づく法の適用を効果的に行うこと、⑤提出された書類すべてを効率的に扱うこと、⑥書類が公衆の目に確実に触れうるようにすること、⑦全国制度に基づく法の施行および実効性の担保のために提訴すること。

(73)　全国会社登記制度のコンピュータ化は、労働党政策のひとつとして挙げられていた（バクスト・前掲注(53)594頁）。このデータベースの内容については、ASC, *Transitional Strategy for ASC Business Centres & ASCOT* （1991）、参照。

(74)　CCH Company Law Editors, supra note 4, p. 97. ちなみに、第161条第 1 項の定める権能は、次のものである。①全額払込、または一部払込株式を発行し、割り当てる権能、②社債を発行する権能、③社員に自己の財産を分配する権能、④浮動担保を認める権能、⑤オーストラリア国外での登記の便宜を図る権能、および、⑥法によって授権された一切のことをなす権能。

(75)　基本定款において会社の目的を記載させる意義は、会社の発行済株式資本が、定款所定の会社の目的のために利用される、という株主および債権者の期待を裏切らない、という点にある。したがって、法は、一定の者に、基本定款の変更に対する異議申立権を認めた（第172条第 8 項）（Lipton and Herzberg, supra note 4, p. 180）。

(76)　L. S. Sealy, *Cases and Materials in Company Law*, fourth edition (London: Butterworths, 1989), p. 116. むしろ、英国が他の英連邦諸国の立法を参照するケースが、近時は多くみられる。もっとも、英国においては、改正法案作成の際には慎重が期され、他の英連邦諸国の立法が採用されることは、実際には多くない。

(77)　酒巻俊雄「イギリスの EC 加盟と会社法への影響」民商法雑誌臨時増刊・末川先生追悼論集・法と権利 2 ・216頁（1978年）。英国では、1989年改正が、目的の記載について第 3 A 条を新設し、また第 4 条を改訂することによって、商事会社の目的については相当に広い基準を与えたが、目的の記載の廃止、またはその任意記載事項化は採用しなかった（G. Morse, et al., *The Companies Act 1989* (London: Sweet & Maxwell, 1990), p. 40-142）。

(78)　E. g., Canada Business Corporation Act (revised through 1991) §§6 (f), 15-16; Model Business Corporation Act (revised through 1991) §§2. 02, 3. 01 (a); See P. N. Pillai, *Sourcebook of Singapore and Malaysian Company Law*, second edition (Singapore: Butterworths Asia, 1986), p. 114.

(79)　Ford, supra note 2, p. 92.

(80)　第195条第 1 項は、①会社の通常定款の授権があること、②特別決議をなすこと、③

119

第3章　オーストラリア会社法の展開

裁判所の承認を得ること、の3つの要件を課している。
(81) *Butterworths Companies and Securities Code*, Vol. 1A (Sydney: Butterworths Australia, 1990), p. iii. これら一連の規定は、1981年会社法第3A編のなかの認容される株式買付 (permitted buy-back of shares) 第133AA条ないし第133VF条として挿入された。
(82) この勧告は、1987年9月に提出された同委員会編「会社の自己株式取得 (A Company Purchase of its own Shares)」においてなされたものである。勧告は、次のような点を指摘している (Lipton and Herzberg, supra note 4, pp. 180, 184)。①金融市場の国際化にともない、オーストラリアも他の諸国と歩調を合わせ、株式支配を弾力的に行いうる必要性が頓に増大している。②株主に償還された資本が、より効率的に再投資されることによって、資本の流動性が増加する。③TOBへの防戦買いは、より競争的な価格環境を提供し、ひいては株主の利益になる。④株価が額面を割っている場合には、自己株式は会社の最も有益な投資先となる。⑤退職する従業員の株式を会社が買い付けることによって、従業員持株制度もいっそう奨励される。⑥反対株主の株式を買い取ることにより、会社の効率性と調和が高められる。⑦適切な金融の再編成が、複雑でコストの高い法定の減資を経ずしてなされることができ、これによってギアリングが高まる。
(83) 認容しがたい自己株式取得に対するASCの権限は、TOB取引に対する会社・証券パネルの権限と同様である。ASCは、認容しがたい自己株式取得の判断基準として以下の点を考慮しなければならない (第206AAC条)。(a)取得された株式の数、(b)株主・債権者に対し、かかる取引によって引き起こされる可能性が高い効果について考慮する機会が与えられたかどうか、(c)株主・債権者および証券取引所に提供された情報量が適切であったかどうか、(d)株主・債権者に対し、かかる取引に関する打診があったかどうか、(e)株主が、かかる取引によって生じる利益に相当かつ均等に与る機会を与えられたかどうか。ASCは以上の基準を満たさないと考えられる取引に対し、認容しがたい自己株式取得に該る旨の宣言をなし、かかる宣言に基づき所定の命令 (たとえば、株主や債権者の利益を保護させる命令や株主への情報提供命令、特定の株式に関する議決権停止命令など) をなすことができる。ASCの命令に違反している者があれば、ASCは裁判所に対し、違反者に対する適切な命令を求める申立を行うことができる。裁判所は、広範な裁量権を有し、ASCの宣言にしたがい、認容しがたい自己株式取得を規制するための所定の命令をなすことも、また、ASCの宣言を覆し、当該取引を認容することもできる。
(84) M. Renshall and K. Walmsley, *Butterworths Company Law Guide* (London: Butterworths, 1990), pp. 140-141; Sealy, supra note 76, pp. 341-342. オーストラリアでは、すべての会社に適用される反面、債権者保護がいっそう厳重になっており、日刊紙における公告を必要とし、債権者は当然に異議申立権を有することになっている。

第4節　2000年代のオーストラリア会社法

第1款　憲法論議の再燃

　既述のように、共同制度の失敗は連邦の強力な牽引力のもと、連邦法としての1989年会社法を導いた。母法である英国会社法が改正期にありその改正論議に耳を傾けつつ、他の法域からも学びえたため、同法は、前節にみたように、英国会社法の改正動向を先取りするような特徴をも有している。とはいえ、既述のように、連邦会社法自体が憲法上の根拠をもたず、ゆえに違憲無効であるとの1990年の連邦最高裁判所判決以降、元来の連邦会社法は連邦直轄地域にのみ適用され、各州は、1990年会社立法改正法の適用を州議会の議決を経て認めることによって、初めて同一の立法を州の会社法として採用しえた[85]。このような迂回により、1989年会社法が全国的に施行可能となったのは1991年年頭であった。連邦は、会社法制定においては州に譲歩する形となったが、実際の運用においては主導権を握った。そして、そのことが再び、州との軋轢を増幅させることとなる。

　会社法の管理・執行における「連邦化」は次のような点で顕在化した。すなわち、先に述べたように、まず、ASCが、連邦法務長官のもとに設置され、地区委員会をネットワークで結ぶことによってオーストラリア全域をカヴァーする会社・証券監督規制機関となった。1998年7月からは連邦財務大臣に主務権限が移行するとともに、ASCは「オーストラリア証券・投資委員会（ASIC）」と改称された。ASCおよびASICは会社法改正作業の多くを委ねられたため、連邦は、法改正権限をも事実上取得することとなる[86]（ASCおよびASICの詳細については、証券規制に関連して次節に後述する）。また、会社・証券犯罪に関する連邦の関係諸機関がASICとの協力下に会社法上の犯則行為等の捜査にあたりつつ、オーストラリア全域を統一的に把握すること[87]、また、連邦の行政諸法は会社法の目的に必要な範囲で各州の行政諸法として直接適用されることが連邦と州との合意事項に含まれた[88]。

　会社法は形式的には州法でありながら、法の管理・執行は連邦に委ねられるといういびつかつ複雑な枠組みがここにできあがり、会社法の執行に州機

第3章　オーストラリア会社法の展開

関が事実上関与できず⁽⁸⁹⁾連邦の干渉に憲法上の疑問を抱く当事者により、再び多くの憲法訴訟が提起されるに至る。

第2款　1989年会社法から2001年会社法へ

　上述の動きのなかで、1990年代末から2000年代にかけていくつかの憲法訴訟が連邦最高裁判所に提起された。会社法上の紛争の裁判管轄権の相互委譲（cross-vesting）⁽⁹⁰⁾について問題とする Re Wakim 事件⁽⁹¹⁾、ASIC や捜査当局の会社法の執行に関する権限を問題とする Bond v. R 事件⁽⁹²⁾、および、R v. Hughes 事件⁽⁹³⁾が代表的である。会社法上の紛争の裁判管轄権は、相互委譲の合意により、家庭裁判所を含む連邦裁判所や州最高裁判所にも付与されたが、実際には、訴訟案件は、もっぱら連邦裁判所に係属した。連邦最高裁判所は、このような裁判管轄のあり方も違憲無効とした⁽⁹⁴⁾ので、各州は、新たな立法を行い、会社立法改正法施行後のすべての連邦裁判所の会社法既決案件については自動的に追認することとし、係属中の案件についてはすべて該当の各州の最高裁判所に移送した。なお、各州に新たな立法が必要とされたのは、当該判決によると、連邦と州との間で合意がなされていたとしても、憲法上州には、連邦や他州との合意に基づいて立法を行う権限がないとされたためである⁽⁹⁵⁾。

　ところで、憲法問題を克服して落ち着いたかにみえた1989年会社法は、施行以後も短いスパンで頻繁に改正を繰り返すこととなった。アリス・スプリングス合意に基づいた1991年会社立法改正法については既述したが、1991年以降、とりわけ、「会社法簡素化プログラム（Corporations Law Simplification Program）」から「企業法経済改革プログラム（Corporate Law Economic Reform Program）」へと会社法改革プログラムが各政権によって推進されると、その存在をことさらアピールするかのように、大小取り混ぜた改正が実現する。ここでは、上記の時代を分断する2大改革プログラムを概観し、これらのプログラムに基づいた諸改正を2001年会社法に至るまで一瞥する。その後、2001年会社法について詳細に述べる。

1　会社法簡素化プログラム（1993年〜1997年）

　会社法簡素化プログラムは、1993年10月に連邦法務長官によって設置され

第4節　2000年代のオーストラリア会社法

た「会社法簡素化タスクフォース」によって追求されてきた。その目的は、平易な文言かつ簡潔また明瞭な構成によって会社法を万人にわかりやすく「書き換える」ことである。そのため、このプログラムでは会社法利用者グループの代表者に会社法改正草案の段階でその内容の検討を依頼し、その声を反映させつつ最終的に法案化まで進む。このプログラムによって実現した改正としては、第一次会社法簡素化法（First Corporate Law Simplification Act 1995）および会社法再検討法（Company Law Review Act 1998）がある。後者は、元来は第二次会社法簡素化法案（Second Corporations Law Simplification Bill）として立法化が図られたものである。また、第三次会社法簡素化案もディスカッションペーパーの形で公表されているが、その内容は、企業法経済改革プログラムによって作成された改正試案に継承され包摂された。会社法簡素化プログラムは、どちらかというと、会社法の実質を変えることなく体裁や文言などの形式的な見直しを行い、次に述べる企業法経済改革プログラムのほうでは、形式的な改革も含め総合的な見直しを主に経済効率性の視点で推進する。

2　企業法経済改革プログラム（1996年以降）

1996年の連立政権樹立後、会社法は従来の連邦法務長官の所掌から財務省のそれへと変更された。前述の簡素化プログラムはこれによって解体され、新たに財務省のもとで企業法経済改革プログラムが発足した。このプログラムは、簡素化プログラムに比べると会社法のみならず関係諸法制をも含めつつ経済政策の流れに併せて改革しようとするものである。同プログラムの具体的な役割としては、①新たな立法提案については、現行法維持の場合との便益・費用分析をすること、②一貫性ある、柔軟で、適応性があり、また、費用対効果が大きい立法枠組みを展開させること、③企業および市場参加者の取引費用を減縮すること、④政府規制と業界自主規制との適正なバランスをとること、⑤サーヴィス提供者の参入障壁を取り除くこと、および、⑥世界の主要な金融市場に適用されている法規制とオーストラリアの法規制とを調和させること、が掲げられている[96]。

プログラムは、オーストラリア会社取締役協会（Australian Institute of Company Directors）、オーストラリア証券取引所（Australia Stock Exchange）、オー

ストラリア企業協議会（Business Council of Australia）などの各界利益代表から成る企業規制諮問グループ（Business Regulation Advisory Group）やその他の諸団体等からの要望を吸収しつつ、会社法改革を進めた。その成果が、1999年に制定された企業法経済改革プログラム法である。この法律は、取締役の責任に関しビジネス・ジャッジメント・ルールの適用を明文で定めたほか[97]、株主の救済として、コモン・ローのみでは不十分な派生訴訟について明文の規定を設けた。主として米国における判例や基本法理を採用したものとされる[98]が、とりわけ後者については隣国ニュー・ジーランドやシンガポールにおいて、1990年代初期に逸早く採用されていたことが直接の引き金となった可能性が高い（第5章および第7章、参照）。また、会計基準や資金調達、および、TOBについても、同法により改正されている。これらの内容については、項目ごとに後述する。なお、これらの改革プログラムにより、会社の種類の整理および見直しが行われたことについては既述のとおりである（本章第1節第2款、参照）。

第3款　2001年会社法

　Re Wakim 判決以降、会社法の管理・執行を巡る連邦と州との権限分配はいよいよ混沌とした。連邦最高裁の憲法解釈は、州に立法権のみならず管理・執行権を認めたが、オーストラリア証券・投資委員会の活動および警察権は連邦を中心としてオーストラリア全域を総括したため、連邦と各州は会社立法を巡る権限分配を明確化すべく再び協定を結ぶ圧力に曝された。2000年12月21日には連邦への付託を公認する政府間協定が時限措置として締結され、州は連邦に会社法の制定権限、改正権限を向こう5年間無条件で付託する旨を定める立法を制定し、憲法問題を克服することとされた[99]。新たな協定に基づいた会社法制度が2001年7月15日に開始されたのにともない、2001年会社法および2001年オーストラリア証券・投資委員会法が同日施行された。もっとも、その内容は、従前の会社法およびオーストラリア証券・投資委員会法のそれに等しい。新たな政府間付託制度のもとでは、連邦は閣僚理事会との事前の協議なしに会社法改正手続きを開始しないこと、および、連邦の会社法の改正の発議には3州以上の閣僚の同意を得ること、などが合意されてい

る(100)。

　企業法経済改革プログラムは、2001年会社法以降も会社法改革を模索しており、会社法上の年次報告書等に関する既存の要件を整理しオンライン提出等を含め実務の合理化を図る改正が2003年に成立した。同プログラムが公表した文書によれば、今後の改正課題として、越境支払不能手続き（国外の企業倒産におけるオーストラリア資産の保全と返還）の規定、および、監査および開示規定の整備があがっており、それらについて現在見直しが進められている(101)。

　以上から、オーストラリアにおける会社立法の大きな転換点はやはり1989年会社法にあったことが窺われる。その後の改正は、基本的には、連邦法としての1989年会社法を憲法解釈上正当化するためにあったといってよい。前節の1989年会社法における英国1948年会社法からの乖離の分析でもって本章の目的をほぼ達成できるとは考えるが、さらにそれを補完すべく以下に1989年会社法以後の改正を項目別に記し、英国会社法との比較検討を行うこととする。

1　取締役の義務

　先に述べたように、1999年の改正により取締役の義務に関する文言が改められた。注意義務基準に、会社の現況、取締役らの会社内での責任と地位、および、取締役らの経験などの要素が加えられ、判断基準の明確化が図られた（第180条第1項）(102)。

2　株主の救済

　1999年の改正は、株主個人に対する直接損害ではなく、会社が損害を被る場合に株主に派生訴訟（derivative action）提起権を認めた。なお、類似の制度として代表訴訟（representative action）があるが、こちらは、会社法上の制度ではなく(103)、また、株主個人の権利回復を、ある株主が他の株主たちを代表して行うという点で違いがある。

　株主の派生訴訟は、英国の古い判例であるFoss v. Harbottle判決(104)以降、英国法圏ではきわめて制限的にしか用いられず、fraud on the minorityなどの他の法理が代替的に発展し少数株主の救済策として有効に機能してきた（第1章第2節第2款、参照）(105)。

第3章　オーストラリア会社法の展開

　1999年改正の動機は、株主の監督是正権の強化にあるが、同時に、改正の過程では英国に先んじて派生訴訟制度を明文化した隣国ニュー・ジーランドやカナダの状況が参照されており、横並び圧力が働いたとも推察される[106]。

　改正によって導入された規定は、会社法第二F.一A編に収められ、Foss v. Harbottle 原則は適用されない旨が明記された(改正条文は、改正施行日前に提起され係属中の訴訟に対しても遡及適用される)(第236条第3項)。会社および関連法人の株主、元株主、および、株主名簿に記載される権原のある者、ならびに、会社の役員または元役員は、裁判所の許可を得て、会社に代位して訴訟を提起し、または、会社が訴訟当事者となるいかなる訴訟においても、介入できる(第236条第1項)。すなわち、会社と第三者間の訴訟においても本条に掲げられた者には訴訟参加が認められ、したがって、通常の意味での派生訴訟より適用範囲が広いことになる[107]。裁判所には提訴許可を求める申立について裁量が認められ[108]、場合によっては事実調査のため独立の検査役の選任を行いうる(第241条)。訴訟当事者は、裁判所の許可を得て、訴訟を取り下げ、和解に至ることができる(第240条)。第239条は、株主の追認の派生訴訟に対する効果を定める。すなわち、株主が、問題とされる役員等の行為について追認した場合、株主らの提訴はそのことによって妨げられず、追認時に裁判所が提訴の許可を与えている場合には、株主らの訴訟遂行は継続され、また、そのことによって提訴株主の請求が棄却され、あるいは、判決が被告に有利に下されることはない、とされる。なお、裁判所は、判決結果に関わらず、原告株主らが被った訴訟費用について、会社に転嫁させることができる(第242条)。

---

(85)　各州法第26条 a においては、各法域の会社法は、あたかもそれら州法が唯一の連邦法を構成するかのように、国家基盤で管理・執行される旨を規定する。

(86)　S. Woodward, et al., *Corporations Law in Principle*, sixth edition (Sydney: Law Book, 2003), p. 3.

(87)　P. Lipton and A. Herzberg, *Understanding Company Law*, twelfth edition (Sydney: Law Book, 2004), pp. 8-9; ibid., p. 4. 証券、TOB、先物、公衆からの資金調達の各分野においては、連邦は単独で改正権限を有するが、連邦議会に提案する際には閣僚理事会

の助言を必要とする。その他の分野では、連邦の改正には閣僚理事会の承認を要する。ただし、連邦政府は、自らが同意しない改正を閣僚理事会によって強要されない。

(88) Lipton and Herzberg, ibid., p. 9.
(89) 裁判管轄権についても、会社法上の相互委譲規定により、オーストラリア国内で生じた紛争については、連邦裁判所、家庭裁判所（連邦）、および、州最高裁判所のいずれにも訴訟が提起できるとされ、実際には、連邦裁判所が会社法訴訟の主たる管轄権を握った。この点について係属した憲法訴訟が、本文に引用した Re Wakim (1999) 17 A.C.L.C. 1055である。
(90) 権限の相互委譲は、「共同連邦主義 (co-operative federalism)」の概念に基づき、連邦および各州の1987年相互委譲法 (Jurisdiction of Courts (Cross-vesting) Act 1987) によって導入された制度で、州裁判所と連邦裁判所によって「継ぎ目のない (seamless)、効率的な司法制度」を提供するとして2001年会社法案の注釈においても高く評価されていた (Corporations Bill 2001 (Cth), Explanatory Memorandum, para. 4.3)。
(91) Re Wakim (1999) 17 A.C.L.C. 1055.
(92) Bond v. R (2000) 201 CLR 213.
(93) R v. Hughes (2000) 202 CLR 535.
(94) Re Wakim 事件では、cross-vesting が実際には cross になっていないこと、すなわち、州は州の法域を連邦裁判所に及ぼすことができず、連邦に一方的に利益を与える制度となっていることが問題とされた。この点については、I. Tunstall, *Corporations Act: Compliance Guide*, second edition (Sydney: Law Book, 2003), p. 240.
(95) Woodward, et al., supra note 86, p. 4.
(96) CLERP, *Strategic Document*, 4 March 1997.
(97) 会社法上のビジネス・ジャッジメント・ルールに関する規定は、会社の役員らが、①経営判断を善意でなし、②経営判断を適正目的でなし、③経営判断に私的な利益を有しておらず、④経営判断の主題に関する情報が適切であると合理的に信じ、かつ、⑤経営判断が会社の最善の利益になると合理的に信ずる、の5つの基準をすべて満たした場合に、当該役員らの作為または不作為に関する責任を免除しうる旨を定める（第180条第1項）。Tunstall, supra note 94, pp. 10-11.
(98) Woodward, et al., supra note 86, p. 206. なお、オーストラリアにおけるビジネス・ジャッジメント・ルールは、米国の模範事業会社法 (Model Business Corporation Act) 第8.30(a)(2)パラグラフに類似する (J.H. Farrar, 'The Duty of Care of Company Directors in Australia and New Zealand,' in B.A.K. Rider (ed.), *The Realm of Company Law: A Collection of Papers in Honour of Professor Leonard Sealy* (London: Kluwer Law International, 1998), p. 39)。
(99) Tunstall, supra note 94, pp. 252ff.
(100) Lipton and Herzberg, supra note 87, p. 15.

(101) Ibid., pp. 10-15.
(102) 改正前の制度および法律問題等については、J.F. コークリー（浪川正巳監訳）『オーストラリア会社法における取締役の権限と義務』愛知学院大学法学部同窓会（2001年）、を参照（なお、原著の初版出版年は1987年）。
(103) 裁判所規則に規定がある。
(104) (1843) 2 Hare 461; ER 189. この判決は、会社が被った損害については会社のみが提訴できること、および、株主総会の普通決議によって追認された取締役らの違法行為については、株主は決議内容に拘束され提訴できない、という一般原則を確立した。この英国の判例にしたがうオーストラリアの判決例として、たとえば、Australian Coal & Shale Employees' Federation v. Smith (1937) 38SR (NSW) 48など。なお、オーストラリアではFoss v. Harbottle原則の例外に関する英国基準に1事由を追加し、正義・衡平上の利益に鑑み少数株主に訴権を与えざるをえない場合にも株主の派生訴訟提起権を認めてきた。On this point, see Ford, et al., supra note 16, p. 591.
(105) See e.g., E. Boros, *Minority Shareholders' Remedies* (Oxford: Clarendon Press, 1995), p. 189; V. Joffe, *Minority Shareholders: Law Practice and Procedure* (London: Butterworths, 2000), pp. 5-16.
(106) Ford, et al., supra note 16, pp. 584-585.
(107) Ibid., p. 578.
(108) 裁判所は、①株主等の提訴の意思に対する会社の無反応、②申立人の善意、③会社の最善の利益、④提訴の必要性についての疎明、または、⑤会社への通知の有無の各点について判断し、最終的に提訴を認めるか否かを決定する。③については、第237条第3項により、次のような事実をもって反対の推定が成り立つとされる。たとえば、a) 訴訟が第三者と会社間で提起される場合、b) 会社が訴訟遂行をしない旨の決定をした場合、および、c) その決定に関わったすべての取締役が適正目的で善意に行動し、当該決定に私的利益を有せず、当該決定の主題につき相互に情報提供をし、会社の最善の利益に帰する旨を合理的に信じていた場合、である。

第5節　証券規制

　1989年会社法は、従来株式取得法（Companies（Acquisition of Shares）Act）、証券業法（Securities Industry Act）および先物業法（Futures Industry Act）にまたがって複雑になっていた証券規制をすべて会社法のなかに収めた。このような法典形式は、他のいずれの先進国モデルにもみられないきわめて斬新なものである[109]。母国英国をはじめ、他の英連邦諸国においては、1989年会

社法制定前のオーストラリアのように証券規制を別法典のなかに収めることが常套手段とされていた。本節では、会社法に収められた証券規制のうち、近時とくに発展してきている部分でもあり、かつ、他国の会社法の発展と比較するうえで重要なインサイダー取引規制とTOB規制を中心に、前節で触れた1999年改正による会計基準や資金調達の変更点についても述べる。併せて会社立法を中央集権的に管理・運用するうえで重要な役割を担うASCおよびその後身であるASICについても本節で取り上げる（なお、本節では1998年にASICが発足するまでの組織をASCと表記する）。

第1款　インサイダー取引規制

オーストラリアでは、前述のように、統一会社法以来、取締役の信任義務の明示という形で、取締役が自己取引によって利得してはならない旨が定められていた。英国のコーエン勧告に倣うものである[110]。この規定は罰則や賠償規定をともなっていたが、被害者の救済に実効性がない点が問題とされていた。最も具体的に取締役の利益相反行為の禁止を規定する第232条第5項をインサイダー取引に適用する場合を考えてみても、原告適格が会社にあるので、民事賠償は役員が利得分を会社に対して返還するという形でのみ認められる。また、ASCが役員を訴追する場合においても、当該取引と情報の漏洩との因果関係を立証するのが困難である。さらに、インサイダー取引規制として役員の信任義務違反を追及することは、被害者救済と直結しないばかりか[111]、会社の経営に関与しない者は規制できないという結果を導く[112]。

1989年会社法においては、インサイダー取引は、会社内部者や情報受領者といった取引の主体に応じた類型化がなされ、それぞれに禁止が明示されるとともに、適用免除が規定されていた（第1002条）。インサイダー取引規制については、その後も改正の日程に上っており、1989年10月にグリフィス委員会（House of Representatives Standing Committee on Legal and Constitutional Affairs (chaired by Griffiths)）からインサイダー取引に関する報告書（Fair Shares for All—Insider Trading in Australia）が提出されたのを受けて、1990年12月には連邦の法務長官が改正試案を発表した[113]。改正試案は公開され、各界からの意見を容れて若干の修正が施されたあと、1992年会社立法改正法（Corporations Legislation Amendment Act 1991；以下、改正法という）に組み込まれ、1991年8月1日より施行されることになった(114)。改正法は、1989年会社法第七・一一編に第二A章を新設し、従前の第1002条を削除して新たに第1002Aないし第1002U条を挿入した。これにより、インサイダー取引規制は、ますます複雑で冗長になったとの批判が強いが(115)、1989年会社法の規定との決定的な相違は、インサイダーおよびインサイダー情報を発行会社との関係で捉えるのでなく、より一般的な基準を用いて特定している点である(116)。具体的には、インサイダー情報とは、一般に入手しえない情報であって、かつ、通常人ならば(117)その情報が証券の価格に重大な影響を及ぼすと予測しうるような情報を指し、そのような情報を有している者がインサイダーとして定義されている（第1002A第1項、第1002B第2項、第1002G条第1項(a)(118)）。この要件を満たす者が訴追されるためには、さらに、故意過失によって売買したことの立証が必要である（第1002G条第1項(b)）(119)。第1002H条以下では、適用免除や訴追における攻撃防御が詳細に規定されている。また、罰金額は従前の10倍に引き上げられ、民事罰も認められている（第1005条、第1013条）。

　上述のインサイダーの定義からは、いわゆる情報受領者もインサイダーに含められることになるが、さらに、上場証券の場合には、インサイダーの第三者に対する情報伝達行為が禁止される（第1002G条第3項）。グリフィス勧告にしたがうものである(120)。

第2款　TOB規制

　1989年会社法第六編を構成する157か条（第602条ないし第759条）にわたる規定はすべてTOBに関するものである(121)。もっとも、その内容は1980年の株式取得法上の規定を会社法のなかに移動させたものである。このなかには、既述の実質株主の規定も含まれている。TOB規定の立法趣旨は、標的会社（target companies）の株主の保護にあるとされる(122)。

　1989年会社法とともに施行されているオーストラリア証券委員会法は、会社・証券パネル（Corporations and Securities Panel）という、TOBに関する新たな規制機関を創設した（第171条）。ASCは、TOBに関しては、パネルを介して規制を実施しうるにすぎず、これを評して1989年会社法におけるTOB

規制は、株式取得法に比べ、自主規制的性格を強めたという者もある[(123)]。いずれにせよ、基本的には、株式取得法の精神をそのまま受け継ぎ、市場原理に基づく企業の乗取ないし買収を是認しつつ、上述の趣旨にしたがい、標的会社の株主が均等な条件で自己の株式を売却しうる機会を保証することに重点が置かれている。

内容について概観すれば、これらの規定は、英国のシティ・コードと比べると、非常に複雑で詳細な手続きを定めている。

第二編は、会社の議決権株式の取得に関する中心的な規制を収めている。保有する議決権株式が所定の割合（20％）に満たない者による、取得後ただちに所定の割合、または過半数を超えるような買付を禁止する規定（第615条）などを含む。第三編は、第二編の株式取得の禁止が免除されるTOBによる株式取得（第616条）について、その手続きを定める。第四編は、TOBの声明にしたがって買収される上場会社につき、適用免除を規定するものである。株式取得法は一部上場会社のみに適用されていたが、第四編は二部上場会社およびオーストラリア証券取引所以外の証券取引所の公認上場会社にも規制を拡張している。第五編は、TOBのオファーと声明に関し、公開買付者（offeror）の株式処分の制限、証券取引所および標的会社に対する株式取得の通知、被買付者（offeree）に対する特別利益供与の禁止、標的会社の義務、買付者および株主の権利などについて定める。第六編は、TOBに関して作成された書類における不実記載に対する責任を定める。第七編は、実質株主の開示義務に関する。第八編は、実質株主に関する情報収集に対する会社およびASCの権限を定める。第九編は、ASCおよびパネルの権限およびそれに付随する裁判所の権限を定める。第十編は、TOB規定の違反に関する裁判所命令について定める。第十一編以下は、雑則その他である。

なお、1987年6月にヴィクトリア州の法務長官は、平易な英語によるTOB法案を発表した[(124)]。TOBを含む会社法の文言の平易化は、前述のように1990年代の会社法改革の主題となっており、簡素化タスク・フォースによる改革作業と一連の会社法簡素化法の成立に帰結した。1999年には、ASICの発足にともなってTOB規定も改正され、TOBパネルをTOB期間中の紛争の唯一の準司法機関と位置づけ、従来は裁判所が担っていた紛争解決に関する

第3章　オーストラリア会社法の展開

広範な権限をパネルに付与したほか(本節第5款を参照)、規定の体裁自体を明快にし、文言の平易化を試みるとともに、不要な言い回し等を削除した。

第3款　会　計　基　準

　会社は株式公開性の基準にしたがい、会計帳簿(financial record)を保存し(第286条)、財務報告書(financial report)および取締役報告書(directors' report)(第292条)を作成し、財務報告書を監査に付さなければならない(第301条)。電磁的方法での記録も認められる(第1306条)。所定の証券(enhanced disclosure securities)を上場している会社は、会社法上開示主体(disclosing entity)と定義づけられ、半期報告書の作成義務をも負う(第302条)。前述のように、小規模私会社は、原則として年次財務報告書の作成を免除される(第293条、第294条)。

　財務報告書は、会社法のみならず、オーストラリア会計基準審議会(Australian Accounting Standard Board; AASB)が策定する会計基準に合致することも求められる(第296条第1項、第334条)。会計基準は、財務諸表の作成の根底にある基本原則や手法、判断基準等を規定する(たとえば、英国法圏における特徴的な会計基準である「真実かつ公正な概観(true and fair view)」などが盛り込まれている)。

　1998年の会社法再検討法により導入された改正では、上場会社における取締役報告書の開示基準が強化され、一般情報、特別情報、および、追加特別情報の記載が要求されている。一般情報は、一般的な営業報告を含み、それに対して、配当(未払い分を含む)、期間中の取締役の氏名と任期、期間中の取締役に付与されたストック・オプションまたは高額報酬役員の上位5名、役員または会計監査人に支払われた補償金または保険金などの特別情報が加えられる。さらに、公開会社については、取締役の資格や経験、期間中の取締役会の開催回数と取締役ごとの出席回数、取締役会委員会の開催回数と取締役ごとの出席回数の記載が義務づけられ(第300条10項)、上場会社にあっては、取締役の報酬決定方針や当該方針と業績との連関性、個々の取締役の報酬金額の明細も盛り込まなければならない(第300A条)。取締役が有する関連会社の株式、社債、オプションなどの持分や取締役が当事者となっている会社と

の契約や私的利益を有する会社や関連会社との契約についても、開示しなければならない（第300条第11項）。

1998年会社法再検討法は、上院での審議過程で取締役報告書への記載内容を拡張する方向で修正されたため、たとえば、会社の環境規制の遵守状況（第299条第1項f）や上場会社に対する外国の証券取引所および米国の会社規制当局に開示されている情報の開示（第323DA条）も追加され、成立した。もっとも、この2つを含む連邦議会での土壇場の審議事項についてはその後も会社・証券に関する両院委員会によって引き続き検討が重ねられ、第299条第1項fおよび第323DA条についてはすでに廃止が勧告されている[125]。企業法経済改革プログラムの目下の課題として、前述のように、開示や監査を強化する方向にあるが、その過程でこの2つの開示要件がいかに処遇されるのかは未だ明らかではない[126]。

第4款　資金調達

公衆からの資金調達に関し、公衆保護のため情報開示規制を中心とするのが会社法上の資金調達（fundraising）の章である。1999年には、500万オーストラリアドル以下の小規模な資金調達に関して目論見書より簡易な募集情報説明書（offer information statement）を発行しうることとした（第709条第4項）ほか、従来禁止されていた目論見書の届出前の広告活動について、発行証券が上場証券である場合には無条件で可能とし、発行証券が非上場証券である場合には所定の条件を満たした広告活動についてのみ許容することとした（第727条第2項）[127]。

第5款　オーストラリア証券・投資委員会

オーストラリア証券・投資委員会（ASIC）は、オーストラリア証券委員会（ASC）の後身である。オーストラリアでは、前述のように、州規制機関の連携と全国規模での法管理・執行が長年の懸案事項であった。共同制度が発足する1979年前は、州会社業務委員会のみに会社法の管理・執行権があったが、共同制度以降は、州会社業務委員会と国家会社・証券委員会との共同運用となり、さらに連邦会社法化制度のもとで1991年にASCが発足した。ASCは

第 3 章　オーストラリア会社法の展開

1998年に ASIC 法のもとで ASIC と改称され、さらに、実体はそのままに、その根拠法が2001年 ASIC 法に代替された。もっとも、ASIC の所掌が連邦財務省に移行したことは前述のとおりである。

以下においては、英国の金融サーヴィス・市場規制機関に比肩しうると思われるため、現行の ASIC についても一瞥しておく。

ASIC は、3名ないし8名の委員を擁する非営利法人である。シドニーとメルボルンとの主導権争いを避けるため、唯一の統括事務所を置かず、シドニーとメルボルンに主たる事務所、州都に地区事務所、主要都市にビジネス・センター、および、その他の都市に代理事務所を配置し、オーストラリア全体を網状に規制する。その任務は大要次の8点にまとめられうる。すなわち、①執行（enforcement）、②監視（surveillance）、③調査（investigation）、④法改革に関する助言、⑤会社情報の収集、保存、および、伝達、⑥会社および証券・先物機関の規制、⑦啓蒙・教育、および、⑧オーストラリアの金融制度に関連した市場の誠実性（market integrity）および消費者保護のモニタリングと推進、である[128]。

上記の任務からして、ASIC は、証券規制は会社法に含まれるとしても、会社法のみならず、保険や退職者年金などの関連諸立法を管理・執行する機関であり、場合によっては、証券取引所、TOB パネル、連邦検察庁、外国の該当規制機関等の関連諸機関と連動する。

なお、ASIC 法は、ASIC の設置とその内容を規定することを主目的とするが、そのほかにも会社法の管理・運用に関する諸組織を設ける。ASIC 法上の委員会として、会社・市場諮問委員会（Corporations and Markets Advisory Committee；CMAC）、TOB パネル（Takeovers Panel）、会社の会計監査人・清算人懲戒委員会（Companies Auditors and Liquidators Disciplinary Board）、および、会社・証券に関する両院委員会（Parliamentary Joint Committee on Corporations and Securities）である。CMAC は、2001年にインサイダー取引規制や金融サーヴィス部門の損失補償に関する諮問を行った。TOB パネルは、前述の会社・証券パネルの後身である。パネルは、1999年および2001年に企業法経済改革プログラムの一環として再編され、その権限は強化された。パネルは TOB 期間中の紛争に関する唯一の審理機関となり、当事会社の行為に関して認容し

第 5 節　証 券 規 制

がたい状況（unacceptable circumstances）にある旨の宣言をなし、かつ、その宣言に基づいて救済命令を含むいかなる命令をも発しうる（第657条）。会社法もまたコモン・ローも標的会社による対抗措置を禁止してはいないが、パネルの裁量により対抗措置が認容しがたい状況と判断される余地はあろう(129)。パネルの権限強化以降、パネルへの申立は急増していることが報告されている(130)。会計監査人・清算人懲戒委員会は、従前の各州の懲戒組織を統括したものであり、文字通り職業倫理にもとる会計監査人らに登録抹消や罰金などの制裁を課す。なお、ASIC法は、会社・証券に関する両院委員会とASICとの関係について、両院委員会はASICの年次報告書を審査し、ASICから立法提案に関する諮問を受けうる旨を定める。

第6款　金融サーヴィス改革法の制定

　2001年の新会社法およびASIC法の成立および施行の後を追うかのように、オーストラリアの金融サーヴィス・セクターを包括的に規制する金融サーヴィス改革法が2001年8月に成立した。条文番号は1317条までであるが、実際には各条文番号につき、数か条の枝条文（subdivision）がアルファベットによって識別されて並べられており、延べ条文数はその数倍にも膨れ上がる大部の法律である。ここでは、その概要を簡潔に述べるに留めたい。本法と会社法との関係について一言すれば、本法は、2001年会社法第七編および第八編を完全に差し換えるものである（すなわち、既存の会社法第七編および第八編は、金融サーヴィス改革法へ移行する）。また、本法の成立を受けて、2002年に会社（金融サーヴィス改革関連改正）法が成立している。もっとも、会社（金融サーヴィス改革関連）法においては、会社法の付随規定の改正が中心である。

　立法の目的は、大要以下の4点である。
① 　生命保険、年金基金、および証券業に対する単一の免許システムを構築すること、
② 　金融商品に関する一貫したディスクロージャー規制を提供すること、
③ 　金融市場に対する合理的規制を確立すること、
④ 　リテール部門に対する金融サーヴィス提供者の行為規範を策定すること。

第3章　オーストラリア会社法の展開

　金融サーヴィス・セクターに関する第一次的かつ包括的規制機関は、ASICである。前款で述べたように、財務省の所掌のもと、ASICは会社、金融市場、金融サーヴィス機関、および、投資、年金、与信・受信に関する助言を行う専門家を監督する。従来、これらの者は業界別に免許（Dealer's Licence）を得て営業していたが、2001年法により、ASICによって発行される免許を取得することが開業の前提となる。2001年法の規定の多くは、以上の立法目的を反映して、開業規制、開示規制、リテール取引に関する加重規制にあてられている。その他は公募資金調達や証券取引規制に関する規定であり、これらの規定が主として既存の会社法の一部を差し換える部分を構成する。

　英国とは異なり、オーストラリアにおいては、早くから会社・証券業に関する規制機関の一元化と全国ネットワーク化が進んでおり、金融・証券規制が融合しやすい土壌があった。立法のスタイルとしては、証券規制を会社法のなかに編綴する従来方式から、英国や他の英連邦諸国におけると同様の別立法方式に変わったが、金融市場や金融商品を適用対象に加えたことによって、立法の捕捉範囲は会社法時代より広がっている。たとえば、インサイダー取引規制については、従来は証券に関するそれのみが捕捉されていたが、2001年法により、金融市場で取引されるあらゆる金融商品にまで規制範囲は拡大されている。証券取引規制としてのそれ自体も発展しており、たとえば、制裁として金融サーヴィス民事罰を導入し、また、客観的悪意基準の採用を排除した（第七・七編第三章、1042A条ないし1044A条）。後者の趣旨としては、客観的悪意の立証が実務上困難であったためである[131]。

第6節　小　　括

　以上のように、オーストラリア会社法は、1961年の統一会社法以来、連邦国家に唯一でありかつ会社法と証券規制の一元化を図った会社法を模索してきた。その結果会社法は、とりわけ1989年の連邦会社法の制定以来大部となり、能力外法理の廃止、自己株式取得の容認など、英国がEC/EU立法の受容により受け入れてきた改正を導入し、さらに、取締役の義務や派生訴訟に関する規定などにみるように、英国に先んじてコモン・ロー原則の明文化が図ら

第6節 小 括

れ、また、インサイダー取引規制、TOB規制、公募資金調達などの証券分野の規定の拡充とその全国家的執行機関の確立および当該機関の権限強化の推進を試みるなど、逐次発展してきている。会社法改革は、政権担当者の政策課題のひとつであり、とりわけ、1990年代以降のそれは、異なる利益代表との意見交換と調整のうえに慎重に進められてきた。加えて、隣国ニュー・ジーランドとの企業立法の調和は経済連携協定下に1980年代から進められてきたが、そのこととは必ずしも関係なく、ニュー・ジーランド・モデルは、とりわけニュー・ジーランドが1993年に北米会社立法に触発された大胆な改正を断行して以降（第7章、参照）、オーストラリア会社法の改正に示唆を与えてきた。

もっとも、連邦に唯一の会社立法に関しては、憲法上の会社・証券規制の立法権の帰属の問題が、憲法改正という正攻法によるものではなく、連邦と州との和解・合意のレヴェルでの克服であっただけに、完全に払拭されたわけではない。現在のところ、実務上の便宜と州側の譲歩により、また、形式的には州立法の形を採り実質を連邦会社法と同一物とする便法により、連邦会社法は円滑に制定・執行されているようにみえるにすぎない。証券規制に関しては、前述のとおり、金融サーヴィス規制として再び別立法となり、単一の執行機関のもとに生命保険、年金基金などを含めた金融・証券分野に関する横断的規制を実現させた。そのため、従来の証券取引分野の規制であったインサイダー取引規制の対象が金融商品一般にも拡張されるなど、自由市場の利益の享受の裏に措定されるべきセーフガードとしての政府介入による事前規制の部分が年々大きくなっている。

今後のオーストラリア会社法は、引き続き政権担当者の企業法改革プログラムに沿って発展していくことと思われるが、おそらく、現行の連邦会社法の維持を前提としつつ、ここ数年のうちにも実現しそうな英国の新会社法制定ないし会社法大改正の動きとの相対的関係のうえに、新たな局面を迎えることであろう。

---

(109) 英国の証券規制については、第2章において詳述した。ビッグ・バン以降の証券規制についても、基本的には、シティを中心とする自主規制の姿勢が貫かれている。TOB・

第3章　オーストラリア会社法の展開

　合併に関する規則については、他の英連邦諸国でも、このシティ・コードのスタイルに倣うものが多い（シンガポール、マレーシアなど）。すでに1970年代初頭からみられたオーストラリアにおける証券規制に対する独自の姿勢を評して、これを英国型の「規制主義」と区別するため、「開示中心主義」と名づける見解も示されている（安田信之「1970年代のシンガポール・マレーシアにおける会社法の発展（Ⅱ）」アジア経済20巻9号77頁（1979年））。

(110)　Ford, supra note 2, p. 859.
(111)　もっとも、被害者が、不当に高値で役員から株式を引き取らされたような場合、当該株式を継続して保有している者にとってみれば、追及も意味あるものとなろう。
(112)　Lipton and Herzberg, supra note 4, pp. 525-526.
(113)　Ibid., p. 527.
(114)　T. E. Bostock, 'Australia's New Insider Trading Laws,' (1992) 10 Company & Securities Law Journal 165, 169.
(115)　Tomasic, et al., supra note 33, p. 858 ; R. Tomasic, 'Insider Trading Law Reform in Australia,' (1991) 9 Company & Securities Law Journal 121. See also, A. Griffiths, *Report of the House of Representatives Standing Committee on Legal and Constitutional Affairs*, Recommendation 1 (1989).
(116)　See Griffiths, ibid., Recommendation 3, and para 4. 3. 5.
(117)　通常人テスト（reasonable person test）は、米国の判例に沿って導入された概念である（Tomasic, et al., supra note 33, p. 858）。
(118)　米国のコモン・ロー上確立された external wholly objective test の概念である（Bostock, supra note 114, p. 171）。
(119)　米国のコモン・ロー上確立された internal partly subjective, partly objective test の概念である（ibid.）。
(120)　Griffiths, supra note 116, Recommendations 7 & 8, and para 4. 8. 7.
(121)　Butterworths, supra note 56, p. L 6003.
(122)　Lipton and Herzberg, supra note 4, p. 473.
(123)　Butterworths, supra note 56, p. L 6003.
(124)　Lipton and Herzberg, supra note 4, p. 474.
(125)　Woodward, et al., supra note 86, p. 288.
(126)　Ibid., p. 288; Lipton and Herzberg, supra note 87, p. 424.
(127)　これらの改正の詳細については、C. Grose, 'Will the Small Business Fundraising Reforms Proposed by CLERP Really Make it Easier for SMEs to Raise Capital in Australia?,' (1998) 16 Company & Securities Law Journal 297; G. W. Hone, 'Fundraising and Prospectuses—The CLERP Proposals,' (1998) 16 Company & Securities Law Journal 311.

(128) 詳細については、ASICのウェブサイト http://www.asic.gov.au を参照されたい。

(129) Takeovers Panel, Annual Report 2003-2004 (TOBパネルのウェブサイト http://www.takeovers.gov.au/content/860/downloads/annual_report_0304.pdf からもダウンロードできる)。2003年度には、パネルに対し30件の申立がなされたことが報告されている。2000年前にはほとんど申立がなかったが、2001年度には33件と申立が急増し以後横ばいの傾向が続いている。

(130) Lipton and Herzberg, supra note 87, pp. 513-514.

(131) J. H. Farrar, *Corporate Governance in Australia and New Zealand* (South Melbourne: Oxford University Press, 2001), p. viii.

第4章　マレーシア会社法の展開

　マレーシアにおいては、古来の伝統的な社会に法と呼ぶべきものがすでに存在していたところへ、英国人の植民が始まった。本章では、英国人の入植植民地における状況との比較の観点から、会社法の継受の過程に加えて、一般的な法継受の経緯をもみていくことにしたい。叙述の順序としては、第1節において、現在のマレーシア連邦およびシンガポールにあたる地域において英国の植民政策がいかに展開されたかについて概観したのち、海峡植民地、マレー諸州および北ボルネオにおける英国のコモン・ローの継受と会社法の継受の経緯について述べることにする。このなかにはシンガポールにおける史的展開も必然的に含まれることになるから、次章においては、独立後のシンガポールの会社法の変遷のみを扱う。第2節および第3節においては、会社法が継受されたのちの改正の動向について、マレーシアの抱える事情と関連させつつ述べる。とりわけ、第3節においては、1997年に勃発したアジア通貨・金融危機のマレーシア企業法制に対するインパクトを中心に会社法改革を検討することにする。

第1節　英国による統治と英国法の継受

　現在のマレーシア連邦は、旧英領マラヤと北ボルネオ（現在のサバ）、サラワクとで構成されている。旧英領マラヤは、海峡植民地とマレー諸州（土侯州）とから成り、後者はさらにマレー連合州と非マレー連合州とに分けられる。統治の方法も法継受も、植民地ごとに異なる。第1款においては、これら各植民地の成立に至る背景を、第2款においては、各植民地における英国法継受一般について、第3款においては、会社法の継受についてそれぞれ述べることとする。

第 1 節　英国による統治と英国法の継受

第 1 款　英国による統治の史的展開

　英国東インド会社は、1630年頃から中国貿易に乗り出した(1)。会社は、この過程でマレー半島付近にその寄港地を必要とした。1819年に英国がオランダに先駆けてシンガポール島を植民地としたところ、オランダがこれに反発したので、両国の間で外交交渉が行われた。その結果、1824年に英蘭協約（Anglo-Dutch Agreement）が締結され、英国は、この協約によってオランダからインドのすべての商館を譲受け、また、ペナン、マラッカ、シンガポールを獲得した(2)。ペナン、マラッカ、シンガポール(3)は、1832年以降海峡植民地（Straits Settlement）と呼ばれ、1851年にはインド総督の直轄領となったが、1858年の東インド会社解散にともない、英本国のインド省（India Office）の所管となり、のちには植民地省（Colonial Office）へ移管された。マレー諸州については、英蘭協約によって、英国が海峡植民地の後背地として確保することになったが、直截にはスルタンを為政者とする間接統治の形が採られていた。一方、北ボルネオは、1761年以来、英国東インド会社と接触してきた。19世紀中葉に、英国人ジェームズ・ブルック（James Brooke）によってサラワクの一部に独立王国（ブルック王国）が建てられ（1841年）、ラブアン島が英国に割譲される（1846年）と、ヨーロッパ人の商業活動が盛んとなった。1881年には、英国商人によってブリティッシュ北ボルネオ特許会社が設立され、会社が北ボルネオ全体をスルタンから借り受けると、英国は、1888年に北ボルネオとブルック王国を保護領とした(4)。

　1895年 7 月には、マレー諸州のうち、ペラク、セランゴール、ヌグリ＝スンビラン、パパンの 4 州が相互援助と中央集権化によって行政能率の促進と経費の節減を行うべきであるという意見のもとに結束し、英本国とこれら 4 州のスルタンとの間に連合協定が結ばれることとなった。いわゆるマレー連合州（Federated Malay States）の成立であった。その他の州――プルリス、ケダ、ケランタン、トレンガヌ、ジョホール――は、これに参加せず、独自の政策を展開したが、多かれ少なかれ、英国の政治的介入を余儀なくされた(5)。

　マレーシア連邦結成への動きは、第二次世界大戦中、当地において日本軍の守勢が目立ちはじめた1943年に始まった。同年 2 月、英本国の植民地省は、

第4章　マレーシア会社法の展開

マラヤ連合（Malayan Union）構想を起草した。マラヤ連合は、1946年に発足し、これによって海峡植民地は廃止され、シンガポールは英国の直轄植民地とされることになったが、同時にマラヤ連合は、従来のマレー人の特権を廃止し、華人やインド人などの移民にも同等の市民権を与えていたため、マレー人の反発を不可避的に煽る結果となった[6]。1948年に英国は、これを修正した連邦協定を発効させた。ここにマラヤ連邦（Federation of Malaya）が発足し、マレー諸州とペナン、マラッカはマラヤ連邦の名のもとに内政自治権を付与され、シンガポールについても内政自治権が与えられた。その後、マラヤ連邦における英国の権限委譲は段階的に行われたが、最終的には1957年のムルデカ憲法の起草によって、マラヤ連邦は完全な独立国とされた。

北ボルネオは、第二次世界大戦後、北ボルネオ会社からイギリスに譲渡されて英国の直轄植民地となり、同様に、サラワクも、ブルック王国の族長（Rajah; Governor）から英国に譲渡されて英国の直轄植民地となった。1961年11月には、英国とマラヤ連邦との間で、マラヤ、シンガポール、北ボルネオ、ブルネイ、サラワクを合同してマレーシア連邦を結成する旨の合意が成立した[7]。1963年9月16日、内紛が生じたブルネイを除く上記4植民地が参加して、マレーシア連邦が結成された。その2年後の1965年、主として人種構成を背景とした種々の問題から、シンガポールが離脱して独立することとなった[8]。

第2款　英国法の継受

英国法の継受は、前款で述べた海峡植民地、マレー諸州、北ボルネオおよびサラワクの各植民地によってそれぞれ固有の歴史を有する。したがって、本款においては、植民地ごとに英国法継受の過程を述べることとする。

1　海峡植民地

海峡植民地のうち、ペナンについては、1807年に第一開封勅許状（Charter of Justice）が発せられ、英国のコモン・ローおよびエクイティがこの地の法となる旨が明示された。その後マラッカとシンガポールが参加して海峡植民地が形成されると、1826年には第一開封勅許状に代替する第二開封勅許状が、1885年には司法制度の再構成に関する第三開封勅許状がそれぞれ発せられて

英国のコモン・ローおよびエクイティが移入された[9]。また、マラヤ連邦発足後の1956年には、民事法令（Civil Law Ordinance）が制定され、地域的な慣習や成文規定に服しつつも、英国のコモン・ローおよびエクイティがマラヤ連邦に適用されることとなった（第3条第1項[10]）。シンガポールについても同様に、1955年に民事法（Civil Law Act）が制定され、英国法の適用が明示された（第5条[11]）。

2　マレー諸州

マレー諸州のうちマレー連合州については、事実上英国法が適用されていた[12]が、1909年に立法参事会が設立され、1937年に民事法制定令（Civil Law Enactment）が策定されて英国法の適用が法的にも確認されることとなった[13]。この民事法制定令は、上述の1956年の民事法令に代替された。マレー非連合州においては、1937年の連合州民事法制定令が非連合州にも拡大適用されることとなる1951年まで英国法の公式な継受はみられなかった。

3　北ボルネオ

北ボルネオ会社の管轄下にあった時期は、総督（Governor）の布告（Proclamations）が法となっていたが、1912年に立法参事会が設立され、それ以後立法参事会によって数々の条令が制定された。北ボルネオ会社自体も立法権を有しており、在ロンドン名誉理事会（Honourable Courts of the Directors in London）に立法を委ねた。同会社による立法は、条令のなかに組み込まれて施行された[14]。北ボルネオ植民地を構成してからマレーシア結成までの時期は、知事が諮問委員会の助言に基づいて立法を行った[15]。したがって、北ボルネオにおいても事実上は英国法が適用されていたといえる。北ボルネオにおいて英国法が公式に継受されたのは、1951年の法適用令（Application of Laws Ordinance）の施行による[16]。

4　サラワク

ブルック王国が建設された1841年以降、この地における唯一の成文法は、ブルック家の布いた規則（Brooke rule[17]）であった[18]。1928年の族長令は、族長によって修正される可能性を含みつつも、英国法がサラワク法とされる旨を明示し、これによってはじめて英国法が継受されることになった[19]。英国法の公式な継受は、1949年の法適用令（Application of Law Ordinance）の制

第4章　マレーシア会社法の展開

定による。法適用令第2条は、地方の事情や慣習にしたがいつつ、英国のコモン・ロー、エクイティおよび制定法一般をサラワク法とする旨を規定している[20]。

以上、海峡植民地、マレー諸州、北ボルネオ、およびサラワクにおける英国法継受を概観したが、いずれの地域においても、英国法は地方固有の事情や慣習には劣後することが明示されており、とくに民事法に関してはさまざまな慣習法が混在しているのがマレーシア法の特色であるといえよう。たとえば、契約に関するインド法、土地の権利関係に関するアダット（adat）、および身分関係に関するさまざまな人際法（personal laws）や宗教法の存在が挙げられる[21]。

第3款　会社法の継受——オーストラリア統一会社法の導入——

植民地時代のマレーシアおよびシンガポールにおいては、英国会社法をモデルとする会社令（Companies Ordinance）が施行されていた。1885年の第三開封勅許状によって司法制度が整備されてから4年後の1889年には、海峡植民地に英国の1862年会社法をモデルとする会社令が制定され[22]、マレー連合州においても、1897年に同様の会社令が制定されている。その後、1915年には海峡植民地で、また1917年にはマレー連合州で、それぞれ英国の1908年会社法に基づいた会社令が制定されている[23]。さらに、植民地時代の判例を辿れば、1890年頃には会社登記官が存在し[24]、かつそのもとでゴムや錫に関連した多くの会社が設立されていたことが窺われる[25]。1940年には、英国の1929年会社法をモデルとする海峡植民地会社令が制定された。この海峡植民地会社令は、1946年のマラヤ連合会社令によって連合全域に適用されることとなり、マラヤ連邦発足後もその効力を失うことなく独立まで植民地会社法として適用され続けた[26]。

1957年にマラヤ連邦が独立し、続いて1963年にマレーシア連邦が結成されたのちは、多くの法分野において新たな法典編纂作業が行われることとなったが、そこではいずれも既存の法を移植するという方法が用いられた。会社法は1965年に、主としてオーストラリアの1961年統一会社法および同年ガーナ会社法の制定にあたって起草されたガワー草案を参照して制定された[27]。

第1節　英国による統治と英国法の継受

これは、独立後多くの経済法が英国の制定法に倣って制定された[28]ことと対比すれば異色であった。しかしながら、オーストラリア統一会社法が当時、英国の1948年会社法制定に貢献したコーエン勧告および英国の1967年会社法改正に先だって組織されたジェンキンズ委員会の動向を先取りしていたこと（第3章、参照）、およびガワー草案がマレーシアと同様に第二次世界大戦後独立したガーナの国情を勘案して作成されたものであったことに鑑みれば、これらの法典を移植することにも十分なインセンティヴがあったというべきであろう。

英国の会社法はマレーシア会社法の直接の母法とはならなかったが、規定のない部分については上述の民事法令によって英国のコモン・ロー、エクイティ、および制定法が引用されるので[29]、英国法はマレーシア会社法の重要な法源となっている[30]。会社法の法源としては、この2つが柱であって、マレーシア固有の法は会社法に何ら影響を及ぼしていない[31]。このことは、民事法のなかでも際立った会社法の特性に数えられよう。

なお、マレーシアは連邦国家であるが、憲法上、会社の設立、規制、清算を含む通商産業事項については、連邦に立法権が付与されている（第74条第1項、第76条第1項(b)[32]、第九附則、参照）[33]。したがって、会社法は当初から連邦により中央集権的に管理されており、前章のオーストラリアが経験したような、全国家的な法統一のための難題を抱えることはマレーシアにおいてはなかった。

（1）　池端雪浦＝生田滋『東南アジア現代史Ⅱ』山川出版社204頁（1977年）。
（2）　英蘭協約は、東南アジアにおける英国とオランダの勢力範囲を明確に画定した。英国の勢力範囲はその後英領マラヤ、すなわち、今日のマレーシア連邦へ、オランダの勢力範囲はその後オランダ領東インド、すなわち、今日のインドネシア共和国へと継承されている（同上214頁）。
（3）　正確にいえば、海峡植民地は、ペナン、マラッカ、シンガポールにパンコール島とディンディンスを合わせた地域のことである。
（4）　もっとも、ブリティッシュ北ボルネオ特許会社と英国政府とは直接の関係はなかった（同上272頁）。

第 4 章　マレーシア会社法の展開

（ 5 ）　英国は1874年にペラの族長との間にパンコール条約（Pangkor Engagement）を結んだのを皮切りに、セランゴール、ヌグリ＝スンビランおよびパパンの族長との間にも同様の条約を結び、マレー半島内陸部へ確実に支配権を及ぼしていった（同上 246―249、269、280―281頁、佐藤宏＝近藤則夫『インド・マレーシアの社会変動と国家官僚制――政治化、専門化と国民統合』アジア経済研究所184頁（1986年））。

（ 6 ）　マレー人とその他の民族との意見対立が激化したこの頃、各民族の利益を代表すべく、現在のマレーシアを代表する UMNO のような政党が結成された（池端＝生田・同上 317―318頁）。

（ 7 ）　マレーシア連邦結成を進めたアブドゥル・ラーマン（UMNO の指導者、マレーシア初代首相）が、このような大マレーシア構想を採ったのは、シンガポールの参加によって華人の政治発言力ないしは経済的実力が増大することを憂慮し、マレー人の多い北ボルネオ、サラワク、ブルネイを参加させて人口面でのバランスをとろうとしたためである（同上 345頁）。

（ 8 ）　シンガポール分離の前年である1964年には、マラヤ連邦とインドネシアとの対決（confrontation）によって連邦政府の国防費が増大したのにともない増税が実施されたが、最も多くの企業が集まっていたシンガポールではこれに対する反対運動が起こった（同上 355頁）。

（ 9 ）　M. B. Hooker, *The Laws of South-East Asia Volume II : European Laws in South-East Asia*（Oxford: Oxford University Press, 1988）, pp. 351-355.

（10）　1956年民事法令は、マレー諸州については、一律に1956年に施行されることになったが、ペナン、マラッカ、および、サバ、サラワクについては、最初の訴訟の開始日をもって発効することとされた（P. N. Pillai, *Sourcebook of Singapore and Malaysian Company Law*, second edition (Singapore: Butterworths Asia, 1986), p. 2）。

（11）　Wu Min Aun and Beatrix Vohrah, *The Commercial Law of Malaysia*（Petaling Jaya: Longman Malaysia, 1981）, p. 3.

（12）　A. Singh, *Company Law of Singapore and Malaysia*（Singapore : Quins, 1976）, p. 5.

（13）　Ibid; Hooker, supra note 9, p. 391.

（14）　Singh, supra note 12, p. 9.

（15）　Ibid.

（16）　なお、1971年に民事法令（拡大適用）令（Civil Law Ordinance (Extension) Order 1971）が施行されて、サバについては1951年から、サラワクについては1949年から、英国のコモン・ローが適用されていることが再確認された（Ibid.; Wu and Vohrah, supra note 11, p. 3 ; Pillai, supra note 10, p. 2）。

（17）　たとえば、1842年 2 月 2 日にジェームズ・ブルックによって公布された最初の法典は、刑罰、商業活動、課税、および国王の権限を定めている（Hooker, supra note 9, p. 411）。

第1節　英国による統治と英国法の継受

(18)　Ibid., pp. 406-407. サラワクにおいては、司法制度の発達が遅れており、1930年代になってようやく司法と行政とを区分する概念がもたらされた（ibid., p. 410）。

(19)　1928年までは、英国法が顧みられることはなかった（ibid., p. 419）。See also, M. B. Hooker, *A Concise Legal History of South-East Asia* (Oxford: Oxford University Press, 1978), p.141.

(20)　Hooker, supra note 9, p. 419 n. 99.

(21)　安田信之編『アジア諸国の企業法制』アジア経済研究所17、404頁（1983年）、安田信之「アジア法の三類型——固有法、移入法、発展法」アジア経済22巻10号3-4頁（1981年）; Hooker, supra note 9, pp. 332-333; M. B. Hooker, *Native Law in Sabah and Sarawak* (Singapore: Malayan Law Journal, 1980), pp. 2, 24-55, 83. ただし、イスラム教、仏教およびヒンドゥー教などの教義を体現する宗教法は、民事法のなかでも相続法および身分法に限って適用される。なお、マレーシアおよびシンガポールに関する一般的な統治構造、立法・司法の枠組みなどについては、安田信之『東南アジア法』日本評論社（2000年）。

(22)　P. N. Pillai, *Sourcebook of Singapore and Malaysian Company Law*, first edition (Singapore: Butterworths Asia, 1975), p. 1104. ちなみに、同書は海峡植民地（シンガポール）の1889年会社令中の規定を巡る3事例を扱っている。これ以前の立法事情については、筆者が調べたかぎりでは、明らかにならなかった。

(23)　Ibid., p. 1110.

(24)　See. e. g., In re Rawang Tin Mining Co. and Chartered Bank of India, Australia and China [1890] S. S. L. R. 570.

(25)　See, e. g., Pillai, supra note 22, pp. 692, 718, 741, 1104. なお、すでに19世紀には、シンガポール、クアラ・ルンプル、ペナン、マラッカ、およびイポーといった主要都市において私設の株式取引所（share trading firms）が開設され、英国資本によるゴムまたは錫会社の株式が取引されていた。1930年には、15の株式取引所が合併して、今日の証券取引所の前身であるシンガポール株式ブローカー協会が設立された（1938年にマラヤ株式ブローカー協会と改称、1960年にマラヤ証券取引所に改組）（Tan Pheng Theng, *Securities Regulation in Singapore and Malaysia* (Singapore: Stock Exchange of Singapore, 1978), pp. 1-12)。なお、この点については、本章第3節第2款を参照。

(26)　L. A. Sheridan, *Malaya and Singapore : The Development of the Law and Constitutions* (London: Stevens & Sons, 1961), p. 401. なお、安田信之編『ASEAN法——その諸相と展望』アジア経済研究所133頁（1987年）、参照。

(27)　ガワー草案とは、英国の故ガワー教授が、ガーナ植民地の独立にあたって英国の会社法を基礎として発展途上国向けに起草したものである。ほかにオーストラリア諸州（とくに西オーストラリア）の会社法、英国、カナダおよびニュー・ジーランドの会社法が参照されたとされる（安田信之他訳『マレーシアの会社法（上）（下）』アジア経済研究所ⅲ、

iv頁（1978年）)。もっとも、マレーシア1965年会社法の編・章・節の構成は、オーストラリアの統一会社法とまったく同じといってよく、また、大半の条文も同一である（安田信之他訳『マレーシアの会社法（上）』アジア経済研究所iv頁（1978年））。See also, CCH Company Law Editors, *Malaysian and Singapore Company Law and Practice* (Singapore: CCH Asia, 1992), pp. 71-73.

(28) たとえば、工業所有権法や為替管理法は、英国法を継受している（安田編・前掲注(21) 439、464頁、参照）。

(29) 1956年民事法令第5条第1項は、他に制定法がないかぎり、補充的解釈として英国法が適用される旨を定めるが、会社法分野に関するかぎりこの点に関する見解は判例においても分かれている。まず、パートナーシップ法については、英国法の適用は排除されている。それに対し、会社法については、会社法を他の制定法規定と解せず英国法の適用を認めた Re Low Noi Brothers & Co. 判決（[1969] 1 M. L. J. 171）および Sharikat Import dan Export & Perindusterian Timbering Sdn Bhd v. Othman bin Taib 判決（Unreported, High Court, Muar, Civil Suit No. 32 of 1972）があり、これらの判決には学説上も批判が強い。See K. Arjunan and Low C. K., *Lipton & Herzberg's Understanding Company Law in Malaysia* (Sydney: LBC Information Services, 1995), p. 3 ; K. Arjunan, 'Company Law in Malaysia,' in R. Tomasic (ed.), *Company Law in East Asia* (Aldershot: Ashgate, 1999), p. 392.

(30) Wu and Vohrah, supra note 11, p. 3.

(31) なお、安田・前掲注(21) 9―11頁、参照。

(32) 憲法上、会社に関する立法権が連邦にあることは第74条第1項および第九附則において明示されているが、さらに、第76条第1項(b)は、州の立法事項であっても州間で統一が必要とされる事項については連邦に立法権を留保しうるとする。

(33) Arjunan, supra note 29, p. 392.

第2節　英国1948年会社法からの進展

上述のように、マレーシア1965年会社法は、オーストラリア統一会社法をほぼそのまま継受するものである。したがって、オーストラリア統一会社法にみられる英国1948年会社法の枠組みからの乖離は、ほとんどすべてマレーシア1965年会社法にも妥当する。ここでは、第3章で既述された内容との重複を避けるため、統一会社法導入以降の変化のみに着目することとする。なお、オーストラリア統一会社法において独自に設けられた公選管財制度は、マレーシア会社法においては採用されていない。

第1款　国家政策と会社法

　複合民族国家であるマレーシアは、常に異民族間の緊張に悩まされてきた(34)。1969年5月13日の人種暴動（5・13事件；アモック(35)）は、その最たるものであって、マレー人と華人との対立が爆発した事件であった(36)。政府UMNO (United Malays National Organisation；統一マレー国民組織) の急進派は、1970年、人種暴動への善後策としてマレー人優先のブミプトラ(37)政策（新経済政策：New Economic Policy；NEP）を実施することを発表した。

　ブミプトラ政策の主たる目的は、次の2つにあった。第一に、通商産業部門におけるマレー人の占有割合を高めることを目指す(38)。したがって、会社などの企業体は、ブミプトラ政策の影響を強く受ける立場に置かれた。たとえば、ブミプトラ政策によって、各企業はマレー人を積極的に雇用し、マレー人の持株比率を高めるよう申し渡され(39)、また、1975年には産業統制法規として産業調整法（Industrial Coordination Act）が制定された。産業調整法は、製造活動の調整と秩序を図ることをその目的として掲げているが、すべての製造活動に政府の許可を求め、商工大臣に広範な裁量権を与えているところから、実際には製造業からの華人の締め出しを狙ったきわめて統制色の濃いものであった(40)。第二に、ブミプトラ政策の実施にあたり、内国的なマレー人優先策ばかりでなく、外国資本に関する内国資本の保護の面も強調されるようになった。政府は、当時のオイルショックに基づく豊富なオイルマネーを用いて英国系プランテーションを買収し、かつ、進出をはじめた日本企業を中心とする外資製造企業の認可にあたって外資比率を制限することによって、自国産業を育成しようとしたのである。したがって、会社はこの面からも、実際上大きな影響を受けた(41)。

　もっとも、マレーシアにおいては、各種の特別法やガイドラインの作成、あるいは会社登記官などの官吏による行政指導の方法などによって、随時問題が水面下で解決されたため、企業の自治的活動を規律する会社法自体を時代の要請に合わせて改正する作業はかえって等閑視される結果になったといえる(42)。たとえば、1974年には外国投資委員会（Foreign Investment Committee）が資産の取得、合併・TOB規制に関するガイドライン（Guidelines for the

149

Regulation of Acquisition of Assets, Mergers and Take-overs) を発表し、マレーシアに進出する外国企業に対してマレーシア側の所有と支配を確保させるための方針をブミプトラ政策の一環として打ち出したが[43]、会社法には何らの手当てもなされていない[44]。

ブミプトラ政策は、マレーシアにおける企業活動に深く影を落としながら、1990年を達成年限として継続された。その後、1980年代中盤に入ると、事情が変わり、マレーシア経済を取り巻く環境が急激に悪化した。一次産品不況の痛手を負ったためである。マレーシア政府は、これを機に国家中心型の経済運営から生じる非効率性を認識し、マレーシア航空などの公企業の民営化を行うとともに、経済政策を転換して、外資の持分規制を緩和し始めた[45]。このような事情から内国資本の保護の面でのブミプトラ政策は意義を失っていったが[46]、他方マレー人保護策のほうは効を奏して、マレー人の持株比率は、1971年から1990年の間に約10倍にも伸びた[47]。したがって、ブミプトラ政策には一応の効果があったと評価できるであろう。

なお、達成期限である1990年が到来したのち、ブミプトラ政策に代わる2000年までの基本政策として、1991年に新開発政策（NDP）の大綱が国会に提出された[48]。新政策は、積極的な外資導入を謳っている。少なくとも、1997年にアジア通貨・金融危機が勃発するまでは、外国企業に対する規制は、一転して緩和の方向へ加速し、そのことによって高い経済成長率を達成しえた[49]。アジア危機を含む1990年代以降の経済情勢の分析と会社法改革の概要については、次節で述べる。

第2款　一次産品不況を契機とする1986年改正から1990年代へ

上述のように、1980年代の一次産品不況は、マレーシア政府の国家中心型の政策に対する根本的な変革へとつながった。この時期を境に、会社法に対する政府の立法施策も転換している。すなわち、1986年に会社法の大幅な改正がなされたが、その後も比較的頻繁に会社法の改正がなされている。もっとも、それらの改正の具体的な内容は、いずれも1970年代のシンガポールの改正に追随するものでしかなかったが[50]、証券市場における投資家の保護などを狙いとするものであって、マレーシア政府の民営化路線に沿うものとい

第2節　英国1948年会社法からの進展

えよう。以下、1986年の改正をはじめとして、1989年改正および1992年改正のうちの代表的な改正点を概観することとしよう。

1　1986年改正

1986年の会社法の改正は、上述のように政府の民営化政策の実施を背景としていたが、直截には1980年から1981年にかけての証券不祥事件に端を発する[51]。すなわち、1983年には証券不祥事件で露呈された立法上の不備を補うべく証券業法が全面改正されたが、これと相俟って会社法も改正されることとなった[52]。改正法案は1984年に作成され、翌年国会に上程され、最終的に国会を通過したのは1986年のことであった。主な改正点は、実質株主の開示義務、会社役員の信任義務の拡大および裁量の制限、およびTOB・合併に関する規定の全面改正である。

(1)　実質株主の開示

1986年改正は、企業買収などに関連して要請される、実質株主の開示に関する規定を初めて設けた。実質株主の開示は、すでに、オーストラリアにおいては、統一会社法に対する1971年改正によって（第3章第2節第1款、参照）、また、シンガポールにおいても、1970年改正によって（第5章第2節第1款、参照）採用されており、マレーシアの本改正もこれら諸改正と概ね同じ手続きないし要件を定めている。

実質株主の開示義務が課されるのは、公開会社、または所定の会社に限られる（第69B条第2項）。このような会社において全議決権株式の額面の5％以上を保有することになった株主は、会社に対して、所定の事項を記載した通知を実質株主となった日から14日以内に行う（第69E条）と同時に、通知の謄本を証券取引所に送付しなければならない（第69I条）。実質株主名簿は会社の本店に備置され（第69L条第1項）、株主には無料で、それ以外の者には少額の手数料の納付をもって閲覧に供されうる（第69L条第2項）。一連の実質株主の開示規定には懈怠罰が規定されている（第69L条第4項、第69M条）。

(2)　会社役員の信任義務の拡大と裁量の制限

マレーシア1965年会社法は、前述のように、オーストラリア統一会社法に倣い、第132条において、役員の注意義務・信任義務を明示した。1986年改正は、この信任義務を拡大し、会社および証券取引所の内部者に対するインサ

第4章　マレーシア会社法の展開

イダー取引および取締役の利益相反取引の禁止を明示し、また取締役の新株発行に対する裁量の制限を規定した。

インサイダー取引は、第132A条および第132B条において規定されている。すなわち、会社の役員、代理人、被用者または証券取引所の職員（officer）に対してインサイダー取引の禁止が明示され、規定に違反した者の刑事責任および利得返還責任が規定されている（第132A条）。さらに、自己の職能（official capacity）によって得た情報の流用が禁止されている（第132B条）。

会社役員の利益相反取引は、第132C条において規定されている。取締役は、会社の基本定款および通常定款の規定にかかわらず、総会で承認されないかぎり、多額の事業もしくは財産の取得、または相当部分にあたる会社の事業もしくは財産の処分をしてはならない。株主は、本条項に違反してなされた取締役の取引の差止めを求めうる（第132C条第2項）。

取締役の新株発行に対する裁量の制限は、第132D条に規定されている。取締役は、会社の基本定款および通常定款の規定にかかわらず、総会の事前の承認を得なければ、新株発行を行うことができない（第132D条第1項）。本条に違反してなされた新株発行は無効である（第132D条第6項）。また、本条の違反を知りつつ、または違反を容認しつつ新株発行を行った取締役は、会社および新株を取得した者に対し、損害を賠償しなければならない（第132D条第7項）。

(3)　TOB・合併

TOB・合併に関する第179条が全面改正された。新規定により、新たな規制機関としてTOB・合併に関するパネル（Panel on Take-overs and Mergers）が設置され、パネルにはTOB・合併に関するコードの制定権が付与された（第179条第3項、第4項）。翌1987年、パネルはTOB・合併に関するマレーシア・コード（Malaysian Code on Take-overs and Mergers 1987）を制定した。コードは、英国やシンガポールのそれと同様に、自主規制の形を採る[53]。TOBおよび合併取引に関与するすべての当事者は、このコードに拘束される。

なお、パネルは、シンガポールの証券業審議会（Securities Industry Council）に対応する機関として設けられたものである。名称は、英国のパネルと同一である（第2章第5節第4款、参照）が、マレーシアのパネルは、政府が任命す

る国家機関であり、コードの制定に際しても、商工大臣の承認を必要とする。

2　1989年改正

1989年会社改正法は、1989年1月30日、国会の承認を経、同年4月15日に施行された[54]。改正点は、主として、商業登記に関する手数料の改訂、保証有限（責任）会社の株式有限（責任）会社への転換の廃止、および会社の計算に関する規定の整備である。

3　1992年改正

1992年には、比較的多くの規定が改正されている[55]。改正点は概ね以下のとおりである。登記官の調査監督権限の拡大、会社の商号登記手続きの簡略化、担保の登記手続きの変更、取締役および秘書役の資格の法定、資格剥奪の申立における登記官および公選管財人の権限の強化、罰則の改訂などのほか、会社役員の信任義務に関する規定のなかに、ある会社が、その会社の株主または取締役が他会社の実質株主となって3年以下である場合に、その他の会社の株式または資産を譲り受けることを禁止する旨の規定を置いたことや、技術革新にともない登録簿類のコンピュータ管理を認容する旨の規定を新設したことが注目される。

---

(34)　たとえば、ロバート・シャプレン（阿部義正＝伊藤雄次訳）『回転する東南アジア』サイマル出版会234頁（1981年）。

(35)　萩原宜之「ブミプトラ政策の形成過程」アジア経済28巻2号17頁（1987年）。

(36)　当時のUMNOとMCA（馬華公会）に対する批判の高まりを背景に、セランゴール州議会でのDAP（民主行動党）とGRM（民政運動党）を支持する華人の勝利デモと、これに反対するUMNO支持のマレー人勝利デモがクアラ・ルンプルでぶつかった。マレー人中心の軍・警察が華人を押さえ、公式発表で186人、非公式発表で5000人以上が殺害され、7000人（公式発表）が逮捕され、その9割が華人側であったとされている（『アジア動向年報1970』アジア経済研究所390頁（1970年））。人種暴動の引き金の遠因のひとつとして、1969年前後の民族間の所得格差が挙げられている（たとえば、青木健『マレーシア経済入門』日本評論社166頁、参照（1990年））。

(37)　"bumiputra"とはサンスクリット語で「土地の子」を意味し、公的には人種を問わず、マレー半島に定着してきた人々すべてを指すものと説明されるが、実質的にはマレー人を指している（萩原・前掲注(35) 7頁）。

第 4 章　マレーシア会社法の展開

(38)　具体的には、1971年から1990年までの20年間でマレー系住民による民間企業の資本保有率を30％にまで引き上げ、1990年には会社株式の所有比率をマレー系マレーシア人、それ以外のマレーシア人、外国系について、それぞれ30：40：30とすることが目標に掲げられた。

(39)　Pillai, supra note 10, pp. 131ff.

(40)　安田編・前掲注(21) 448頁以下、安田信之「マレーシア ブミプトラ政策の20年」法学セミナー442号15頁（1991年）。

(41)　安田信之「アジア会社法入門⑤」国際商事法務18巻5号565頁（1990年）。なお、近年の会社法改正案の中には、一定業種については内国会社にしか営業を許可しない、という内容が盛り込まれているという（安田編・前掲注(21) 393頁）。

(42)　安田編・前掲注(26) 141頁。

(43)　CCH Company Law Editors, supra note 27, p. 71. たとえば、1990年4月10日および11月10日に公開された外国投資委員会の回覧状（circular）においては、企業における支配の公正性を確保することやマレー人の持分比率を30％以上にすることなどが明示されている。

(44)　もっとも、1960年代から1970年代にかけて改正が行われなかったわけでない。1966年、1969年、および1971年には改正が行われたが、いずれも表面的な文言の修正に留まるといってよさそうなものばかりである。

(45)　青木・前掲注(36) 180頁以下。

(46)　See, e. g., M. Noland, *Pacific Basin Developing Countries Prospects for the Future* (Washington, D. C.: Institute for International Economics, 1990), p. 59.

(47)　国際商事法務14巻7号536-537頁（1986年）。ブミプトラ政策の実施によりマレー人の持株比率は、1971年には2.4％であったのが1990年には20.3％となった（安田・前掲注(40) 15頁）。

(48)　日本経済新聞1991年6月18日付朝刊、安田・前掲注(40) 15頁。「新開発政策（NDP）」は、NEPの重要な柱であったマレー人優遇策の達成期限を設けず、規制を緩和することで、これまで以上に外資の導入促進を狙っている。人材養成や環境保護にも力を注ぎ、7％成長を続けて2020年までに先進国入りを目指す、としている。

(49)　日本経済新聞1991年6月18日付朝刊。

(50)　安田・前掲注(41) 565頁。

(51)　1980年前後から、東南アジア全域に及ぶ金融証券上の重大事件が頻発している。たとえば、キャリアン・グループやキャセイ・グループといったコングロマリットの倒産が挙げられる（第6章第3節、参照）。マレーシアでは、このキャリアン・グループの倒産に絡んで最大の商業銀行であるマレーシア・ブミプトラ銀行の子会社ブミプトラ・ファイナンスの莫大な不良債権が社会問題となり、また、協同組合銀行の経営が行き詰まっていた（安田信之「パン・エル社事件と新シンガポール証券業法」証券研究82巻215-216頁（1988

(52) 安田・前掲注(41) 565頁。
(53) CCH Company Law Editors, supra note 27, p. 71.
(54) No. A720 of 1989.
(55) No. A816 of 1992（1992年1月30日公布）および No. A836 of 1992（1992年9月1日公布）、施行はいずれも1992年9月10日。

第3節　アジア通貨・金融危機と法制への影響

　マレーシアの1980年代の一次産品不況は、建国後初のマイナス成長をもたらした[56]。この事態に対応して、政府は、投資促進計画（preferential trade arrangement; PTA）を策定し、輸出指向型製造業等への免税、外資出資比率の大幅自由化、および、外国人雇用ガイドラインの大幅緩和などを謳った。それに呼応して、わが国や台湾からの輸出産業がマレーシアに生産拠点を移したため、景気は持ち直し、マハティール首相（当時）は、1991年2月28日にブミプトラ政策に代わる「Vision 2020」という開発計画を発表した。この計画では、向こう30年間、年平均7％の経済成長率、GDPの9倍増、および所得の4倍増を果たし、2020年には先進国入りすることを目標に、経済のみならず国家統一、社会正義、政治的安定、生活の質、および、精神的価値観などを向上させるとする[57]。この計画の基本線に沿って、1991年6月の国家開発計画（New Development Plan; NDP（〜2000年））および第六次マレーシア計画（6MP（〜1995年））、ならびに、同年11月の新投資政策、また、1996年5月の第七次マレーシア計画（7MP（〜2000年））、1996年11月の第二次工業化マスタープラン（〜2005年）と、相次いで新しい経済計画が打ち出された。これらの計画により、アジア危機勃発時の1997年中盤のマレーシア経済は、年間8.7％の高い成長率を記録していた[58]。

　にもかかわらず、マレーシアでは、国内の金融業[59]・製造業が十分に育っておらず、外債へ過度に依存し、また、規制枠組みが脆弱である結果、無責任な貸付や企業不祥事が横行した。金融財政改革には比較的早くから着手されていたものの、資金調達を外貨建て借款に頼ったため、対外経常収支の赤字幅は1990年代を通して一貫して大きく（1995年の10％を筆頭に、名目GDPの

第4章　マレーシア会社法の展開

6％を超える(60))、「マレーシアの経常収支の恒常的な赤字こそが最も顕著なアキレス腱(61)」といわれるほど、危機を助長し停滞させた元凶であったとも分析されている(62)。次章で取り上げる隣国シンガポールと比べ、マレーシア経済がアジア通貨・金融危機の痛手をより深刻に被った所以でもあろう(63)。また、マレーシアを含む東南アジア地域全般にいえることであったが、90年代の金融・為替政策は総じて不健全であり、過剰なリスク受容を放置し、信用リスクの増幅と資産・負債のアンバランスにより、流動性リスク、金利リスク、および通貨リスクを招いた(64)。

アジア危機に際して、マレーシア政府が採ったのは、市場の信頼回復を狙ってマクロ経済政策を引き締めることであった。しかし、この政策は失敗に終わり、1998年9月に資本統制を核とする新たなマクロ経済政策を打ち出して、上からの圧力を制限付きで緩めた。1998年通年では、経済成長率は－7.4％と、従前の高い成長率に比べれば、壊滅的であった。政府の介入がなければこの数字は止まるところを知らなかったかもしれない。インフレ率、失業率は高く、金利は下がり、しかし、対外経常収支はGNP比で13.7％の黒字を記録した(65)。

第1款　企業法制改革

前述の1997年に勃発したアジア通貨・金融危機への対応の一環として、法制インフラの強化は不可避である。通貨・金融危機以降、1965年会社法の改正を中心に、数多くの法改革が導入された。たとえば、1983年証券業法、1993年証券委員会法にも改正がなされ、1987年TOB・合併に関するマレーシア・コードは、1998年に新しいコードに差し換えられた。また、マレーシア・コーポレート・ガヴァナンス・コード（1999年）が、証券委員会報告書(66)を受けて制定された。証券委員会はさらに資本市場マスター・プラン(67)を公表し、これはマレーシアの中央銀行であるBank Negara Malaysiaが出した金融部門に関するマスター・プラン(68)と相俟って、証券・金融改革の柱を構成している（2001年）。

第3節　アジア通貨・金融危機と法制への影響

第2款　通貨・金融危機と企業実務

　マレーシアでは、独立前の1930年代に証券仲立ち人の公式な協会が発足した。1960年には、公認のマラヤ証券取引所が設立された[69]。当時は、英国人の出資により設立されたプランテーションおよび鉱業会社がほとんどであり、それらの会社はロンドン証券取引所に上場し主として英国人からの出資を募った。マレーシアやシンガポールに徐々に取引所が発達していったことは、これらの会社が、本国である英国のみならず、地元のマレーシアやシンガポールの取引所にも株式を上場し、地元からの資金調達が始まったことを意味する。したがって、1970年代になると、民間企業から始まり国有企業に至るまで、会社の登記地をマレーシアやシンガポールに移転するものが増えた[70]。

　取引所開設期の1960年代に株式を上場したのは、地元の同族企業や地元市場に関心を寄せる外国資本による製造、貿易、建設、およびサーヴィスを業とする会社が中心であった。そのため、株式の集中保有の傾向は当初から強く[71]、この現象は1980年代に運輸などの国有企業における民営化を機に市場での資金調達が加速されて以降も変わることはなかった[72]。マレーシアにおける企業統治の特徴は、同族支配と、とりわけ大規模公開会社において、政府資本と外国資本の割合が大きいことである[73]。

　1997年のアジア通貨・金融危機は、このようなマレーシア企業の資本構成にも影響を及ぼした。すなわち、マレーシアの会社の内部調達（内部留保等）の危機前後の推移を把握したデータはないが、外部調達は借り入れであれ新株発行であれ、1998年から1999年第1四半期まで、枯渇したとされる[74]。内貨・外貨による有限責任会社の借り入れは、総額では1997年には1996年の2倍強となり、1998年にもほぼ同額となっている[75]。その原因は、自国金融資本からの借り入れの増大に負うとされる[76]。このような状況への打開策を講ずるべく、政府は、1998年7月には、マレーシア製造業における非ブミプトラの株式保有の制限を期限付きで撤廃する外資自由化策を発表した。この政策により、1998年7月31日時点で申請中もしくは同日から2000年12月31日までに申請を行う製造業においては、原則無制限で100％外資（非ブミプトラ資

157

第 4 章　マレーシア会社法の展開

本）保有が可能となった。

　また同時期に、政府は、金融部門へのてこ入れのみならず、一般企業の組織再編にも力を入れ始めた。1998 年 7 月には、Danaharta という政府資本による資産管理会社を設立して、金融機関の不良債権を買い取ったほか、翌 8 月には、Danamodal という銀行資本充実化機構（Bank Recapitalisation Agency）を政府内に立ち上げた[77]。これと同時並行で、1998 年 7 月に企業債務再編委員会（Corporate Debt Restructuring Committee; CDRC）を創設し、法的手続きによらず債権者と債務者との任意の協議で、かつ、政府からの資金援助を得ての企業再編メニューを用意した[78]。かくして、マレーシアにおける企業再編のフル・メニュー——市場重視の企業再編、政府主導の企業再編、および、政府資金による企業再編——が備わったのである[79]。会社法は主として、市場を通じた企業再編の手続きを定めているといえるが、アジア通貨・金融危機の影響として顕著なのは、企業再編手続きに関する改正である。政府の経済政策は、このような会社法上の企業再編手続きのほかに、より簡易・容易な政府主導型の再編手続きを導入することによって、マレーシア企業の起死回生を図ったといえる。それでは、次に、以上の経済的背景を踏まえたうえで、アジア危機後のマレーシア 1965 年会社法の改正に焦点を当てることとしよう。

第 3 款　会社法の改正

　以上のアジア通貨・金融危機は、東南アジア諸国の会社法制の基本枠組みに多くの示唆を残した。たとえば、同族支配の歪み、一般投資家保護の効果的枠組みの欠缺、透明性および適切な監査実務の欠缺、規制プロセスにおける誠実性の欠落、および独立したメディアの不存在などである[80]。もっとも、マレーシア 1965 年会社法は、前述のようにドラスティックな改正こそはないものの制定以来小刻みな改正を頻繁に繰り返しており、アジア通貨・金融危機を経ずとも 1990 年代の過密な改正スケジュール自体には大差なかったと思われる。1996 年会社（改正）法が中等度の改正をともなって施行された後、1997 年会社（改正）法は自己株式購入要件の緩和に関する 1 か条のみの創設を定めた。しかし、アジア危機後の 1998 年には 2 回の改正が行われ、改正項目も比

第3節　アジア通貨・金融危機と法制への影響

較的多岐にわたっている[81]。ここでは、1996年改正、1997年改正、1998年改正、2000年改正、および2001年改正について概観する。

1　1996年改正

1996年には、以下の点が改正された。このほかにも、会社業務の調査、外国企業に関する項目が重点的に見直されたが、大きな変更をともなわなかったため、ここには挙げない。

(1)　会社の基本定款の変更

第21条に第1A項および第1B項が挿入され、基本定款は、基本定款または通常定款で禁止されていないかぎり、株主総会特別決議によって変更されうることとなった (21条)。従前は、会社法の規定の範囲および様式においてのみ、変更されうると規定されていたので、会社の目的は第28条、会社の商号は第23条に基づく変更しか認められなかった[82]。この改正により、より柔軟に株主の意思によって基本定款の変更が可能となったことになる。

(2)　目　論　見　書

第37条に第2A項が挿入され、会社法上の目論見書に関する規定が既発行の上場証券に関する公募には適用されない旨が明記された。また、目論見書の作成免除要件を定める第38条第1B項から1要件が削除された。すなわち、従前は、貸付を勧誘した会社が名目会社や特別法上の組織である場合には、目論見書の作成は不要である旨を定めていたが、この要件を廃止した。

目論見書の審査に関する登記官の裁量および権限が強化され、登記官は、株式や社債の発行に際して会社が作成する目論見書の形式・内容に関する会社法上の規定の適用の免除や変更適用を申請者に認める命令を発することができるとされた（第39B条第1項）。登記官は、投資家に必要情報が提供され、かつ、登記官の命令が申請者に負担を強いることとならない旨を確認したうえで命令を発することができる（第39B条第3項）。申請者は、登記官の命令にしたがって証券の発行を履践すれば、会社法上の要件をすべて満たしたものとみなされる（第39B条第4項）。

第42条に第4項が追加され、申請者は、目論見書とともに契約書などの所定の書類をも登記官に提出することとなった。また、申請者が、目論見書の登録後に記載内容の変更等をする場合には、登記官への補足目論見書の提出

を求めることとした（42A条）。第47A条および第47B条が導入され、目論見書の規定の適用免除を宣言する主務大臣の権限および所定の法人等に対する勧誘に関する目論見書作成の適用除外が定められた。いずれも、目論見書作成にかかる事務コスト等の低減を狙うものであるが、主務大臣による適用免除権限は、登記官の勧告にしたがい、目論見書の作成を免除しても公共の利益を害さない場合に行使されることが前提とされる。後者は、プロ投資家に対しては、一般投資家の保護の規定は必要ないとの考慮に基づくものであろう。

(3)　商号変更にともなう旧商号の併記義務

第23条の規定にしたがい商号変更を行った会社については、あらゆる文書において12か月以上旧商号を新商号の下に併記しなければならないとされた（121条）。

(4)　新株発行に関する株主総会の承認

第132D条は、取締役に株主総会の承認なく新株発行を行ってはならない旨を定めている。1996年改正では、本条に第6A項および第6B項が追加され、株式の発行が株主からの払込を引き当てとしない場合で、かつ株主が発行日より14日前までに予告を受けている場合には、株主総会の承認は必要ないこととされた。

(5)　投資会社の規制

主務大臣に投資会社として宣言された会社は、他の投資会社の株式や債券を保有することはできないとされているが、1996年改正でこの禁止は外国投資会社に及ぶことが明文化された（第324条(b)）。

2　1997年改正および1998年改正

1997年および1998年には、多岐にわたる改正が行われた。1998年に2度も改正が行われているところをみると、これらの改正は、アジア通貨・金融危機をインセンティヴとするといってよい。これまで頻繁に改正を繰り返してきたマレーシア会社法からすれば、1996年に続いて1997年また1998年と改正が連続すること自体は不思議ではないが、その過密さと内容の多様性こそはアジア危機の所産であろうからである。

(1)　会社の設立登記

従前は、会社設立に関与した弁護士、または、会社の通常定款に取締役ま

第3節　アジア通貨・金融危機と法制への影響

たは秘書役として名を連ねた者に対し、登記官は、会社法上の要件がすべて遵守されていることを確証する「法律上の宣言（Statutory Declaration）」を要求できることとなっていた。1998年改正では、まず、この法律上の宣言を義務的制度とし、かつ、この任を秘書役のみに担わせることとした（第16条）。また、第16条に第8項が追加されて、登記官は、国家安全保障上の理由がある場合などには、職権で設立予定会社の基本定款の登記を拒むことができることとなった（第16条第4項により、基本定款の登記がなされないかぎり、登記官は設立証書の発行ができないため、基本定款の登記拒否は、会社の設立拒否と同義である）。この改正は、会社の設立が不法目的でなされ、または公衆に不利益を及ぼし、もしくは、国家安全保障に支障を来たす場合には、登記官は裁判所に当該会社の清算の申立を行うことができるとした同年の改正と併せて読まれる必要があろう（第217条第1項(h)、第218条第1項(m)、第218条第1項(n)）。

(2)　会社の権能

マレーシア独特の規定として、マレーシア法に基づいて設立された会社には、会社法によって以下の権能が付与される。

① 　土地を保有する権能（第16条第5項）、
② 　愛国・慈善目的で寄附を行う権能（第19条第1項(a)）、
③ 　マレーシアが関与する戦乱において、マレーシアを援助する適法な営業活動をなす権能（第19条第1項(b)）、
④ 　Berhad（マレー語で'有限責任'の意味）を商号の一部に含む会社においては、基本定款または通常定款で排除されないかぎり、第三附則に別掲の26の権能（第19条第1項(c)）。

会社は、定款の規定に関わらず上記の権能を有することになる。基本定款の目的条項は一般的に会社の権能を画するものである。もっとも、会社の目的に関する悪意の擬制とそれにともなう能力外法理は、マレーシア会社法のもとでも、もはやきわめて制限的にしか適用されない。すなわち、第20条第2項に基づき、株主および浮動担保権者は、会社に対し、会社の行った能力外の取引の無効を主張しうる(同条同項(a))、会社またはその株主は、会社の役員または前役員に対し、訴訟手続きにおいて能力外取引の事実を確認しうる(同(b))、および、主務大臣は、会社に対し、清算手続きにおいて能力外取

161

第4章 マレーシア会社法の展開

引の事実を確認しうる(同(c))、とされる。以上から、会社の目的条項それ自体にはかつてほどの意義はなくなっている。しかも、通常不法目的での会社設立が基本定款などの重要な文書中に明認されることは少ないため、改正によって付与された設立審査における登記官の裁量権は広くなければ改正の実効性は薄い。したがって、会社の目的条項に関する登記官の実質審査権限は、基本定款の文言に限定されるものではなく、非常に広範な裁量でもって不法目的を判断し、会社の登記そのものを拒みうると解されている(83)。

(3) 自己株式の取得

1997年改正によって会社法に第67A条が追加された。従前は、会社は、従業員持株制度等以外での自己株式取得または他人の自己株式取得への資金援助を行ってはならないとされ、違反した場合、かかる取引を是認した役員は民事責任および刑事責任を負った。1997年改正では、以下を条件に、自己株式取得および自己株式取得への資金援助が解禁された。すなわち、①会社の通常定款によって授権され、②自己株式取得または資金援助時、会社が債務超過になく、③株式が上場されている証券取引所を通じて取得され、および、④当該取得が誠実かつ会社の利益のためになされることである（以上、第67A条）。しかしながら、1997年改正に関しては、会社が取得資金の安易な貸付を行うことへの危惧や取得した自己株式の扱いや取得財源などに関する規定を欠いているなどの批判があり(84)、第67A条は1998年にさらに改正されることとなった。1998年改正では会社はいかなる他人の自己株式取得に関する資金援助もできるとする原則規定が削除され、資金援助は従来の従業員持株等の実施に限られることとなった。また、上記の4条件について、自己株式取得後も支払不能になる可能性がない、という1項目が追加された。さらに、会社は、自己株式を株式プレミアム勘定から取得することができ、取得した株式は消却することなく保有できる。このいわゆる金庫株は、株式プレミアム勘定を引き当てとして株主へ配当として交付できるほか、証券取引所を通じて再売却できる。取得した自己株式の扱いに関する決定は、取締役会で行われるが、自己株式に関する議決権や利益配当請求権は停止し、会社の株式の算定の際には数に入れられない。自己株式に関する一連の会社法の改正に併せて、会社法規則およびクアラ・ルンプル証券取引所規則もまた改正された。

第 3 節　アジア通貨・金融危機と法制への影響

(4)　株式保有の開示

株主の株式保有状況の開示と把握は、会社登記官やクアラ・ルンプル証券取引所、および、証券委員会（Securities Commission）の権限強化により、重点的に実施されてきた[85]。

会社法第69A条によれば、会社登記官は、いかなる者または会社に対しても、会社の持分状況に関する法律上の宣言を求めることができる。当該持分は、自己のためであると他人のためであるとを問わない。会社登記官からかかる通知を受けた者は、通知受領の日から起算して7日以内に会社登記官に法律上の宣言を提出しなければならない。1998年改正では、この規定の違反に対する罰則が強化され、違反した者は3年以内の禁固または100万リンギ以下の罰金に処せられうることとなった。また、第69O条は、上場会社につき、会社が自己の株主に対し持分の性質を開示させうるとしている。名目株主に対しては、会社は受益者の詳細に関する開示を求めることができる。会社は、こうして得た情報に基づき、受益者にも同様の通知を行い、開示を求めることができる。1998年改正では、この規定の違反に関しても、罰則が強化された。罰則は、2年以内の禁固または100万リンギ以下の罰金とされ、証券取引所または証券委員会は上場会社にこの権限の行使を指示できる。証券取引所または証券委員会の指示にしたがわない会社およびその役員は、100万リンギ以下の罰金に処せられうる。

株主による実質株式保有の開示は、上場会社にのみ義務づけられている。1998年改正では、第68D条が改正され、開示要件が会社の議決権付（種類）株式の額面価値の5％以上から2％以上を保有する株主へと変更された。また、第69P条が新設され、2％以上を保有する名目株主もまた会社法上実質株主とみなされ、実質株式保有の開示に関する諸規定が適用されることとなった。また、名目株主に限り、個々の受益者の氏名とその保有株式数を会社に通知し、かつ、自己の地位や受益者の詳細に変動があった場合には、その旨を7日以内に会社に届け出なければならないとの要件も加わっている。この規定に違反した場合の罰則もまた1998年改正によって厳格化されている。

(5)　株式の保管振替

会社法に第六A編（第107A条ないし第107F条）が挿入され、上場会社の株式

第4章　マレーシア会社法の展開

は、会社法に基づいて中央保管振替機構（central depository）に預託されることとなった。この制度は、もともとは、1991年証券業（中央保管振替）法（Securities Industry (Central Depositories) Act 1991）により実施されていたが、本改正により会社法に組み込まれ施行されることとなったものである。

中央保管振替機構は、預託者の記録として株主名簿、社債権者名簿、持分保有簿、オプション保有簿などを備置し、それらの記録を常に更新する義務を負う。預託者も同様の記録を備置するが、原簿のみを備置すればよく、変動が生ずるつど更新する必要はないとされる[86]。主務大臣には、この規定の適用免除を個別の会社に対して認める権限が留保されている。なお、中央保管振替制度の創設にともない、従来の個別の会社における株主名簿の名義書き換えに関する規定は削除された。

(6)　秘書役の選任・辞任

従前は、取締役についてのみ、就任取締役に取締役の就任を承諾する旨および任用手続きに会社法上の違反がない旨の法律上の宣言を公選管財人および会社登記官に対して行うことが要求されていた。1998年改正は、これと同様の要件を秘書役にも及ぼすこととした。

また、第139条に1C、1D、1Eの各項が挿入され、秘書役が辞任を望み、取締役の最新の知れたる住所において連絡が取れない場合、秘書役は、取締役に通知することなく会社登記官に秘書役の辞任の意思を伝える通知を届け出ることができるとされた。辞任の効力は、かかる通知の届出日から起算して1か月後に生じる。もっとも、秘書役は、辞任の効力が発生する前のいかなる作為または不作為に起因する責任からも免れることはできない。

(7)　任意整理の際の裁判所の停止命令

1998年には、会社と債権者との間で任意整理が提案された場合に会社に対する一切の法的手続きの進行を停止させる裁判所の停止命令を定める第176条に、第10A項ないし第10E項を新設し、脱法の可能性を狭める改正がなされた。アジア通貨・金融危機に対応するものである。まず、裁判所命令は原則として90日間のみ発令され、債権者のノミニー取締役も通常の取締役と同様の信任義務に服する旨が明記された。また、停止命令中の会社による財産の取得・処分は会社の通常の業務の範囲内で認められ、これに違反した取引は

無効となり、かつ違反した役員は刑事責任を負うとされた。さらに、債権者に対する公示として、停止命令が認められた旨の会社登記官への届出および日刊新聞紙への掲載が該当会社に義務づけられた。

なお、これらの改正の前提として、債権者との任意整理が提案されている場合に、裁判所に、会社に対するいかなる訴訟や法的手続きの差止を求める申請も、債権額の50％以上を代表する債権者の承認があり、かつ、申請時に資産・負債の目録を裁判所に提出した場合にのみ、行いうることとされた。この改正以降、裁判所の停止命令は1件もないという[87]。

3　2000年改正

(1)　利益を財源としない配当

配当に関する細かな要件が廃止され（第365条第1A項ないし第1D項の削除）、利益を財源としない配当の禁止が再確認された。

(2)　目　論　見　書

目論見書に関する第39A条が新設され、1993年証券委員会法の適用外である申込や勧誘に関する会社法上の目論見書の規定の不適用や目論見書が証券委員会に届出済である場合の会社法上の手続きなどが定められた。なお、1993年証券委員会法上の規定にしたがって作成された目論見書を会社法上の目論見書として準用する改正が該当箇所においてなされた。

また、申込最低額に満たないにも関わらず株式を割り当てた場合の罰則が引き上げられた。

(3)　任意整理の際の裁判所の停止命令

会社と債権者との間で任意整理が提案された場合、裁判所は職権、または会社、債権者、株主からの申請に基づき、会社に対するいかなる訴訟や法的手続きの進行をも停止させることができる（第176条第10項）。2000年改正では、この裁判所の停止命令によって、停止命令を申請した会社以外の者に対する訴訟や法的手続きは停止しない旨、および、これらの者には会社の保証人も含まれる旨が明記された。

(4)　会計基準との調整

1998年には、第166A条が挿入され、会社の計算書類および親会社の連結計算書類は、マレーシア会計基準審議会が発行する基準にしたがって作成され

第4章　マレーシア会社法の展開

なければならない旨が定められた。

　2000年会社法改正と併せて附則も改正され、続く2001年には、会社法改正が2回と同附則の改正がなされたが、改正内容は軽微であるので割愛する。

第4款　マレーシア会社委員会（Companies Commission of Malaysia; CCM）の設置

　2001年にはマレーシア会社委員会法が制定され、従前の会社登記所（registry of companies）および事業登記所（registry of businesses）が統合されて、それらの機能を包摂するマレーシア会社委員会（Companies Commission of Malaysia; CCM）が発足することとなった。CCMは、委員長、最高統括責任者と5名ないし7名の委員で構成され、平委員の3名は公務員でなければならないとされる。従前の会社登記官や事業登記官は、CCM職員として残ることができ、引き続き会社法および周辺立法の管理・執行を行うほか、会社情報の収集、分析、提供、啓蒙や教育、大臣への助言等の任をも担う。CCMの誕生と同時に、従前の会社登記所等に付随していた権利・義務関係、諸手続きは何ら移転手続きを経ることなくCCMに移転する。したがって、上記の会社法改正に関する叙述において、会社登記官とあるのは、2001年以降はすべてCCMと読み換えられることになる。度重なる会社法の改正により会社登記官の権限の実質化が図られてはきたが、母法であるオーストラリアなどの状況（第3章、参照）を睨みつつ、会社登記所や事業登記所を民間人への職務の委嘱も視野に入れつつ、より密度の濃い会社監督・執行官庁として新生させたものといえよう。

　マレーシアにおいて642,292社あるCCM登記会社（2005年3月1日現在）の会社法遵守率は、2002年には44％、2004年には64％であったことが報告されている[87]。遵守率が低いのは、年次総会の開催、年次報告書・財務諸表の提出、および会社商号の不掲示であるとされる[89]。CCMは、引き続き法遵守率のアップに向けて努力するとしているが、いずれにせよ、CCMが発足したことによって、法遵守の実態の把握が容易になるとともに違反の抑止に向けた取り組みが容易かつ効率的になされるようになったと評価されうる。

第 3 節　アジア通貨・金融危機と法制への影響

　以上から、マレーシア1965年会社法は、制定以来、その基本骨格は維持しているものの、頻繁に小改正を繰り返しつつ現在に至っている。毎年のように実施される改正のすべてが然るべき根拠に裏打ちされたものとはいいがたい。とはいえ、このようななかで会社法が、1980年代中盤の一次産品不況と1997年のアジア通貨・金融危機の影響を強く受けたことは否定できない。英国およびオーストラリアの会社法を継受し、会社法が、市場のプレイヤーたちが会社を巡って私的平面で利害調整を試みる拠り所であることはマレーシアにおいても異ならない。とはいえ、市場経済体制を受け入れつつも、政策主導で会社立法への公的介入が正当化される局面はおそらくマレーシアにおいては大きい。会社法の規定のなかでも、近時会社登記官、および、それを継承するCCM、あるいは、大臣の権限が強化されていることが読み取れる。大臣は、裁量でもって個別企業に対する会社法の適用の可否を判断することさえ可能である。また、会社法は平時の法律であって、いくらも補完の余地があり、緊急事態には政府介入による企業運営と業績改善、あるいは、企業倒産の防止が叫ばれる。

　そのようなマレーシアの現況にあって注目すべきは、2001年のCCMの創設である。CCMは、証券規制に関する証券委員会を別個に維持しつつ、会社法を中心とする企業立法の包括的管理・運用を委ねられた政府機関である。効率的な会社法の運用・執行と企業情報の透明性の確保に向けた取り組みは、高い経済成長率を再び維持すべき段階では、投資家にとってマレーシア市場をより魅力あるものとし、マレーシア企業の国際競争力の源泉となりうることであろう。

---

(56)　Tie Fatt Hee, *Corporate Governance and Corporate Law Reform in Malaysia*（Petaling Jaya: Sweet & Maxwell Asia, 2003), p. 45.
(57)　Ibid.
(58)　R. Thillainathan, *Corporate Governance and Restructuring in Malaysia: A Review of Markets, Mechanisms, Agents and Legal Infrastructure*（Paris: OECD, 2001), p. 279.
(59)　銀行の過保護と過剰な資本規制により銀行へ過度に依存する経済体制が構築され、

第4章 マレーシア会社法の展開

銀行業以外の金融業や資本市場、リスク管理商品、リスク仲介業などは育っていない。したがって、銀行がハイリスクなマクロ経済政策の直接的な担い手となると、経済全体に大きな影響が及ぶ。

(60) Thillainathan supra note 58, p. 279.
(61) C. Henderson, *Asia Falling?: Making Sense of the Asian Currency Crisis and its Aftermath*（Singapore: McGraw-Hill, 1998）, p. 109.
(62) Ibid.
(63) 次の実質 GDP 成長率から、マレーシアにおけるアジア通貨・金融危機の影響がいかに深刻であったかが読み取れよう。

年次	1994	1995	1996	1997	1998	1999	2000	2001	2002	2003
GDP成長率	9.2	9.8	10.0	7.3	△7.4	6.1	8.3	0.5	4.2	4.6

出典：M. Harrison, *Asia-Pacific Securities Market*, fourth edition（Hong Kong: Sweet & Maxwell Asia, 2003）, p. 437.

(64) Thillainathan, supra note 58, p. 279.
(65) Ibid., p. 280. 1998年のインフレ率は5.3％、失業率は3.9％、3か月銀行間金利は6.5％であった。
(66) Malaysia, Securities Commission, *Report on Corporate Governance*（1999）, kuala Lumpur.
(67) Malaysia, Securities Commission, *Capital Market Master Plan*（2001）, Kuala Lumpur.
(68) Malaysia, Bank Negara Malaysia, *Financial Sector Stability: The Master Plan-Building Secure Future*（2001）, Kuala Lumpur.
(69) Tan, supra note 25, pp. 1-12; Thillainathan, supra note 58, p. 284.
(70) Thillainathan, ibid.
(71) 公開会社の57.7％において家族のみの株式保有割合が10％台とされる。家族の保有割合が20％台であるのは公開会社のうち67.2％、以下、30％台では45.6％、40％台では14.7％である。したがって、集中保有傾向はみられるものの、マレーシアの公開会社では平均20％台の家族保有であるといえる。この点については、たとえば、比較的新しいデータである S. Claessens, et al., *Ultimate Controlling Owners of East Asian Corporations and Expropriation of Minority Shareholders*（Washington, D.C.: World Bank, March 1999）.
(72) Thillainathan, supra note 58, p. 284.
(73) Ibid., pp. 282-283.
(74) Ibid., p. 294.
(75) Malaysia, Department of Statistics, *Business Expectation Survey of Limited Companies*, various years.

第 3 節　アジア通貨・金融危機と法制への影響

(76) Thillainathan, supra note 58, p. 294.
(77) Ibid., p. 295.
(78) Ibid.
(79) Ibid.
(80) J. H. Farrar, 'The New Financial Architecture and Effective Corporate Governance', (1999) 33 The International Lawyer 944.
(81) Chan W. M., 'The Companies Act 1965: Some Recent Amendments,' (2000) 27 Journal of Malaysian and Comparative Law 207.
(82) Arjunan and Low, supra note 29, pp. 53-54.
(83) Chan, supra note 81, p. 211.
(84) Ibid., p. 213.
(85) Ibid., p. 215.
(86) Ibid., p, 219.
(87) Thillainathan, supra note 58, p. 296.
(88) 'One-third Not Abiding by Companies Act,' The Business Times, 1 March 2005.
(89) Ibid.

第5章　シンガポール会社法の展開

　シンガポールにおける一般的な法継受については、第4章において既述した。したがって、本章では、シンガポール会社法の制定の経緯と個別の制度における英国会社法からの乖離を、とりわけ最近の比較的大きな改正に重点を置きつつ、かつシンガポールの特徴を浮き彫りにしながら、取り上げることにする。

第1節　序　　説

　シンガポールは、既述のように、共和国として独立する直前の2年間、マレーシア連邦の一部を構成していたので、当初は法規制に関してもマレーシアと同一のものを目指していた。したがって会社法についても、1967年にマレーシアの1965年会社法をそのまま継承した。もっとも、シンガポールは、建国以来「東南アジアの金融センター」となることを目標としつつ、会社法の近代化を目指して積極的な改革を試みてきた。1970年代の改正は、シンガポール会社法の事実上の母法であるオーストラリア会社法、さらには英国会社法の改正の動向を積極的に導入するものであり、ここに先進国入りを目指すシンガポールの意気込みを垣間見ることができよう。1970年代の改正としては、一般投資家保護を念頭に置いた情報開示の強化や会社経営者の責任強化、および少数株主保護などの観点からのものが多い。これらの改正は、TOB規制のように英国の規定を全面的に採用したものもあり、またその他の多くのようにオーストラリアの会社法改正報告書および改正に倣ったものもあったが、いずれにせよその改正の基盤は、常にシンガポール証券市場の発展と不可分一体となったものであった。なお、証券規制に関しては、1970年に証券業法が制定されたが施行されないまま、1973年に新たな証券業法が制定さ

れた。ほぼ同時期に、証券業に対する行政監督機関として、証券業審議会（Securities Industry Council）も設立されている[1]。

1980年代に入ると、先進国の改正に追随しないシンガポール独自の改正もみられるようになる。たとえば、1984年には、大企業規制を中心に進められてきた従来の会社法の改正に反省が加えられ、中小企業に対する規制が強化されている。取締役の2社同時清算を理由とする資格剥奪規定（double liquidation clause）はこの改正によって導入された。これは、他の英国法系会社法にはないシンガポール独自の制度であり[2]、支払不能会社の取締役に対して厳格な責任を課すものである。また、1987年には、景気後退を直接のインパクトとした大改正が行われている。もっとも、この改正にあっては、英国やオーストラリアの制度を導入するという方法が採られた。

1989年改正以降は、シンガポール証券市場の国際化に重点が置かれた手続き面の改正が行われている。たとえば、1989年改正における証券の募集規制の緩和や上場会社に対する監査委員会（audit committee）の設置の強制が挙げられる。また、1992年会社法においては、証券の保管振替制度が創設されている。この証券の保管振替制度に象徴されるように、会社制度に関わる事務合理化を逸早く推進し、実現させてきているのもシンガポールの特徴といえよう。会社登記所のコンピュータ化は1986年頃には完了し[3]、1987年改正ではシンガポール独自の、会社登記所における電信業務上の過誤に対する政府および職員の免責の制度が導入されている（第12A条）。

1990年代にはいってからも、シンガポール会社法は頻繁に改正されたが、とりわけ1997年に勃発したアジア通貨・金融危機により短期的な見通しをも含めた多方面での会社法および周辺企業法制の枠組み改革がもたらされることとなった点は、特筆すべきであろう。2001年には、従来の証券業法に代替する証券・先物法（Securities and Futures Act 2001）が制定され、シンガポール金融管理局（Monetary Authority of Singapore; MAS）がその第一次的な監督官庁と位置づけられた。

以上のようにめまぐるしく変遷してきたシンガポール会社法ではあるが、会社法に限らず、政府主導の経済政策や、経済状況に応じたその変換を機敏に受けとめ、迅速に法規制に反映させるのは、シンガポールという国自体の

第 5 章　シンガポール会社法の展開

固有性によるものであろう⁽⁴⁾。シンガポールにおいては何よりもまず、このような立法実務が常に改正の原動力として働いていることが指摘されなければならない。

　本章では、上述のシンガポールにおける会社法の諸改正を、先進国の改正に追随しながらも独自の国家政策を垣間見ることができる1970年から1984年までの改正（第2節）、および、景気後退に対する経済政策と先進国に倣う改正とが首尾よく融合している1987年改正（第3節）、国際的な市場ネットワークにおける調和の保持に主眼が置かれている1989年ないし1990年代の改正（第4節）、および、1997年のアジア通貨・金融危機前後の国際競争力獲得のための経済政策に即応する改正（第5節）の4つに分けて、叙述を進めることにする。

　なお、シンガポールにおいては、テマセク・ホールディングズ（Temasek Holdings）、MND ホールディングズ（MND Holdings）、およびシンガポール・テクノロジーズ（Singapore Technologies）の3大政府持株会社が存在し、これらの会社を通じて政府関連会社（Government Linked Corporations；GLCs）が株式のマトリックス保有を繰り返し、会社自体が政府の政策目的化されている事実は無視することができない。とはいえ、GLCs は会社法等の関知するところでなく、また、そもそも GLCs の定まった概念も存在するわけではないので、本書においてこの問題を追求することはしない⁽⁵⁾。

（1）　証券業審議会は、1973年のコード制定より以前に、シンガポール金融管理局（Monetary Authority of Singapore; MAS）の一部として設置されていたらしい（安田信之「1970年代のシンガポール・マレーシアにおける会社法の発展（Ⅱ）」アジア経済20巻9号78頁（1979年））。
（2）　類似の規定は、英国の1986年支払不能法上にみいだされうる（第9条）が、同法は取締役の資格剥奪申立に対する挙証責任を公選管財人に負担させている点で、シンガポールの2社同時清算規定とは趣旨を異にするといえよう（W. Woon, 'Disqualification for Unfitness Section 149 of the Companies Act,' (1985) 27 Malaya Law Review 150）。
（3）　1987年には、英国の故ガワー教授がシンガポール会社登記所を訪問し、先進技術を駆使することによって合理化が図られた諸設備に感激し、「英連邦のなかで最も効率的な（efficient）会社登記所である」と述べたという（Registry of Companies and Businesses,

A Good Start: RCB's Guide to Setting Up Business in Singapore（Singapore: RCB, 1991），p. 4）。
（4） ギャリー・ロダン（田村慶子＝岩崎育夫共訳）『シンガポール工業化の政治経済学——国家と国家資本』三一書房121頁（1992年）、参照。なお、シンガポールの国会は一院制であり、1968年から1980年までは人民行動党（People's Action Party; PAP）が全議席を獲得していた。2001年の総選挙では選挙による84議席中2議席を野党に譲り渡したとはいえ、ほぼPAPの独裁体制にあるといってよかろう。したがって、国家政策が立法に迅速に反映されることにはこのような政治体制の寄与が容易に推察される。
（5） GLCsという用語は国有企業に対するシンガポール独自のものである。この問題に関する詳細については、Ho Khai Leong, 'Corporate Governance Reforms and the Management of the GLCs in Singapore : Pressures, Problems and Paradoxes, unpublished paper presented at the ASEAN Roundtable 2004, 25-26 August 2004, Singapore ; 上田純子「シンガポールの企業統治と企業法制改革」今泉慎也＝安倍誠編『東アジアの企業統治と企業法制改革』アジア経済研究所167-170頁（2005年）。

第2節　英国法系会社法の動向と国家政策との狭間で
――英国1948年会社法からの進展――

　「東南アジアの金融センター」を目指すシンガポール政府は、1967年に会社法を制定して間もない1970年以降、母法であるオーストラリア会社法における改正を参考にしながら、しばしば会社法に改革の手を加えてきた。1970年には実質株式保有の開示やインサイダー取引規制が導入され、1974年にはさらなるインサイダー取引規制の強化やTOB規制の整備が図られている。1984年にはこれら大企業規制の狭間で立ち後れていた中小企業規制の見直し[6]が行われている。本節では、これらの法改革について、英国法系会社法の動向とシンガポール独自の政策との折衷に焦点を合わせつつみていくことにしよう。

第1款　実質株式保有の開示

　シンガポールでは、1970年の改正によって実質株式保有の開示制度が導入された。この改正は、オーストラリアのエグルストン勧告を参照したものである[7]。オーストラリアにおいて実質株式保有規制が統一会社法上に導入さ

第5章 シンガポール会社法の展開

れたのは1971年であったから、シンガポールが一足先に改正を果たしたことになるが、改正の内容については、シンガポールがエグルストン勧告を全面的に導入したため、両国ともほぼ同じとなっている。すなわち、シンガポールの実質株式保有規制の適用会社は、オーストラリアと同じく、シンガポール証券取引所に上場している会社および主務大臣が開示の必要ありと宣言した会社とされている（第79条第2項）。また、実質株主の定義は、当初、当該会社の議決権株式の10％以上を保有する者となっていたが、1974年改正によって5％以上の議決権株式を保有する者に改められた（第81条第1項）。この保有割合に関する改正もまた、オーストラリアに先んじている[8]。信託により保有する者も、この規定の対象とされる（第86条）。改正の内容については、マレーシアにつき前章で述べたものとほぼ同様になっている（第4章第2節第2款、参照）。

第2款　インサイダー取引規制

シンガポール会社法は、マレーシアと同じく、オーストラリア統一会社法の影響により制定時から取締役の注意義務（第157条）、および取締役の信任義務の規定を有し、取締役の自己取引を規制している（第156条ないし第163条）。1970年にはオーストラリアのエグルストン第四報告書を採用し、これら取締役の義務に対して、賠償規定や罰則規定を付加することによって、インサイダー取引規制としての役割を十分担いうるものにした[9]。

1974年には、英国およびオーストラリアで時期を同じくして提出された法案（第2章および第3章、参照）を参考に[10]、取締役の義務に対して大きな改正が行われている。すなわち、取締役の労働者の利益を顧慮すべき義務を規定し（第159条[11]）、取締役が会社の事業または財産を処分する場合や取締役および関係者と会社とが財産取引を行う場合に株主総会の承認要件を課すとともに、この要件に違反した取引の相対的無効を規定し（第160条、第160A条、第160C条）、さらに取締役関係者の範囲の解釈（第160D条）、取締役の新株発行権限行使の際の株主総会の事前の承認要件（第161条）、および取締役に対する貸付に関する規制の拡張（第163条）について、新たに規定を設けた。

第 2 節　英国法系会社法の動向と国家政策との狭間で

第 3 款　TOB 規制

　1974年以前のシンガポールにおける TOB 規制は、1967年会社法第179条および第十附則、ならびにシンガポール証券取引所の上場規則によっていた[12]。1967年会社法上の規定は、オーストラリア統一会社法をそのまま継受していた[13]ところから、シンガポールにおいても、オーストラリアのエグルストン勧告で指摘されているような規定の不備（第 3 章第 2 節第 1 款、参照）が問題となり、この規定の改革が望まれた。その際、シンガポール政府は、オーストラリアで採られたような会社法上の規定の詳細化の方向に追随するか、あるいは英国のシティ・コードのような自主規制を導入するか、の 2 つを、政策の選択肢として検討した[14]。政府は、結局後者を選び[15]、1974年 1 月以降の TOB 規制については、会社法の規定のほかに、イギリスのシティ・コードに倣った任意規制（of non-statutory nature）が布かれた。この任意規制には TOB・合併に関するシンガポール・コード（Singapore Code on Take-overs and Mergers）（以下、コードという）という名称が冠されている。コードは政府によって制定されるいわば規則に近い規制である点で、英国のシティ・コードとは大きく異なる。（ただし、証券・先物法第139条第 3 項は、コードにつき、下位立法ではない旨を明文で定める）すなわち、コードは、証券・先物法第139条第 2 項および第321条 1 項に基づき、証券業審議会の助言を得て MAS によって制定・改訂されることになっている。証券業審議会は、コードの管理・執行の任にあたるとともに、コードの解釈指針や TOB 実務指針を策定する（証券・先物法第139条第 5 項、第 6 項、第 7 項）。証券・先物法制定前は、会社法上の規定（第213条第17項、第18項）に基づき財務大臣がコードの制定権者となっていたが、実際には証券業法上、コードの制定、管理、運用の一切は、証券業審議会に委任された（第14条）ので、むしろ TOB コードをめぐる行政は、原始コードの策定以来一貫しているといえよう。

　会社法上の規定は、被買付会社が公開会社である場合に適用され、コードはさらにそのなかでもとくに上場会社に適用される[16]。しかし、私会社においても、コードの文言や精神に背馳する行動は許されない[17]。コード違反自体は、刑事責任を招来しないが、民事または刑事訴訟において被疑の肯定・

第5章　シンガポール会社法の展開

否定の根拠となる（第213条第18項(d)号）。しかも、証券業審議会は証券規制の実施に関する広範な権限を付与されており、コードに違反した者に対して証券取引所における取引の停止などの臨機応変な制裁を決定しうる（同(e)号[18]）。

現行のコードは、2001年証券・先物法の成立にともない、2001年に再策定されたものである。コードの内容は、シティ・コードとほぼ同様であって、最初に、用語の定義（definitions）をし、一般原則（general principles）についてコードの精神などを規定し、次に一般原則を具体化した規則（rules）を定めている。細かな立法を避け、大まかな原則からのアプローチが採られているという点においても、シティ・コードの理念が貫かれている。

第4款　中小企業改革——1984年改正——

1984年には中小企業改革を軸とする改正が行われている。その多くは、形式的ないし技術的な改正であるが、たとえば、支払不能会社の取締役に対して事実上無過失責任を課す2社同時清算を理由とする取締役の資格剥奪規定の新設のように、実務に与える影響がきわめて大きいものも含まれている。また、本改正は、シンガポール独自の構想を反映するものが多い。企業に対する統制的な規制が導入されていることもその特徴に挙げられよう。ここでは、1984年改正のなかからシンガポール的特色が現れていると思われる、取締役の辞任規制と2社同時清算を理由とする取締役の資格剥奪規定とを取り上げることにする。なお、1984年改正では、このほか、株式保証有限責任会社の廃止（他国における同様の改正として、第1章、第3章、および第4章、参照[19]）、書類に関する提出義務の強化、および登記手続きの簡素化などが図られた[20]。また、1985年には、パン・エレクトリック社の倒産事件を契機として証券業法も改正されている[21][22]。

1　取締役の辞任規制

シンガポール会社法は、オーストラリア統一会社法の影響から、取締役の居住地制限を設けている[23]。すなわち、シンガポール会社法第145条は、すべての会社に2名以上の取締役を要求し、このうちの1名はシンガポールを通常居住地とする（ordinarily resident in Singapore）者[24]でなければならない旨

を規定している。そこで、シンガポールでは、昨今参入が著しい外資系企業にあっても、この取締役の居住地要件を満たすために、少なくとも名目上の現地人取締役が選任されている(25)。ところで、1984年改正では、この規定に第5項が設けられ、法定の退任要件を満たす場合を除き、これに反する取締役の辞任は無効とされることが明示された。この改正は、シンガポール独自のものである。この規定の効果として、シンガポール在住の取締役が1名のみ配されている会社では、新たにシンガポール在住の取締役が選任されないかぎり、この取締役は辞任することができないことになる(26)。この辞任規制が付加されることによって、シンガポールでは、株主総会における取締役の選任や会社登記所への届出などの手続きの遵守がいっそ励行されることになった(27)（なお、この点に関する私会社における改正として、本章第5節も併せて参照されたい）。

2　2社同時清算を理由とする取締役の資格剥奪規定

　1984年改正が中小企業改革を企図するものであることは前述したが、2社同時清算を理由とする取締役の資格剥奪規定の新設は、この趣旨を最も反映するものであろう。この規定は、複数の会社の取締役を兼任する者について適用され、その者が取締役在任中または退任後3年以内にその会社が支払不能および清算に至り、かつその会社が清算して5年以内に自己の経営する別会社もまた支払不能および清算に至った場合、この者は、別会社の清算後5年以内は自動的に取締役欠格者となる、というものである（1984年改正法第149条）。この規定は、支払不能に関して取締役個人の主観的事情とはまったく無関係に制裁を課したものである。しかも罰則をともない、また外国会社にも適用される、という統制色の濃い内容となっている。

　当時のシンガポールでは、中小企業の偽装倒産が後を絶たず、これに対処すべく何らかの規制が望まれていた(28)。もっとも、本規定はこの目的のためには網を広げすぎており、善意・無過失の取締役に対する救済措置がないため(29)、導入当初より実際界から企業家精神を抑圧するとの強い批判がなされ、また、経済委員会（Economic Committee）もその旨の報告を通産大臣に提出してきた(30)。そのため、この規定は後述のように、わずか3年後の1987年改正によって大幅に改訂されることとなる。

第 5 章　シンガポール会社法の展開

（6）　安田信之編『ASEAN 法——その諸相と展望』アジア経済研究所　142頁（1987年）。
（7）　安田・前掲注（1）69頁。
（8）　1974年に発表されたオーストラリアの会社・証券業法案（CSIB）は、同様に実質株主の持株比率を10％から5％に引き下げている（安田・前掲注（1）75頁、注(29)）が、第3章で述べたように、CSIB は政権交代によって実現に至らなかった。
（9）　従来会社法第158条が具体的なインサイダー取引規制といわれていたが、この規定は1986年に削除され、証券業法第103条に置き換えられた。証券業法第103条は、1980年オーストラリア証券業法第128条の模倣である（W. Woon, *Company Law*（Singapore: Longman, 1988）, p.401）。なお、安田・前掲注（1）70頁、75頁。
（10）　安田・前掲注（1）73頁、75頁、注(31)。英国の1973年会社法案およびオーストラリアの1975年の CSIB が参照された。
（11）　英国では、1980年に EC 第二命令およびブロック勧告（Cmnd. 6706, para. 38）に基づき、取締役の労働者の利益を顧慮すべき義務およびこれに基づいてなした取締役の行為を会社の権能内の行為とみなす旨の規定が新設された（1980年会社法第46条、第74条）。オーストラリアでは CSIB が挫折したためこのような規定は実現せず、また、マレーシアの改正においてもこのような規定は創設されていない。
（12）　Tan Phen Theng, *Securities Regulation in Singapore and Malaysia*（Singapore: Stock Exchange of Singapore, 1978）, p. 596.
（13）　オーストラリア統一会社法第184条、さらにはオーストラリアのヴィクトリア州1958年会社法第184条を継受するものである。
（14）　Tan, supra note 12, p. 596.
（15）　英国式の規制に倣うことに対しても政府内で反対がなかったわけでなく、主として規制自体の抽象性に対する懸念や実効性に対する疑問および英国のシティのような国際的な金融市場という、規制の地盤がないことに対する危惧が表明されていた（ibid.）。
（16）　上場会社は、このほか、シンガポール証券取引所上場規則（Stock Exchange Listing Manual）およびシンガポール証券取引所自動相場システム規則（Singapore Dealing and Automated Quotation Market ; SESDAQ Manual）にもしたがわなければならない。
（17）　Woon, supra note 9, p.448 ; A. Hicks and W. Woon, *The Companies Act of Singapore An Annotation*（Singapore: Butterworths Asia, 1989）, p. 430 ; CCH Company Law Editors, *Singapore Companies Legislation*（Singapore: CCH Asia, 1990）, p. 59121.
（18）　Woon, supra note 9, p. 448.
（19）　株式保証有限（責任）会社の廃止は、母法国オーストラリアでも懸案となっており、1998年に実現したことは第3章に既述したとおりである。ちなみに、英国会社法はそもそも株式保証有限（責任）会社という形態を認めていないうえ（第1章第2節第1款、参照）、1980年改正は株式資本を有する保証有限責任会社の新規登記を禁じている。シンガポー

第 2 節　英国法系会社法の動向と国家政策との狭間で

ルのこの改正は、このような諸外国の状況に合わせたものであろう。See Woon, supra note 9, p. 6.
(20)　井原宏＝津本正司「シンガポール会社法の改正」国際商事法務13巻 4 号243頁（1985年）。
(21)　パン・エレクトリック社（Pan-Electric Industries）は、1984年の調査によれば、シンガポールにおいて年商第29位（S＄1000万）であり、68社の子会社および11社の関連会社を有し、マレーシア、香港、ブルネイ、英国、およびバミューダに進出していた（岩崎育夫「シンガポールの華人系企業集団」アジア経済29巻 3 号87頁、104頁（1988年））。この東南アジア有数のコングロマリットの倒産は、1980年代の東南アジアで相次いで発生した銀行・金融業者の経営危機のなか、大きな波紋を呼び起こした。
(22)　証券業法改正の経緯については、安田信之「パン・エル社事件と新シンガポール証券業法」証券研究82巻（1988年）、国際商事法務14巻 1 号77-78頁（1986年）、同14巻 9 号715-716頁（1986年）、参照。See also, N. Subramaniam and D. Chan, *Annotation of the Singapore Companies (Amendment) Act* (Singapore: Butterworths Asia, 1987), p. 3.
(23)　本書で扱った諸国のなかでは、オーストラリア、ならびにオーストラリア統一会社法を継受したマレーシアおよびシンガポールがこの取締役の居住地制限を設けている。なお、1985年 3 月に提出されたシンガポールの経済委員会報告書（Report of the Economic Committee—Sub-committee on Entrepreneurship Development）は、この取締役の居住地規制が、適切な現地の取締役（local director）を確保できない外資系企業のシンガポール離れを引き起こすのではないかという懸念を表明している。See also, Hicks and Woon, supra note 17, p. 285.
(24)　「通常居住する（ordinarily resident）」の解釈は法文上明確にされていないが、「半永久的に居住する（dwell permanently or for a considerable time）」意であるとされる（ibid., pp. 285-286）。
(25)　なお、同様の規定を有するマレーシアにおいても、このような実務が行われてきている。
(26)　Hicks and Woon, supra note 17, p. 287.
(27)　A. Hicks, 'Disqualification of Directors for Persistent Default in Filing Documents Section 155, Companies Act,' (1985) 27 Malaya Law Review 330.
(28)　当時、形だけの会社を設立し、大衆から金を集めるや否や行方をくらます例が頻発していた。このため、1984年改正では、このような泡沫会社や夜逃げ会社を規制するため、取締役の 2 社同時清算を理由とする取締役の資格剥奪規定が設けられたという（井原＝津本・前掲注(20) 244頁）。
(29)　Woon, supra note 2, pp. 159-160. 善意・無過失の取締役に対する唯一の救済策として考えられうるのは、裁判所に対して取締役就任の許可を求めることであろうが、その際にも取締役は自己が取締役適格者であることの挙証責任を負わなければならず、その実

効性が疑問視されている（see ibid., p. 150）。
(30) Subramaniam and Chan, supra note 22, p. 5. なお、経済委員会報告書第13章「企業運営（Entrepreneurship）」においては、「国際的なビジネスセンターとなる」というシンガポールの国家目標の実現のためには、経営者の失敗に、より寛容たるべきこと、すなわち、取締役の2社同時清算を理由とする取締役の資格剥奪規定のような規定は好ましくないことが指摘されている。

第3節　経済政策と母法国の改正との融合
―― 1987年改正 ――

　1980年代中盤に入り、従来好成長を遂げてきたシンガポール経済は、一次産品不況の影響を受け、建国後初めて危機に瀕した。1986年3月31日、このような社会的事実の存在を背景に、シンガポール国会において会社法改正法案が提出された。法案は改正法として成立し、翌年から施行されることになった。この改正は、不況自体によって経営危機に陥った会社が増加したことと、経営危機に陥り、ないしは倒産に至ったこのような会社が一般投資家や社会に莫大な損失を及ぼしたこととに鑑み、会社の経営危機を直截に救済するために支払不能会社における取締役の厳格な責任を緩和し、かつ、会社更生のための司法管財制度を導入するという側面と、一般投資家の保護を担保するために会社経営者の責任や資格を厳格化するという側面とを有している。また、これを機に、1980年代の英国やオーストラリアでなされた改正が導入され、複数の会社の合併または再構成の際に対価として取得された株式の株式プレミアム勘定への組入の免除（merger relief）、自己株式取得に関する資金援助の緩和、およびより担保の登記手続きの簡素化などが規定された[31]。なお、この改正において、会社法上初めて会社登記所の電信業務に関する免責規定が導入された（第12A条[32]）。

第1款　主務大臣、主務大臣の権限を委譲された者（authorised person）および治安判事（magistrate）の調査権

　本改正では、会社登記官の選任を定める既存の第8条のあとに8か条が新設された。これらはいずれも英国1985年会社法に倣い[33]、会社の帳簿調査に

第3節　経済政策と母法国の改正との融合

関する政府の権限を強化するものである。主務大臣は、自らまたは調査役（法文上は authorised person とされている。本書では、検査役（inspector）と訳語を区別する趣旨で、調査役とする）を選任することによって、会社または第三者に適宜帳簿を作成させることができる（第8A条）。また、治安判事には、帳簿の作成または規定の遵守に関して疑義がある場合に、令状を発行して家宅捜索する権限が付与された（第8B条）。従来の規定によれば、主務大臣は法令違反に対する合理的な根拠がなければ帳簿の調査を行うことができなかったが、本改正は主務大臣の裁量のみによって帳簿調査を可能としている点で、主務大臣の調査権を格段に強化するものである[34]。また、従来の規定は、調査役となる者に対して、会計に関する知識などを要求していたが、本改正ではこのような調査役の資格要件は排除されている。治安判事による家宅捜索権は、本改正で初めて規定されたものである。この規定も、主務大臣の場合と同様に、調査役の情報に基づきつつも、自己の裁量のみによって帳簿の押収を可能としている点で、治安判事に強大な権限を付与するものである[35]。第8C条以下では、作成された帳簿の謄本や抄録などの訴訟における証拠能力、帳簿の棄損や偽造に関する役員の刑事責任、主務大臣の一般的な調査権限、金融会社に対する適用免除、および提出された情報の秘密保持などが規定されている。したがって、主務大臣は、前述の第8A条の規定にかかわらず、会社法の適正な施行のために必要と考える場合には、随時別個に調査を進めることができる。なお、金融会社に対して適用免除が定められているのは、これらの会社が MAS の管轄下にあり、帳簿の調査についても特別法の適用を受けるためである[36]。

第2款　会計に関する改正

1　取締役の開示責任の強化

既存の第201条のなかに、財務諸表への「真実かつ公正な概観（true and fair view）」の基準の導入が明記され、かつ、第3A項および第6A項が新設された。新項は、子会社の監査済計算書類を受領した親会社（完全親会社を除く）の取締役に対して、連結決算報告書および所定の詳細に定められた事項を記載した取締役報告書の年次総会における呈示を義務づけている。さらに、取締役

第5章　シンガポール会社法の展開

は、開示について合理的な手続きをとらなければならないことが明記された（第201条第3C項）。これらの会計規定については、取締役の刑事責任が明記されている（第204条第1項）。一連の規定の新設により、会社の決算の開示について取締役の責任はかなり強化されたといえよう。

2　連結決算報告書

シンガポール会社法は、従来から詳細な会計規定を有している。すなわち、第九附則が決算報告書の様式を示すほか、第201条が連結決算報告書に添付すべき取締役の報告書の明細を規定している。1987年には、前述のように第201条自体の改正のほかにさらに第201A条が新設され、そこでは連結決算報告書の作成時期に関し、親会社の取締役は会計監査人の報告書を受け取らないかぎり連結決算報告書を作成しなくてもよいと定められた（第201A条）。また、一部の子会社のみを含めた連結決算報告書が作成される場合、会計監査人は、取締役がそのような連結決算報告書を作成する理由に合意するか否かを述べなければならない（第207条）とも定められて、決算報告において外部監査の徹底を図るべく会計監査人の発言が重視されることになった[37]。また、第九附則が大幅に改正され、とくに、会社資産の評価の明細、グループ会社間の債務や利益の計上額、取締役の利益相反取引額などにつき、決算報告書に記載される項目が相当に拡張され、詳細に規定されることとなった。

新設された会計規定はシンガポール独自のものであり[38]、改正の背景として、パン・エレクトリック社倒産事件の存在が指摘されている[39]。

第3款　秘書役の資格の創設

1987年改正によって秘書役に一定の資格が設けられた。秘書役の職能は、今世紀に入ってから飛躍的に増しており（第1章第2節第2款、参照）、英国では、1980年改正および1985年総括法によって、公開会社の秘書役に一定の実務経験および専門家としての資格を要求した[40]。シンガポールの改正は、この英国の改正に追随するものである。新規定は秘書役に、選任前の5年間のうち3年以上秘書役として実務に携わっていたこと、かつ、法曹法（Legal Profession Act）により資格を認定された者であること、または、所定の専門職団体の会員であることを要求している。シンガポールの改正は英国の改正とは

第3節　経済政策と母法国の改正との融合

異なり、公開会社のみならず私会社にもこの資格要件を課している。したがって、小規模会社は、この改正によって、非常な負担を強いられることになろうが、秘書役の役職に責任を負いうるに十分な資格を規定する必要性は近時増してきており、また本改正で一般投資家保護を念頭に置いた会社経営者の責任強化が図られていることに鑑みれば、改正の有益性は小規模会社の犠牲をはるかに上回ることが指摘されている[41]。ただし、この規定には、遡及効はないため、改正法施行前に選任された秘書役は、資格要件を満たさなくても退任を強いられることはない。

第4款　景気後退への即応

1　二社同時清算を理由とする取締役の資格剥奪規定の改訂

上述のように、1984年に新設された取締役の2社同時清算を理由とする取締役の資格剥奪規定は、景気後退によって経営危機に陥った会社が急増したため、見直しの必要に迫られた。すでにこの規定の構造自体に導入当初より強い批判があったことは上述したが、1980年代中盤の景気後退は、支払不能という形式的な事実のみによって経営者に厳格な責任を課すことがもはや企業の破綻を招くほどに切迫した状況を作出していたのである。国会の特別委員会（Select Committee）はこの規定の削除を勧告し、国会は財務大臣の反対を押し切ってこの勧告を採用した。

新規定は、英国のコーク勧告を全面的に採用し（第2章第3節第3款、参照[42]）、取締役が資格剥奪されうる場合として次の2つを定めている。すなわち、主務大臣または公選管財人の申立に係る場合および経営不適格による場合であって、これらの場合には裁判所は資格剥奪命令を発令しなければならない（第149条第1項、第2項）。資格剥奪命令を発令された者は、それ以後命令中に特定される5年間を最長とする期間内は会社の経営に関与することができない。申立に係る資格剥奪の場合、主務大臣または公選管財人は資格剥奪に関する挙証責任を負担しなければならない。経営不適格による資格剥奪は、裁判所が、ある会社の取締役である者、またはあった者（退任後3年以内に清算に至った場合も含まれる）が経営不適格であることに満足する場合に発令され、裁判所はこの経営不適格を判断する際には第149条第6項に列挙され

第5章　シンガポール会社法の展開

た基準を参酌しなければならない。新規定は、支払不能に対して事実上取締役に無過失責任が課されていた改正前の状況を、大きく緩和するものといえよう。

2　司法管財制度

　1985年から翌1986年の景気後退は、経営危機に瀕する会社を急増させ[43]、清算以外の効率的な会社の整理方法がシンガポールにおいても模索されざるをえなくなった[44]。司法管財の制度は、直截にはこのような背景、とくにパン・エレクトリック社の倒産事件を契機として生み出されたものである[45]。当時支払不能会社に対する一連の改革を検討していた経済委員会は、支払不能に関する立法が進展していた英国の状況に注目しつつ、司法管財制度の導入を提唱した[46]。この制度の立法化に対しては、財務大臣がその濫用を恐れて難色を示したとされる[47]が、実際界ではとくに銀行から歓迎されている[48]。

　この制度は、英国やオーストラリアの制度におけると同様に、特定の場合に支払不能会社の財産管理を司法管財人に委ね、その間会社に事業を継続させつつ、債務の弁済を行わせるものである。改正法は、会社法のなかに第八Ａ編24か条を新設し、英国の支払不能法におけると同様に[49]、裁判所は、会社または取締役または会社債権者の申立（petition）に基づき、司法管財命令を発することができ、かつ司法管財命令の発令と同時に司法管財人を選任してこの者に会社財産の管理を委ねなければならない旨（第227Ａ条、第227Ｂ条）を定めている。

---

(31)　もっとも、1987年改正については建国後初めて直面する深刻な景気後退という事実だけが改正のインパクトとなっており、会社法の根幹に対する実質的な改正はなされていないのではないかという懸念が表明されている（See Kaan Sheung-Hung Terry, 'Out of The Depth—The Companies (Amendment) Act 1987,' (1988) 30 Malaya Law Review 349)。

(32)　See Hicks and Woon, supra note 17, pp. 44ff ; W. Woon and A. Hicks, *The Companies Act of Singapore—An Annotation* (Singapore : Butterworths, 2003), pp. Ⅱ81-Ⅱ83. 会社登記所の電信業務に関する規定は、シンガポールのみが採用する独自の規定で

第 3 節　経済政策と母法国の改正との融合

　ある。英国、オーストラリア、および香港の登記業務においても電信化が進んでいるが、
このような規定は導入されていない。なお、1993年改正によって条文の見直しが、従前の
Electronic filing service から単に Filing service と改訂された。将来の技術革新に備え、
幅広い登録技術の可能性にも耐えうるように、との考慮からである（Explanatory Statement to the Companies（Amendment）Bill 1992）。

(33)　See Hicks and Woon, supra note 17, pp. 29ff. 英国では、1948年会社法によって、
　　会社の帳簿調査に関する商務省の権限が強化された（第164条ないし第175条）が、1967年
　　改正では、さらに治安判事（justice of the peace）の家宅捜索、帳簿押収権に関する規定
　　が設けられている（1967年会社法第110条；第109条ないし第118条が調査に関する規定で
　　ある）。1985年会社法は、基本的にはこの1967年改正を総括するものである（1985年会社
　　法第447条ないし第453条）。英国ではさらに1989年改正によって、帳簿調査に関する規定
　　が改正され、従来は商務省またはDTIの職員のみが検査役となりうることになっていた
　　のを、この要件を排除するなどしてDTIや治安判事の調査権を拡大している（1989年会
　　社法第3編）。シンガポールの改正は、英国の改正の動向にしたがうものといえるであろ
　　う。なお、オーストラリアにおいても、1989年のオーストラリア証券委員会（ASC）法お
　　よびそれを発展継承する2001年オーストラリア証券・投資委員会（ASIC）法によって同
　　様の調査権が ASC（ASIC）または ASC（ASIC）の職員（authorised person）に与えら
　　れたが、その手続きはかなり複雑に定められている。

(34)　Subramaniam and Chan, supra note 22, p. 21；Kaan, supra note 31, p. 351.

(35)　Subramaniam and Chan, ibid., p. 24；Kaan, ibid., p. 351.

(36)　Subramaniam and Chan, ibid., p. 28；Kaan, ibid., p. 351.

(37)　たとえば、第207条第1A項が新設され、従来の会計監査人の報告義務について、会計
　　監査人が監査報告書を作成する義務を遂行する際に、報告書に関する規定を会社に遵守
　　させるために必要な十分な時間が与えられた。

(38)　既述のように、英国ではEC第七命令に基づいた1989年改正によって連結決算報告
　　書の大幅な見直しがなされている（第2章第3節第4款、参照）。また、オーストラリア
　　では1981年会社法以降、グループ計算書に関する詳細な手続きが導入されている。

(39)　Subramaniam and Chan, supra note 22, p. 3.

(40)　英国では、1980年改正によって公開会社の秘書役に一定の資格が設けられている。内
　　容は、本文で述べたシンガポールのそれとほぼ同一であるが、1980年改正法施行日におい
　　て、当該会社の秘書役、補佐役（assistant）、秘書役補佐（deputy secretary）の職にある
　　者に資格を認定している点で、シンガポールより、かなり資格要件が緩和されているとい
　　える。

(41)　Subramaniam and Chan, supra note 22, p. 7. なお、シンガポールにおいて英国の
　　改正以上に厳格な秘書役の資格要件が設けられている一因として、同国の政策が「能力主
　　義に裏打ちされた管理社会の形成」にあることが指摘されよう（e.g., P. Regnier, *Sin-*

gapore : City-State in South-East Asia(Honolulu: University of Hawaii Press, 1991), pp. 233-234)。なお、シンガポールの1993年会社（改正）規則（Companies（Amendment）Regulations 1993）は、会社登記官へ提出する書類に秘書役が署名する場合には、署名の下に秘書役の免許番号を併記すべき旨を新たに要求している。

(42) See Subramaniam and Chan, supra note 22, pp. 5-6 ; Hicks and Woon, supra note 17, pp. 296ff.

(43) Kaan, supra note 31, p. 363によれば、裁判所による強制清算に付された会社は、1983年には212社であったが、1986年には485社になっている。ちなみに、Ministry of Trade and Industry, Republic of Singapore, Report of the Economic Committee, *The Singapore Economy : New Directions,* February 1986, p. 4はこの時期のシンガポールの経済状況について次のように述べている。「シンガポールは過去20年間、2回のオイル危機と世界的な景気後退をものともせず、高い経済成長を遂げてきた。しかし、この容易なる成長の時代（the period of easy growth）は終わった。1985年ないし86年の景気後退は、シンガポールの経済成長におけるターニング・ポイントである。たとえ、この景気後退を克服したとしても経済成長率がそれ以前の数値に戻ることはないであろう……」。もっとも、景気後退への対応が即効しているのもシンガポールの特徴であって、1985年に1.8%にまで落ち込んでいた経済成長率は、1987年には8.8%に、1988年には10.9%にまで回復している（Regnier, supra note 41, p. 58)。

(44) See Subramaniam and Chan, supra note 22, p. 4.

(45) Hicks and Woon, supra note 17, p. 463.

(46) Woon, supra note 9, p. 456 ; Hicks and Woon, supra note 17, pp. 463ff ; Subramaniam and Chan, supra note 22, p. 3. 経済委員会報告書は、コーク勧告について言及していないが、本改正がこれにしたがった遅まきの改正であることは疑いないであろう。

(47) See Subramaniam and Chan, supra note 22, p. 4.

(48) Ibid.

(49) シンガポールのこの改正では、英国の支払不能法案が参照されたが、立法にあたってはかなりの修正が施されたので、実際に成立した規定は、英国の支払不能法の規定と文言を異にするものも多い（Hicks and Woon, supra note 17, p. 463)。

第4節　1990年代前半の改正

1987年に大改正が行われたのちも、会社法の見直しが進められている。具体的には、1989年、1990年、および1992年に改正が行われているが、これらを概観すれば、改正点は雑多ではあるものの証券市場の国際化への対応が課題となっており、また、英国法系会社法ばかりでなく米国会社法の慣行にも

目が向けられていることに気づく。以下、この観点から特筆される改正を、時系列に沿って取り上げることにする。

第1款　1989年改正

1989年12月27日にいくつかの改正が行われ、1990年3月23日より施行されている[50]。改正の対象となった条文はかなりの数に及ぶが、改正の方向としては、資金調達の際の事務手続きの簡略化により会社自体に便宜を図るとともに、これによって世界的に広く投資を集め、ひいてはシンガポール市場の国際的競争力の強化を図る点に集約されうるといえよう[51]。具体的には、目論見書の諸要件に対する適用免除の枠を拡大し、債券市場で扱われる証券リストを拡大するなどの改正を施している[52]。本改正で実務上大きなインパクトをもたらしたのは、上場会社に対して監査委員会の設置を強制したことである（第201B条）。これは、大規模公開会社の倒産や不正経理などが社会に及ぼす影響に鑑み、このような会社に対する公衆の信頼を維持させるために設けられた制度であって[53]、1987年の改正をさらに進めるものである。監査委員会は、3名以上の取締役で構成され、会計監査人とともに外部監査上の問題の検討や会社の財務諸表のチェックを行い、また、内部監査上の問題の検討や会計監査人の指名をも行う。このような構成は、米国において近時広まってきている取締役会委員会としての監査委員会と同様のものである。したがってこの改正は、1989年の一連の市場の国際化のための改正の一環として、米国の制度が積極的に採り入れられた結果とみることもできよう[54]。

第2款　1990年改正

大きな改正はなく、第二附則の改正のみである。登記所における情報閲覧および会社の重要な事実の報告書の閲覧にかかる手数料の改訂がなされた[55]。

第3款　1992年改正

1992年改正は第四編に第七A章を新設し、上場証券の譲渡に便宜を図るべく、中央証券保管振替機構（Central Depository）を設立して譲渡証書によらな

第5章　シンガポール会社法の展開

い中央証券保管振替制度の導入を規定した。中央証券保管振替機構は、私会社の形態をとり、譲渡証書を会社または会社の指定する者の名で保管し、真の権利書との照応のため取引明細書（accounts）を備置し、譲渡が生じた場合にはコンピュータによって自動的に譲渡を登録する（第130C条）。譲渡は、振替登録簿（Depository Register）に記載される。複雑な証券取引所の業務の簡素化および迅速化を図るのみならず、国際的な市場ネットワークのなかでのシンガポール市場の役割を高めるための時宜を得た改正といえよう。このほか、1992年改正では少数株主の救済をより効果的になしうるよう会社法上に明文の規定でもって派生訴訟制度が導入された[56]。制定法上の派生訴訟制度は、コモン・ロー上の救済を補完するものとしてカナダの立法を参考に導入され[57]、近年の企業統治論のなかで再び脚光を浴びるところとなっている[58]。

　シンガポールでは、英国やオーストラリアの先例が参照されることが多く、少数株主の救済としてはコモン・ロー上の派生訴訟制度が存在していたが、原告適格性を厳格に求めるFoss v. Harbottle原則により、実務上ほとんど機能していなかった[59]。このため、少数派に対する詐欺（fraud on the minority）の法理が、Foss v. Harbottle原則の例外として発展し、少数株主保護の実をあげてきた（第1章第2節第2款および第2章第1節第3款、参照）。この少数派に対する詐欺の法理を明文化したものが、シンガポール会社法第216条の不当な抑圧を受ける株主個人の取締役らへの提訴制度である。しかし、第216条または少数派に対する詐欺の法理を用いても、たとえば、取締役らによる詐欺の立証責任は原告株主に課されるなど、株主の救済策としては十分でないとの指摘が早くからあり、会社法上に派生訴訟制度を盛り込むこととなったものである[60]。シンガポール会社法上の派生訴訟制度の特徴は、①シンガポール取引所非上場会社にのみ適用されること[61]、また、②原告適格を有する者の範囲が、株主のみならず「適切な者（proper person）」という曖昧な概念を用いて拡張されていること[62]、である。

----

(50) CCH Company Law Editors, supra note 17, p. 35013.

(51) とくに第106条の改正(銀行、生命保険会社など一定の業種の外国投資家に、株式または社債の公募の際に発行する目論見書の諸要件を免除する)などに本改正の性格が顕著に現れているように思われる。

(52) See CCH Company Law Editors, *Singapore Companies and Securities Legislation*(Singapore: CCH Asia, 1992), p. 35013.

(53) CCH Company Law Editors, *Malaysian and Singapore Company Law and Practice*(Singapore: CCH Asia, 1992) p. 35-350.

(54) たとえば、浜田道代「会社の構造(第Ⅲ編)」証券研究71巻37頁以下(1984年)、参照。

(55) CCH Company Law Editors, supra note 17, p. 35011.

(56) 第216A条は、英国会社法における Foss v. Harbottle 原則(proper plaintiff rule or rule in Foss v. Harbottle)——会社を代表して会社のために訴訟を提起することができるのは会社自身に限られており、株主は会社のために訴訟を提起することができない——を明示的に排除する効果を有する点が期待されている('Explanatory Statement', in CCH Company Law Editors, *Singapore Companies and Securities Legislation*(Singapore: CCH Asia, 1993), p. 85904)。

(57) P. M. C. Koh, 'For Better or For Worse: The Statutory Derivative Action in Singapore,'(1995) 7 Singapore Academy of Law Journal 80; 上田・前掲注(5)176頁。なお、カナダ事業会社法上の派生訴訟制度については、川島いづみ「カナダ会社法における制定法上の代表訴訟制度」岐阜経済大学論集22巻2・3号169頁以下(1988年); B. R. Cheffins and J. M. Dine, 'Shareholder Remedies : Lessons from Canada,'(1992) 13 The Company Lawyer 94.。

(58) たとえば、OECD が非加盟のアジア諸国に対して掲げた企業統治の最優先課題のひとつに少数株主保護が挙げられている(OECD, *White Paper on Corporate Governance in Asia*(Paris: OECD), pp. 5-6; 上田・同上175頁)。

(59) K. Y. Low (ed.), *Company Law*(Singapore: Butterworths Asia, 1999), pp. 111ff; 上田・同上176頁。

(60) Koh, supra note 57, pp. 74ff; 上田・同上。

(61) 適用対象をシンガポール取引所非上場会社に絞ったのは、上場会社においては市場の監視が働くとともに、証券規制等の他の立法や規則によって十分な株主保護が図られうるという考慮からである(ibid., p.84)。

(62) 「適切な者」の範囲には、取締役、社債権者、子会社の株主などが含まれうると解されている(ibid., pp. 86ff; P. M. C. Koh, 'The Statutory Derivative Action in Singapore: A Critical and Comparative Examination,'(2001) 13 Bond Law Review 71ff)。もっとも、1992年にこの制度が導入されて以来、あまり利用されていない(上田・前掲注(5)176頁、注(19))。

第5章　シンガポール会社法の展開

第5節　アジア通貨・金融危機と企業法制改革

　シンガポール会社法は、人民行動党（People's Action Party；PAP）のほぼ独裁ともいえる一院制の国会での迅速な意思決定を背景に頻繁に改正を行い、1992年以降も、1995年、1997年、1998年、1999年、2000年、2001年、2002年、2003年、2004年とほぼ毎年のように改正が繰り返されてきた。1992年までの改正については前節で概観した。ここでは、1997年のアジア通貨・金融危機を契機とする企業法制改革に焦点を当て、シンガポールにおけるアジア危機の法制度インフラに対する影響を分析するよすがとしたい。

第1款　アジア通貨・金融危機後の政府の対応

　シンガポールにおいては、通貨・金融危機前から、シンガポールの国際競争力を高めるための検討が始まり、1996年11月には、「シンガポールの競争力に関する委員会（Committee on Singapore's Competitiveness）」が立ち上がった[63]。そのうちにアジア金融危機が勃発し、政府は矢継ぎ早に政策検討のための諮問委員会を発足させた。そのような委員会としては、1997年12月の「金融セクター再審査グループ（Financial Sector Review Group）」および1999年12月の「会社法規制枠組み検討委員会（Company Legislation and Regulatory Framework Committee; CLRFC）」がある。本書の関心からは、CLRFCが重要である。CLRFCについては、さらに、その作業部会として「企業統治委員会（Corporate Governance Committee）」および「開示・会計基準委員会（Disclosure and Accounting Standards Committee）」が設置された。前者は、2001年3月に最終報告書[64]を公表するとともに、上場会社の取締役に対するコーポレート・ガヴァナンス・コードを採択した。最終報告書の内容は、会社法規制枠組み検討委員会報告書第三章に包摂され、2002年に提出された77項目から成る会社法改正最終提言書（Recommendations[65]）の一部を構成している。後者は、会計基準の見直しを進め、国際会計基準に準拠した新しい会計基準を策定し[66]、2003年1月1日から施行されている。また、2001年には従来の証券業法が廃止され、代わって証券・先物法が制定されるとともに、上場規則等の関連諸法規においても変動がみられた。このように、アジア通貨・金融危

第5節　アジア通貨・金融危機と企業法制改革

機後のシンガポールでは、経済政策の転換基盤として法変動の多くがもたらされたが、ここでは、CLRFCの77項目の提言と1990年代後半からほぼ毎年のように繰り返されている会社法の改正について取り上げ、分析の対象とすることとしよう。

第2款　会社法規制枠組み検討委員会の77項目の改正提言

先に述べた2002年のCLRFCによる77項目の会社法改正最終提言書は、文字通り77の改正提言を含むものである。政府は、2002年10月22日のモルガン・スタンレー・アジア・パシフィック・サミットにおける副首相および財務相のスピーチにより、このCLRFCの77の提言をほぼ受け入れたことを公式に発表した[67]。その内容を核となる提言に沿ってまとめると次のようになる。

1　新たな企業形態

提言では、新たな企業形態として、無限責任を負うジェネラル・パートナーと有限責任を負うリミティッド・パートナーとで構成される有限パートナーシップ（LP）[68]とリミティッド・パートナーのみで構成される有限責任パートナーシップ（LLP）を導入すべきとしている。また、これらに加え、ビジネス・トラストの導入についても、提言外で検討されてきた。もっとも、これらの企業形態は、会社法上のものではなく、特別法において導入されることとなる。

2　私会社の設立・企業維持の簡素化

趣旨としては、シンガポールにおける企業コストを低減することである。

(1)　一人取締役会社の設立

従来2名以上の取締役（および2名以上の株主）を必要としていた会社法の要件を私会社について緩和し、一人株主、一人取締役会社（株主＝取締役可；取締役会無設置）を認めるべきとした。

(2)　秘書役要件の緩和

従来秘書役には専門職能の要件（会計士、弁護士、または、勅選秘書役）が課されていたが、英国、オーストラリア、香港などの類似の会社法を有する法圏に倣い、私会社の秘書役については資格要件を廃止すべきとした。

(3)　監査要件の緩和

第5章　シンガポール会社法の展開

　CLRFCは、当初すべての会社について会計監査人による監査制度を廃止することを検討した。その後、この検討結果に対するパブリック・コメントを考慮しつつ、休眠会社と免除私会社（免除私会社の定義については、第2章第1節第2款、参照）について、かかる要件の廃止を検討する方向に転換した。これらの会社のうちの80％が株主＝経営者（執行取締役）であり、株主保護の名に基づく外部監査の必要性がそれほど高くないこと、および、英国やオーストラリア、および香港でも休眠会社には監査要件を免除していることを考慮したためである[69]。しかし、免除私会社のなかにも大規模な会社があるなどの指摘を受け、CLRFCは、最終的に、①年商5百万シンガポールドル未満の免除私会社についてのみ適用免除を設け、適用免除を受ける会社は、計算書類の作成・保管および真実かつ公正な概観を有する財務諸表の備置を義務づけられること、②免除される場合も、普通株式の5％以上を保有する株主、および登記官は、会社に対し計算書類への監査を要求することができること、を提言のなかに盛り込んだ。ちなみに、英国およびオーストラリアにおいては、免除私会社という概念は廃止され、新たな小会社への会計基準および監査特例が実施されている（第2章第1節第2款および第3章第1節第2款、参照）が、改定提言はそこまで踏み込んではいない。

3　資金調達制度の簡素化

　私会社・公開会社の別に規定される従来の目論見書の作成手続きを簡素化し、「免除される申込（exempted offering）」を基準に、それ以外の申込にはすべて完全な目論見書の作成を義務づけることが提言された。「免除される申込」には、私募（private placement）と小規模申込（small offering）がある。前者には、申込者数に小口投資家20名までという制限があり、後者には、12か月以内の申込総額が5百万シンガポールドル以下という総額に対する制限がある。

4　強制株式取得の計算の変更

　従来は、申込日においてすでに申込会社およびその子会社によって取得されている株式を除いたうえで、申込会社が標的会社の株式の90％以上を新たに取得した場合、10％の残余株式を強制的に買い付けることができることになっていた。CLRFCは、英国での改正に倣い、申込会社の子会社が取得して

第5節　アジア通貨・金融危機と企業法制改革

いる分については除かず、分母に加え、買取が強制される閾値である90％を算定することを提言した。

第3款　2003年および2004年の改正

2003年および2004年の改正では、前述の77項目の提言がほぼ採用され、表1および表2のような改正がもたらされた。

表1　シンガポール会社法の2003年の改正点

会社登記官による類似商号調査手続きの廃止	
私会社における株主総会の招集期間の短縮	第177条、第184条
私会社における電磁的方法での株主総会の書面決議	第173A条、第183条、第184A-E条
一定の会社に対する監査義務の免除	第4条、第201A条、第205A-D条
一株一議決権原則の緩和	第64条
取締役の定義	第149条、第149A条
上場会社の70歳以上の取締役の任命手続き要件の緩和	第153条
破産者の取締役就任要件の厳格化	第148条
取締役の利益相反取引の開示要件の修正	第156条
許容される会社から取締役への住宅貸付の範囲	第162条第1項
名目取締役による委託株主への開示	第158条
取締役の賠償責任の範囲、賠償責任保険の保険料負担	第172条、第391条
取締役の裁量的権限行使	第157A条、第四附則第73条
実質株主または取締役の株式保有の届出要件の修正	第82条、第83条、第84条、第165条
外国会社の支店登記義務の免除の拡大	第366条第2項

企業買収の際の残余株式の強制買付けの計算の変更	第215条
投資会社に関する項目の会社法からの削除	

(出所) 筆者作成

表2　シンガポール会社法の2004年第一次改正の項目

新たな執行機関 ACRA の創設	ACRA 法
会計基準上の連結決算書作成免除要件との整合性の追求	第201条
会計監査人の報酬審査	第206条第1A項、施行規則第四編
私会社における増資手続きの多様化	第18条
私会社に対する規制緩和	第17条、第20A条、第26A条、第145条、第171条
取締役の義務履行における専門家への依存	第157C条
能力外法理と悪意の擬制の廃止	第22条、第23条
株主への電磁的方法による報告書類の配布	第387A条、第387B条
中央保管振替機構が扱いうる証券の範囲の拡大とペーパーレス証券の容認	第四編第七A節
中央保管振替機構の預託証券所有者の権利保護	同上

(出所) 筆者作成

　2003年改正において、前述の77項目の提言において触れられていない改正としては、私会社に関する緩和措置として、株主総会開催要件の免除と書面決議の導入、株主総会および取締役会における電磁的方法での書面決議の導入、株主提案権の創設などが盛り込まれたことが挙げられる。そのほか、私会社である公開会社の子会社について一株一議決権原則が廃止され、取締役の定義から「影の取締役」が削除され、上場会社（およびその子会社）の70歳以上の取締役の指名手続きの緩和、名目取締役の委託者への開示、取締役会の裁量的権限の拡大などが盛り込まれた。なお、休眠会社および免除私会社

への監査要件の免除の規定も導入されているが、提言では年商5百万シンガポールドル未満とされていた免除私会社への適用免除要件は、改正では年商250万シンガポールドル未満とされた。

　2004年改正は2回行われた。まず、会社法執行機関に組み換えがあった。すなわち、2004年4月1日をもって既存の会社登記所は公認会計士の監督機能をも包摂し[70]、会計・会社規制管理局（Accounting and Corporate Regulatory Authority; ACRA）という新たな会社法執行機関となった。これとともに、会社法も改正され、同日施行されている[71]。2004年第一次改正では、持株会社の連結決算書の作成免除について会社法と会計基準との整合性を図ったほか、公開会社の会計監査人の報酬の適正性に関する審査義務、取締役の義務履行における専門家への依存に関する責任緩和、能力外法理と悪意の擬制の廃止が盛り込まれた。また、私会社それ自体の概念が修正され、証券・先物法上の開示要件（目論見書の作成・発行とMASへの届出・登録）を満たした場合には、私会社による株式の公募も可能となった。2004年第二次改正では、額面株式の廃止、資本減少手続きの簡素化、金庫株の解禁、配当財源の明確化（配当可能利益であるが、金庫株取得財源としての利益を控除し、金庫株の売却益を含める）、企業結合手法の多様化などが導入された。

　なお、2004年には証券・先物法の改正も比較的広範に行われ、取引規制や公募発行規制およびその例外などがその対象となった。

第4款　残る課題

　先の77項目の提言のうち、LLPおよびビジネス・トラストについては、2004年中にそれぞれ個別に法案化され、新たな企業形態として導入されている。LPについては、今のところ法案化の兆しはみえない。英国でLP法の見直し作業が進んでいるところから、その結果を待って法案化されるものと思われる[72]。企業倒産と個人破産とを区別しない包括的な支払不能法の制定が最後の課題として残るが、未だ改正のめどは立っていない[73]。

第5章　シンガポール会社法の展開

第6節　小　　括

　以上のように、シンガポール会社法は、政策実施の根拠としての立法の尊重および迅速な立法意思決定により、建国以来の1967年会社法はほぼ毎年のように改正されてきた。改正の内容は、英国やオーストラリア、ニュー・ジーランドの改正論議や改正に追随するものが多い反面、迅速な立法意思決定を反映してシンガポール独自のマクロ経済政策を体現するものも多い。たとえば、中小企業改革の一環としてではあったが、1980年代に導入された支払不能会社における取締役の辞任規制や2社同時清算を理由とする取締役の資格剥奪規定などである。さらに、会社登記所における電子化とそれにともなう免責規定の導入は、シンガポールのみが有する独自の規定である。1990年代後半のアジア通貨・金融危機への政府の迅速な対応も、―同危機のシンガポール経済に対する影響は他の東南アジア諸国と比較すればそれほど深刻ではなかったにもかかわらず―、相次ぐ経済改革プログラムと関連セクターによる法制検討委員会の各設置にみるように、きわめて特徴的である。アジア危機は、シンガポールにおける会社法の改正には直接影響を及ぼさなかったが、アジア危機後の法制改革プログラムを引き継いで発足した会社法規制枠組み検討委員会の提言内容には興味深い点がいくつもある。この提言内容を逐次実現させてきた2000年代の改正では、英国の大改正作業の影響を受けてか、公・私会社の分化の深化と私会社規制の緩和・簡素化の問題や額面株式の廃止、資本減少手続きの簡素化、金庫株の解禁、企業結合手法の多様化、および、企業形態の多様化など企業実務を巡る環境変化に敏速に対応できる柔軟な企業法制が模索されている。この傾向は、今後ますます強まることであろう。今後の企業法制の枠組みは、英国の改正作業の影響を受けつつも、基本的には、文言の平易化、規定や手続きの簡素化を進め、市場のプレイヤーたちの自由選択の幅を広げる柔軟化の方向性を可能なかぎり追求する。その一方で、規制機関の一元化と規制機関における会社立法に関する包括的管理・運用権限の付与と裁量権の拡大により、事前予防規制としての会社法の役割もいっそう増していくことが予想される。

(63) Committee on Singapore's Competitiveness, *Report of the Committee on Singapore's Competitiveness*, November 1998.
(64) Corporate Governance Committee, *Report of the Committee and Code of Corporate Governance*, 2001.
(65) Company Legislation and Regulatory Framework Committee, *Report of the Company Legislation and Regulatory Framework Committee*, October 2002.
(66) Disclosure and Accounting Standards Committee, *Report of the Disclosure and Accounting Standards Committee*, 2001.
(67) 財務省の公式サイト http://app10.internet.gov.sg/scripts/mof/pressrelease/pressdetails.asp?pressID=75による。
(68) わが国における合資会社の法人格がないもの、または匿名組合に相当する。
(69) Supra note 67のサイトを参照。
(70) 会社登記所（Registry of Companies and Businesses）とシンガポール公認会計士監督局（Public Accountants Board Singapore）とが合併して発足したものである。
(71) 上田・前掲注（5）186頁。
(72) 同上187頁。
(73) 同上187—188頁。

第6章　香港会社法の展開

　本章は、香港における会社法の変遷を扱う。香港では、従来自由放任政策(レッセ・フェール)との関連から規制の強化が回避され、会社法に対する大きな改正は実施されなかった。しかし、近年になって香港においても英国や他の英連邦諸国の改正を参考として積極的な改正が試みられるようになってきている。本章は、このような近時の香港会社法の改正の動向に焦点を当てるものである。

第1節　序　　説

　香港は、英国の租借地・割譲地として長い歴史を有してきたが、1984年の中英共同声明によって1997年7月1日付けで150年ぶりに中華人民共和国に返還され、中華人民共和国（以下、中国という）中央人民政府（Central People's Government）の香港特別行政区（Hong Kong Special Administrative Region）を構成することになった[1]。これにより、香港は、返還後50年間従来の資本主義制度および生活様式を維持し（香港特別行政区基本法[2]第5条[3]）、従来の法律は原則として効力を有する（同第8条）。そのため、香港返還後の中国は「一国二制度（one country, two systems）」という他国に例がない独自の法統治を行う事態となっている[4]。すなわち、香港では、英国の統治の開始にともない、1842年に英国のコモン・ローに立脚した法制度が構築され、制定法は概ね英国法を模倣してきた[5]。この法制度が基本法に抵触しないかぎり、維持されるのである[6]。したがって、中国本土では1993年に始めての統一的会社法[7] が制定されているが、香港には適用されない[8]。

　現行の香港会社令は、1932年に、英国の1929年会社法をモデルに制定されたものといわれている[9]。この会社令は、役員の権限濫用防止の規定をまったく有していないなど数々の問題を孕んでいたにもかかわらず、香港政庁は、

第1節　序　説

可能なかぎり無限の企業活動の自由を保証するいわゆる自由放任政策(レッセフェール)から企業規制に消極的であり、適宜英国の改正に準拠した小改正は繰り返されていたものの、これらはほとんど表面的な修正程度に留まっていた[10]。また、改正がなされる場合にも、既存の会社に対する免除措置が採られることが多かった。たとえば取締役の員数の要件は1933年以前に設立された会社には適用されなかったので、実際界では取締役を有しない会社さえ少なくなく、経営責任の所在をめぐってさまざまな問題を引き起こしていたという[11]。

このような香港政庁の姿勢は、企業誘致および投資や金融のメッカとしての香港の地位を向上させるのには一役買ったが、他方では規制の抜け穴を利用した悪質な社会事件を招いたため、少なくとも会社法および証券規制については、近代的な規制の必要性が認識されるに至った。まず、証券規制について1974年に投資者保護令（Protection of Investors Ordinance 1974）および証券令（Securities Ordinance 1974）が制定された[12]。証券規制については、近時も積極的な改革が加えられており、1988年の証券（持分開示）令（Securities (Disclosure of Interests) Ordinance 1988）および証券令（Securities Ordinance 1988）、ならびに1990年の証券（インサイダー取引）令（Securities (Insider Dealing) Ordinance 1990）は、米国の証券規制などをも視野に入れたものであって、先進国の規制と比較しても遜色ない内容を有している。さらに、2002年には、従来の証券関連の複数の条令を整理統合する証券・先物例が制定された。会社令については、1984年に大改正が行われ、主として近時の英国の立法が積極的に導入された。会社令については、その後も1988年以降毎年のように小改正が繰り返されており、そのなかには1984年の改正を補充する形で英国法系会社法の新しい動きを取り入れるものもある。以下では、まず、会社令に対する改正を1984年の大改正以降を中心に英国1948年会社法と比較しつつ取り上げ（第2節）、次に証券規制に対する近時の改正について述べることにする（第3節）。

（1）　安田信之「1997年香港返還と「香港法」の将来」法学セミナー436号14頁（1991年）；
R. Wacks, *The Future of the Law in Hong Kong* (Hong Kong: Oxford University Press

第 6 章　香港会社法の展開

　　　(China), 1989), p. 1; A. Carver, *Hong Kong Business Law*(Hong Kong: Longman, 1991), p. 3; 射手矢好雄「香港返還に伴う法律制度の変更（上）」国際商事法務25巻3号268頁(1997年); 興梠一郎『「一国二制度」下の香港』論創社3頁以下（2000年）; S. Tsao, 'The Legal System of the Hong Kong SAR,' in D.K. Srivastava(ed.), *Business Law in Hong Kong* (Hong Kong: Sweet & Maxwell Asia, 2002), p. 17.
（2）　中国政府は、1984年の中英共同声明を受けて、1990年4月4日に全国人民代表大会を開催し、そこで「香港特別行政区基本法」を採択し、即日公布した。中華人民共和国憲法第31条は、中国内部に特別行政区を設け、特別行政区内の制度を具体的状況に応じて定めることを認めている。香港特別行政区基本法は、これに依拠し、香港を特別行政区として中国本土と異なる制度下に置くことを規定するものである。なお、香港法域における諸立法は、香港特別行政区基本法、香港特別行政区に適用される中国本土法、条例・下位立法、および、判例法の順に適用される（Tsao, ibid., p.31）。
（3）　1990年4月に公布された「香港特別行政区基本法（1997年7月発効）」第5条、第8条によって返還後も香港住民に広範な自治権が与えられる見込みである（安田・前掲注（1）14頁）。たとえば、返還後は、①香港は中国の「特別行政区」となり、現在の植民地政府に代わって、国防・外交を除き高度な自治権をもつ香港自治政府が成立する。②香港の現在の資本主義経済制度は、「低税率、関税・為替管理なし」という特徴的な制度も含めて「50年間不変」とされている（Wacks, supra note 1, pp. 33ff）。法律については、既存のコモン・ロー、エクイティ、政令、下位規則、および慣習法が、基本法に抵触する場合または香港特別行政区の立法府が改正する場合を除き維持されるものとする、とされる（基本法第8条）（Carver, supra note 1, pp. 3-4）。英国資本は、国内の景気後退やEU 統合を控えての同域内投資への集中という要因に加え、この1997年返還への懸念から、急速に香港から撤退している（日本経済新聞1990年11月7日付朝刊）。But see, Tai M. C., 'Brief Encounters--Political Row Over Bid to Merge Legal Profession,' Far Eastern Economic Review, 4 February 1993, p. 17.
（4）　D. Smith, 'Introduction,' in Srivastava, supra note l, p. 8.
（5）　Tsao, supra note 1, p. 17.
（6）　詳細については、劉平＝今井健一「中国の企業統治と企業法制の改革」今泉慎也＝安倍誠編『東アジアの企業統治と企業法制改革』アジア経済研究所119頁以下（2005年）。
（7）　もっとも、司法制度に関しては、香港特別行政区に対し独立した司法権と終審裁判権を付与するなど、大きな制度上の変更もみられる（射手矢好雄「香港返還に伴う法律制度の変更（下）」国際商事法務25巻4号402頁（1997年））。
（8）　射手矢・前掲注（1）269頁。
（9）　安田信之「アジア会社法入門⑲」国際商事法務19巻7号906頁（1991年）のように、香港の会社法が英国の1929年会社法より古いタイプの会社法であるとするものもあるが、本書では、他の比較的多くの文献にしたがい、1929年会社法をモデルとしていること

を前提とする（paper prepared by Baker & McKenzie, 'Memorandum on the Role of Directors under Hong Kong Company Law'; 国際商事法務 9 巻103頁（1981年））。
(10)　国際商事法務・同上、安田・同上906頁。
(11)　安田信之「アジア会社法入門㉑」国際商事法務19巻 9 号1210頁（1991年）。
(12)　1972年から翌73年にかけて証券恐慌が起こり、証券市場および会社の経営をめぐって多数の問題が露呈した。このため、1973年には証券規制および会社法の改正に関する会社法改正委員会（Company Law Revision Committee）の報告書が提出され、この勧告に基づいて制定されたのが1974年の投資者保護令および証券令であった（M. F. Higgins, *Securities Regulation in Hong Kong 1972-1977*（Alphen aan den Rijn: Sijthoff & Noordhoff, 1978), pp. 73-74）。

第 2 節　英国1948年会社法からの進展

第 1 款　1984年改正

　1980年 6 月、公玉剛（Sir Yue Kong）による英国系大規模不動産会社「香港九龍貨倉」の買収事件が起こった。この事件は、香港の TOB 規制、さらには少数株主保護に大きな問題があることを露呈した[13]。会社法改正委員会は、これに対応して全文255条、230頁に及ぶ膨大な法案を発表し、これが1984年の会社令の大改正に結実した。改正に際しては、1973年の会社法改正委員会の第二報告書が参照された[14]。

　改正を俯瞰すれば、これは経営と所有が分離した近代的な株式会社を念頭に置いたものであって、香港会社法を格段に近代化せしめたといえよう[15]。さらに、個々の改正点については、他の英連邦諸国では相当以前に導入し終えた制度に関するものが多い一方で、EC 命令によって揺れ動く英国会社法の変容部分を無傷で採用した部分もある[16]。

　ところで、第 1 節で述べたように、香港会社令に対する改正の頻度は低いわけでなく、むしろ、1984年改正以前もまた同改正以後も、小改正は頻繁に行われている。そのなかで、とりわけ本章が英国1948年会社法との関係で1984年改正に着目する理由は、同改正が、会社法改正委員会報告書に基づき英国のコーエン勧告およびジェンキンズ勧告を積極的に導入したこと、および

第6章　香港会社法の展開

1929年会社法制定以後の英国の諸改正——とくに、この間英国の基幹法であった1948年総括法——を参照したと推察されることからである[17]。それゆえ、本章では香港会社令の1984年改正を英国1948年会社法の継受の基軸に据え、同改正およびその後1990年代以降の改正会社令と英国1948年会社法とを比較し、乖離点を指摘することにする[18]。なお、1997年の中国への主権委譲は、英国法との関係をみるうえでひとつの画期をなす事実と考えることはできるが、前述したように、香港には返還後も中国会社法は適用されず、英国法に基づいた既存の会社令が維持されるため、ここで1997年以降について別個の考察を行うことはしない[19]。

以下では、内国会社に関する改正を中心に取り上げるが、第十編（外国会社）および第十一編（株式売却・株式売却申込の制限）により、香港に主たる営業所を有する外国会社に関しても、内国会社の改正規定に相当する規定が適用されることをあらかじめ断っておく。

1　私会社に関する改正

香港会社法は、1932年に制定された会社令を部分的に改正することによって、私会社と公開会社との区分を縮小してきた[20]。1984年令は、これまで、会社の設立にあたって英国1948年会社法におけると同様に公開会社では7名、私会社では2名の定款署名者を要求していたのを、一律2名で足りることとした（第4条第1項）。また、取締役の員数についても、すべての会社に例外なく、2名以上置くことを義務づけた（第153条）。もっとも、そのうちの1名は、秘書役を兼任しうる（第154条）。取締役の員数が、私会社、公開会社の区別なく一律2名であることは従来から規定されていたが、上述のように従来はこの規定には適用免除が定められており、1933年7月1日以前に設立された会社には取締役の員数の要件が課されないことになっていた。

なお、香港会社令は、英国1948年会社法上の私会社における免除私会社と非免除私会社との区分を採用する機会をもたないまま現在に至っている。したがって香港会社令は、1907年段階の英国会社法と同様に、私会社一般に対して計算書類の登記所届出義務を免除したままとなっている（第109条[21]）。古い酒を新しい皮袋に盛る香港会社令の規定の一例といえようが、私会社への大胆な規制緩和を標榜する昨今の英国および他の英国法圏の会社法からみ

第 2 節　英国1948年会社法からの進展

れば、かえって最先端を行くようなことにもなっている。

2　会社設立前の契約

1984年改正によって第32A条が新設され、会社設立前に締結された契約は、会社設立後会社によって追認されうる、とされた。これにより、当該契約には、契約締結日において会社が存在していたのと同様の効果が付与され、かつ会社は当該契約に拘束されることになる。従来の判例法理を確認する規定である。

3　会社の権能

能力外法理については、香港でも会社法改正常任委員会（Standing Committee on Company Law Reform）の第二報告書、第三報告書、および第四報告書によって、英国の立法に倣い、廃止の方向で検討すべきことが勧告されていた[22]。1984年改正では、この第一歩として、第七附則において会社の基本的な権能が列挙された。また、会社の目的の変更の異議申立について、従来異議申立権者は会社の15％以上の株式を保有する株主となっていたのを 5 ％に、申立期間は21日から28日にそれぞれ変更され、その要件は緩和された[23]。もっとも、会社の権能に関する第七附則の改正は、1984年 8 月31日以降に設立された会社にのみ適用され、既存の会社には、判例上採用されている会社の黙示の権限が与えられるに留まる[24]。

4　資本に関する改正

(1)　新株発行

1984年改正によって、予約権発行による株主割当を除き、取締役が新株を発行する場合には、株主総会の事前の承認を得なければならない旨の規定が、増資の章のなかに新設された[25]（第57B条）。英国では、1980年に取締役の新株発行に総会の承認を要するとする規定が設けられたので、本改正は英国のこの改正に追随したものと考えられる。しかし、総会の承認の効力などの定めについては、英国の改正法と異なり、むしろマレーシアおよびシンガポールが採用した制度に近い[26]（第 4 章第 2 節第 2 款、第 4 章第 3 節第 3 款、および第 5 章第 2 節第 2 款、参照）。

(2)　自己または親会社の株式取得および株式取得に関する資金援助の禁止

香港法は、英国の判例を先例とし、資本に関しては厳重な原則を課してい

第6章　香港会社法の展開

る。したがって、自己株式の取得については、英国の先例 Trevor v. Whitworth 判決以来禁止され（第1章第2節第3款、参照）、また、減資についても会社令第58条第1A項の手続きにしたがう場合にのみなされうる。株式の額面割れ発行も第50条に掲げる例外を除き、原則として禁止されている。この点については、英国の1948年会社法と同様である。

　1984年改正は、会社は自社の株式を取得することができないという従来からの判例法を明文化した（第58条第1A項）。それ以前は自己株式取得に関する資金援助を禁止する規定のみが存在していた（第48条[27]）。1984年改正はさらに、自己株式取得および自己株式取得に関する資金援助の禁止の原則を親子会社にまで拡張した。すなわち、会社は、親会社の株式を取得し、または第三者の親会社株式取得に関して資金援助をしてはならない旨が定められた（第28A条）。従来の香港会社法は、子会社による親会社株式の取得を一切禁じておらず、自己株式取得規制は有名無実となっていた。したがって、本改正が発効する時点においてかなりの違法取得の存在が予想された[28]ので、この規定には遡及効が設けられず、単にすでに取得された株式について、包括承継や信託保有の場合を除き議決権を行使できない旨が定められたに留まった。そればかりか、本改正の発効日以降であっても、包括承継や信託保有の場合、および、すでに保有している親会社株式の資本組入による新株発行（capitalisation issue）には適用されない。また、通常の業務の過程において親会社の株式を取得する場合、および、株式を取得してから親子関係が生じた場合にも、親会社株式の処分は要求されない。

　この規制は、親子会社間に生じる資本のみならず、支配に関する問題の解決を目指すべく導入されたものであるが、上述の適用免除の存在が規制をやや不完全にしたことは否めないであろう。

(3)　株式プレミアム勘定

　1984年改正は、株式をプレミアム付きで発行する場合には、プレミアム分またはプレミアム相当金額を株式プレミアム勘定に計上しなければならない旨を定めた（第48B条）。規定の内容は、英国の1948年会社法と同様である。なお、英国では1981年改正によって、企業買収の際に取得される株式のプレミアムについては、株式プレミアム勘定の規定が適用されない旨が明らかにさ

れた（merger relief）（第2章第2節第2款、参照；ただし、本節第6款、参照）が、香港の改正では、この点については規定が設けられなかった。しかし、香港法は、英国1948年会社法にはない第48B条第2項を新設し、この規定によって、現金以外の対価によって取得された株式の評価額について、あらゆる情報を用いた取締役による対価の予想評価額が株式の対価を上回る場合、差額は自動的に株式プレミアム勘定に組み入れられるものとし、取締役に評価額の正当性についての挙証責任を課している[29]。この規定の効果は未だ明らかになっていない。香港の実務においてはオフ・ショア会社を設立し、これを買収の親会社とすることが多いが、買収前の準備金の分配の可能性について立法による決着がつく前は、このような実務は慎まれるべきであろうことが指摘されている[30]。第48B条第2項の実務効果は、ひとり判例の蓄積による解釈運用にかかっているといえる[31]。

(4) 取締役の義務

英国1948年会社法とは異なり、香港会社法は、コモン・ロー上の取締役の信任義務の規定としては、会社との取引における利益の開示義務のみを有していた。もっとも、これも取締役・会社間の取引の効力とは無関係の規定（第162条第5項）であるから、実質的には、従前の香港会社法には取締役の義務を定める規定は一切なかったに等しい。

1984年改正は、取締役の選任手続きに瑕疵があった場合の取締役としての行為の効果を定める第157条の後に第157A条ないし第157J条を挿入し、取締役の定義、選任手続きおよび行為規範につき定めた。すなわち、法人取締役の禁止、公開会社における取締役選任一括決議の禁止（第157A条）、影の取締役の定義（第157E条）、詐欺または不正による取締役の資格剝奪（第157E条）、支払不能会社の取締役の資格剝奪（第157F条）、取締役に対する非課税報酬の禁止（第157G条）、取締役に対する貸付の禁止（第157H条）などの規定が設けられた。すでに英国1948年会社法において実現されていた規定が多く、その他についても、公開会社および所定の私会社における法人取締役禁止の規定を除き、英国の立法の一部を法文化したにすぎない[32]。ちなみに、法人取締役は、上場会社を有しない会社グループに属する私会社についてのみ認められている（第153条第2項）。

第6章　香港会社法の展開

　このうち、取締役の信任義務を法定したものとして注目されるのは、取締役に対する貸付の禁止である。これは、その後の英国の立法などを参照しつつ、規制の対象が親会社、取締役が支配的持分を有する会社、および取締役関係者にまで拡張された点で英国1948年会社法上の規制を一段と徹底させるものである（第157条第2項ないし第9項）。英国1948年会社法におけると同様に、特定の場合には貸付が認められるが、この場合は株主総会においてその明細を開示しなければならない（第161B条）。従来の一般的な取締役・会社間取引における取締役の開示義務と相俟って、より徹底した規制が期待されうる（第129D条、第162条[33]）。

(5)　会計監査人

　1984年改正は、EC 第八命令による英国の改正（第2章第3節第4款、参照）と同様に、会計監査人に資格要件を設けた。すなわち、会計監査人となるには、会計士令（Professional Accountants Ordinance）により資格を取得した者でなければならない（第140条）。これに呼応して会計士令第29条第2項も、実務資格（practicing certificate）を有する職業人としての会計士（professional accountant）のみが会社令上の会計監査人として行為しうる旨を定めている[34]。

　また、改正令は、英国の1985年会社法に倣い[35]、会計監査人が随時辞任しうる旨を定め、かつ辞任の際には会社の本店に、辞任に至った事情が株主もしくは債権者に対する通知を要しないものであることを記載するか、または株主もしくは債権者に通知を要する事情である場合は当該事情を記載した通知を発しなければならない旨を定める（以上第140A条）。辞任に至った事情について株主または社債権者に対する通知を要する場合は、会計監査人は取締役に、事情を説明するべく総会の招集を要求することができ（第140B条）、併せて、この総会ないし自己の辞任に基づく後任人事が決議される総会の会日前に株主に自己が辞任に至った事情の説明書（statement）を回覧させることができる。会計監査人の地位の強化は、英国および他の英連邦諸国の趨勢に歩調を合わせるものである。

第2款　1991年改正

　1990年7月および翌1991年3月には1991年会社令改正法案（Companies

(Amendment) Bill 1991) が立法評議会（Legislative Council）に提出された。改正法案第一部は、取締役の義務に関するものであり、第二部は、資本規制に関するものである。第一部は立法評議会を通過することなく廃案となったが、第二部は、1992年より施行されている。これらはいずれも、会社法の基本的な枠組みに関する重要なものであるから、本款ではこれら諸改正について廃案となったものも含めやや詳述することとしよう。第一部の取締役の義務は、その後も会社法改正の基本的課題のひとつを構成し、たとえば、2001年の会社法改正常任委員会の諮問文書でも検討されている(36)。

1　取締役の義務

法案は、コモン・ロー上の取締役の注意義務・信任義務を法定している（第155D条）。文言は、英国のジェンキンズ勧告のそれに近い(37)。すなわち、まず取締役の基本的な義務を法定し（第1項）、次にそこから派生する忠実義務、利益相反回避義務について定めている（第2項、第3項）。さらに、取締役が自己の利益または利得を目的として、会社の金銭または他の財産を利用すること、および関連情報または関連の機会を利用することを禁じている（第4項）。第4項の禁止は、元取締役にも拡張される（第5項）。第6項以下は、違反した場合の取締役の利得返還義務および賠償義務などを定める。英国本国の会社法は、制定法によって取締役の義務を規定していないので、香港におけるこの改正法案は、廃案となったとはいえ、英国ではなく、ジェンキンズ勧告に基づいて改正を行っていた他の英連邦諸国の改正を参照した好例といえよう(38)。

2　自己株式取得に関する資金援助および自己株式取得

本改正は、英国の1981年改正に倣い、自己株式取得に関する資金援助および自己株式取得について、緩和を導入するものである。

自己株式取得に関する資金援助については、会社は原則として会社の株式を取得する第三者に資金援助を行ってはならないとされているが、本改正は、この原則に対する例外を拡張し、事実上会社の資本を害しない場合、すなわち、適法に決定された配当による場合や無償交付による場合を付け加えている。資金援助の手続きは、上場会社と非上場会社および特定の非上場会社の子会社とで分けて規定されている。いずれの場合においても、財源規制とし

第6章　香港会社法の展開

て会社の純資産が維持されるか、または配当可能利益による場合を除いて資金援助は認められないとされており、手続き面の規制として株主総会の特別決議を経ることや債権者保護として取締役は支払可能宣言書に署名しなければならないことが定められている。なお、資金援助に対する異議申立は、少数株主にのみ認められている（第47G条[39]）。

　自己株式取得についても、英国の1981年改正におけると同様に原則禁止としながらも、次の要件を満たす場合に上場会社による取得、非上場会社による取得、未確定買付契約（contingent purchase contract）に基づく取得、および私会社における資本を財源とする取得を認めている。

　上場会社は、通常定款において認められている場合にのみ、証券・先物委員会（Securities and Futures Commission）によって制定される株式買戻コード（Share Repurchase Code）に基づいて、自己株式を取得しうる（第49B条）。非上場会社は、株主総会の特別決議によって事前に承認された契約によってのみ、自己株式を取得しうる（第49D条第2項）。上記の特別決議による授権は、爾後の特別決議によって随時、変更、撤回、ないし更新されうる（第49D条第3項）。未確定買付契約に基づく場合も、当該契約が事前に総会の特別決議によって承認されていることが必要である（第49E条）。私会社については、通常定款による授権があれば、資本による株式の消却、または自己株式の取得が認められる（第49I条）。改正法は、これら一連の規定の改正にともない、第十二附則において罰則規定を改訂している。

3　配　当

　香港では従来、配当に関する規定はすべて通常定款に置かれていた（A表第117条）が、英国の1981年改正に倣い、本改正では以下の規定が設けられた[40]。すなわち、配当は利益を財源としてのみなされうること、未計上の利益については、社債または発行済株式の払込未了分に充当してはならないこと、取締役は相当な調査ののち、この改正令の施行日前の利益が計上されたかどうか決定しかねる場合は、当該利益を計上されたものとして扱うことができること、同様に、損失については未計上のものとして扱うことができること、である（第79B条）。上場会社についてはこれに加え、資本に関する厳格な要件が課される（79C条）。なお、配当に関する規定の新設にともなって、配当に関

第2節　英国1948年会社法からの進展

係する会計規定が設けられている（第79F条ないし第79L条）。

第3款　1992年および1993年改正

　1992年および1993年にも会社令改正法が成立している。1992年改正法は、1993年2月より施行されている。内容を俯瞰すれば、1992年改正は、政府機関と民間の証券規制機関とにまたがる複雑な事務手続きを能率化するため、証券発行の際に作成される目論見書の審査・受理に関する権限を会社登記官から証券取引所に委譲させるものである。1993年法は、第一部および第二部から成り、前者は休眠会社や解散会社の財産の国庫没収に関するものであり、後者は会社令に対する雑多な小改正を含むものである。第二部においては、雑多な改正のうち、私会社について年次報告書の作成期間を短縮したこと、株式資本を有しない会社の社員は投票代理人を選任できないとしたこと、取締役の非課税報酬の禁止を撤廃したこと、清算の要件を緩和したこと、などが注目される。

第4款　1994年改正

　続く1994年改正では、会社令に「第四A編　取締役の資格剥奪」が挿入され、裁判所による取締役の資格剥奪命令の手続き等が定められた。基本的には、英国の1986年取締役資格剥奪法を踏襲する規定である。第四A編は、第168C条から第168T条で構成され、まず、裁判所は、ある者に対し、取締役、清算人、および、会社財産の収益管理人となること、および、命令によって定める日から所定の期間、会社の設立、管理に関わることを禁ずることができるとされている（第168C条）。資格剥奪の根拠となりうるのは、①会社の設立、管理、清算、会社財産の管理、詐欺的行為などに関して正式起訴手続きを経て有罪となる場合（第168E条）、②会社令上の報告書、計算書類、その他の書類の作成・送付義務違反の継続がある場合に、裁判所が職権でもって、または申立権者の申立に基づき判断する場合（第168F条）、③会社の清算に際して詐欺または義務違反があった場合、④取締役在任中に会社が支払不能に陥り、その者を会社経営に関わらせることが不適切である場合（第168H条）、である。④の場合は、申立権者の申立に基づいて資格剥奪手続きが開始するが、公共

209

第6章　香港会社法の展開

の利益に鑑み資格剥奪が必要であると判断される場合には、財務長官または公選管財人はかかる申立を行うことができる（第168I条）。資格剥奪命令に違反した者の刑事責任（第168M条、第168N条）、民事責任（第168O条）、および申立権者についても定められている（第168P条）。ちなみに、申立権者は、公選管財人、財務長官、清算人、取締役らの行為に関連するすべての会社の元株主、現株主、元債権者、現債権者であり、②の場合には、さらに会社登記官にも申立権が付与される。そのほか、財務長官の資格剥奪命令の登記に関する規則（第168R条）、および、第一審裁判所首席裁判官（Chief Justice）による資格剥奪裁判手続きに関する規則（第168S条）のそれぞれの制定権や経過措置（第168T条）に関する規定が置かれている。

第5款　1997年改正

1997年には、香港統治の中国への主権委譲にともなう調整が会社法においてもみられ、また、そのほかにも会社の権能等に関する基本的な改正がなされた。たとえば、基本定款の絶対的記載事項である会社の中国語商号への対応（第5条第1項、第21条4項）、会社の商号に中国語を用いる場合の漢字の用法（第20条第3項）、公告における英字紙・中国語紙への掲載の義務づけ（第71A条）、有限責任会社の商号へのLimitedまたは中国語相当語もしくはその双方の挿入と、英字（または中国語）商号のみを有する有限責任会社の契約書、手形、請求書等への中国語（または英語）翻訳商号の併記の義務づけ（第93条、第317条）などである。

会社の権能に関する改正としては、第5条第1A項・第1B項により、会社の基本定款における目的条項は相対的効力を有するに留まる旨が明記され、同時に、第2A条が新設され、登記官に会社令上必要な様式を職権で指定できる権限が与えられた。このことに関連して、会社登記官は職権でもって、年次報告書に関し、会社別に異なる様式を使用させうることともされている（第107条第7項）。また、1984年改正を完成させるべく、会社の権能について第5A条、第5B条、および、第5C条が追加され、悪意の擬制および能力外法理は明示的に廃止された。

第6款　1999年改正

　従来は、償還優先株式の償還財源は配当可能利益または新株発行時の資本剰余金のうちの償還引当分に限るとする規定（第49A条第1項(a)）の例外として、株式プレミアム勘定を償還優先株式の償還財源としうる旨が規定されていた（第48B条第3項(c)）。改正により、この後者の規定は削除され、原則どおり償還財源は配当可能利益または償還引当分に限ることとされた。また、1984年改正では導入されなかった企業結合の際の取得株式の株式プレミアム勘定への組入については、英国1981年会社法の轍を踏み、組み入れないことが明示された（第48C条）。

　なお、会社登記官は、取締役の氏名、住所、近況情報を盛り込んだ取締役の索引を作成し、公衆の縦覧に供さなければならないこととされた（第158C条）。

第7款　2000年改正

　すべての会社について、設立初年度に限って年次報告書の作成義務を免除した（第107条第3項、第3A項、第3B項）。また、すべての会社について、招集通知も、総会の開催もなく、書面決議（特別決議も含む）をなしうることとし（第116B条）、書面決議の提案は、取締役または秘書役によって、社員の書面決議への署名以前に会計監査人に通知されなければならない旨が定められた（第116BA条）。

第8款　2001年改正

　上場会社について、期日までに株主等の同意の通知がないかぎり、正式な財務報告書に代えてその要旨を当該株主等に配布することを罰則付きで禁止した（第141CA条、第141CB条、第141CC条、第141CD条、第141CE条、第141CF条）。なお、これらの会社において株主等が同意する場合、財務報告書の要旨は、電磁的方法を用いて送付することもできる（第141CH条）。

第6章　香港会社法の展開

第9款　2003年改正

　2003年には多岐にわたる比較的大きな改正がなされた。以下、それらを改正項目ごとに概観することとしよう。

1　会社登記官の書式等に関する裁量権

　会社登記官の裁量権が拡大され、会社登記官は、依然形式的審査権の範囲にはあるものの、自己の裁量において提出書類の様式や証明書における署名の様式を定めることができることとなった（第305A条、第346条以下）。

2　基本定款・通常定款に関する事項

　会社の目的条項、商号、および、その他通常定款に定めるべき事項を基本定款に記載した場合の当該事項の変更手続きを新たに定め、私会社におけるそれらの変更について株主の裁判所への変更取消申立権を定めた（第8条、第25A条）。会社の基本定款および通常定款の会社・社員間、社員間の効力を明文化し、それぞれの関係に基づいて会社は社員に対し、社員は会社に対し、および、社員は社員に対し、定款規定の履行請求権を有する旨が定められている（第23条第1A項）。

3　会社における一人会社の容認、私会社における一人取締役＝株主の容認、取締役概念

　一人会社の報告義務を創設し（第95A条）、会社の株主名簿にその旨の記載を一人会社となった日付とともに記載させ、一人会社でなくなった場合にも同様の義務を課すこととした。違反した場合の会社と役員の両罰規定も置かれている。また、一人会社の意思決定の際の定足数の規定も新設された（第114AA条）。

　私会社についてはさらに、取締役は1名（他の会社では2名）で足りることとした（第153A条(41)）。このことに関連して、新たに予備取締役（reserve director）なる概念を導入し、一人私会社において、唯一の株主が唯一の取締役の場合には、自己の死後取締役となるべき予備取締役を指名することができるとされた（第153A条第8項）。予備取締役を指名した場合は、指名から14日以内に会社登記官に対して本人の署名、指名承諾書、満18歳に達している旨の書面を送付しなければならない（第158条第5A項）。予備取締役は、取締役の新

第2節　英国1948年会社法からの進展

たな類型として、会社法上取締役に言及される局面ごとに予備取締役という文言が追加されている。また、定款によって代務取締役（alternate director）の選任が認められている場合には、代務取締役の不法行為について代務取締役を選任した取締役も連帯責任を負う旨が定められた（第153B条）。さらに、影の取締役の概念自体は、前述のように1984年改正によって導入されているが、この改正で取締役の定義には影の取締役を含むことが、関連する規定のすべてにおいて明文化された（たとえば、第271条第3項、第344A条第7項）。一人取締役の決定は、取締役会決議とみなされ、決議から7日以内に会社に議事録を提出しなければならない（第153C条）。

4　秘書役

私会社も含め、すべての会社で秘書役を置かなければならないこととなった（第154条第1項）。もっとも、取締役と秘書役との兼任は認められているので、実務において大きな変動はないであろう（第154条第1A項）。法人秘書役については、取締役との兼任規定に関わらず、次のような制限が加えられた。すなわち、香港会社令のもとでは、従来から法人秘書役は認められていたが、2003年改正によって、唯一の取締役を有する私会社は、当該会社の唯一の取締役がその唯一の取締役であるような法人を秘書役とすることはできないとされた（第154条第4項）。唯一の取締役を有する一人私会社における取締役・秘書役名簿の記載事項（第158条第2B項）、同様の会社における唯一取締役との契約の際の会社の書面契約または契約条件の文書化義務（第162B条）などが新設された。

5　取締役の解任、取締役等に対する貸付

取締役の解任決議に特別通知が必要である旨が規定された（第157B条）。取締役への貸付禁止の適用免除が定められ、たとえば、グループ会社への貸付、会社に対する貸付の保証、株主総会の承認が得られた貸付、取締役が職務の過程で合理的に被った費用の償還、住宅ローンとしてなされる場合などがそれに当ることが明示された（第157H条）。この規定に違反した場合の取締役の貸付金返還義務や貸付取引を承認した取締役の刑事責任などについても併せて定められた（第157I条）。なお、計算書類における役員に対する貸付の明細の開示について、第161B条、第161BA条、および、第161BB条が改正ないし新

213

第6章　香港会社法の展開

設され、債務保証やクレジットなどをも含めた広義の役員への貸付の明細のうち、株主総会において開示されるべき項目が詳細に定められた。なお、これら一連の典型的閉鎖会社における取締役に関する規定の整備は、立法評議会が香港を中国大陸における企業統治の模範法域とし、香港上場会社への内外からの投資の呼び水とすべく、後述する証券・先物規制の導入と連動・一貫して行った改正の結果とみることができる[42]。

6　任意清算の際の特別手続き

会社の任意清算において、会社が継続能力を欠く場合の特別手続きが新設された（第228A条）。この特別手続きによれば、取締役会が会社の継続不能により清算を妥当とする旨の決議をなした場合には、取締役会は所定の様式による清算報告書（winding-up statement）を作成し、登記官に送付しなければならない。合理的理由なく清算報告書に署名した取締役には刑事責任が発生する。当該会社の清算手続きは登記官に清算報告書が到達した時点で開始する。取締役会は、仮清算人（ソリシターまたは公認会計士に限る）を選任し、かつ、登記官への清算報告書送達から起算して28日以内に、株主総会および債権者集会を招集しなければならない。取締役会は、仮清算人の選任から起算して14日以内に官報に、清算報告書の登記官への送達による会社の清算手続きの開始、仮清算人を選任した旨および仮清算人の氏名・住所を掲載し、仮清算人自身にも登記官に対する自己情報登録義務、辞任や変更にともなう官報掲載義務が発生する。仮清算人は、清算人が選任されるまでその任にあたるが、清算人がすみやかに選任されない場合には、債権者集会が認めるかぎり任期を継続する。取締役会主導のより簡易な任意清算手続きの導入と意義づけられよう。

第10款　2004年会社令改正法案

2004年会社令改正法案はグループ会計に関するが、もともとは2003年会社令改正法案の附則に盛り込まれていた。2003年会社令改正法案自体は2004年7月に成立したが、附則の部分については十分に検討する余裕がなかったことから削られ、再検討に付されることとなった。2004年会社令改正法案は、若干の修正は施されたものの2003年改正法案の附則と実質的には同じであ

る[43]。立法評議会委員会は、法案委員会（Bills Committee）[44]を発足させ、法案を精査させることとした。国際会計基準との整合性、他の法域からの示唆などを得ることが目的である[45]。

改正の内容は次のようになっている。第124条のグループ会計の規定について、国際会計基準に併せ親子会社の定義を見直し、新たに subsidiary undertaking および parent undertaking という概念を導入し、法人以外の団体にもグループ会計の規定が適用されうることとした。また、親子関係の定義に、資本関係の基準とは別に他の事業への支配的影響力の有無による基準を設け、さらに、いわゆる「真実かつ公正（な概観の要請）への優位（true and fair view override）」規定により、香港会計基準の会社令に対する優越が確認された。優位規定の導入にともない、従来の財務長官の会社令上の要件の修正権限を定める規定は必要なくなり、削除されることとなった。

---

(13) 国際商事法務9巻103頁（1981年）。
(14) P. Wallace, *Company Law in Hong Kong*, second edition (Singapore: Butterworths, 1990), p. v.
(15) 安田・前掲注（9）906頁。
(16) 研究者のなかには、1984年改正によって香港の会社令は英本国の会社法とは異なる途を歩みはじめた、と指摘する者もある（Wallace, supra note 14, p. vii）。
(17) 会社法改正委員会の英国の立法に対するアプローチは、改正点ごとに多少異なるが、概ね、コーエン勧告と1948年会社法、およびそれ以降の改正勧告と現行の1985年会社法、およびその改正法である1989年会社法に絞られているようである（see, e. g., ibid., pp. 66, 154）。
(18) なお、1988年改正においては、目論見書のなかに写真（photographs）や図画（illustrations of a graphic or pictorial nature）を記載することが認められ（第38D条の削除）（ibid., p. 35）、年次報告書の提出遅滞に対する罰金が導入され、また、登記手続きに関する手数料の引き上げが定められた（第八附則）（ibid., pp. 88-90）。1990年改正においては、登記官に会社の商号の索引（index）を維持すべき義務が定められた（第22B条）（V. Stott, *Hong Kong Company Law*, third edition (Hong Kong: Pitman, 1990), p. 35）。
(19) 英国の枢密院司法委員会への最終上訴制は1997年の主権委譲にともなって廃止されたが、英国の先例は香港においてなお、拘束力を有する（Tsao, supra note 1, pp. 35-36）。
(20) Wallance, supra note 14, p. 8.

第6章　香港会社法の展開

(21)　現行の英国会社法においては、公開会社も私会社も年次報告書とともに計算書類を届け出る義務を有しないが、原則として、両者とも所定の期間内に計算書類の謄本を会社登記官に提出しなければならないことになっている（1985年会社法第242条、第244条）。なお、第2章、参照。

(22)　Wallace, supra note 14, pp. 65-66 ; Stott, supra note 18, pp. 46-47. 会社法改正常任委員会の第四報告書の勧告を要約すると以下のようになる。①会社は、いかなる行為もなしうる権能（capacity）を有するべきである。②会社と取引をなす第三者は、会社登記所または会社に登録または備置してあるという事実のみから書類の内容について悪意を擬制されるべきでない（ただし、担保の登記には適用されない）。③会社は、取締役会の行為に拘束されるべきである。④第三者は、取締役会、または個々の取締役、または会社の定款の内容に含まれる権限を決定する義務をまったく負わないものとすべきである。⑤取締役会または個々の取締役が、会社を代理して取引を開始する実際の権限を有しないことに現実認識（actual knowledge）を有する第三者は、会社に取引の履行を主張しえない。しかし、会社は当該取引を自由に追認しうるとすべきである。⑥会社は、自的を登記しなくてもよい。しかし、業務を開始する際、および爾後には年次報告書の一部として、その主たる業務の記載（statement）をなさなければならないこととすべきである。⑦無思慮な（imprudent）、または不公正な無償分配に対して株主および債権者の利益を保護すべき対策は現在の制度以上に必要とされない。⑧既存の救済は、たとえ会社に完全な権能が与えられたとしても、株主の利益を一般的に保護するには十分である。

(23)　安田・前掲注（9）907頁；Wallace, supra note 14, pp. 67-68 ; Stott, supra note 18, p. 46. 第七附則は、1984年8月31日より施行された（Wallace, supra note 14, p. 63）。

(24)　第七附則では、①金銭の借入および貸付の保証をなすための財産上の担保設定、②会社の資産の個別の売却、③労働者および代理人の雇用および解雇、④提訴および応訴、⑤労働者および元労働者に対する退職慰労金（gratuities）および年金（pensions）の支払、が列挙されているが、裁判所の採用する立場では、①会社の業務に合理的に付随するもの、②善意の取引、③会社の繁栄のためのものおよび会社をいっそう繁栄に導くもの、となる（Wallace, supra note 14, p. 63）。

(25)　わが国の会社法は、香港におけると同様に、新株発行の際の決議要件については、資本の項に規定している。しかし、英連邦諸国、たとえは、本書で扱った英国、シンガポール、およびマレーシアにおいては、これはいずれも取締役の規定のなかに挿入されている（第4章第2節第2款、第4章第3節第3款、および第5章第2節第2款、参照）。

(26)　安田信之「アジア会社法入門⑳」国際商事法務19巻8号1060頁（1991年）。

(27)　この規定は、直截には英国1929年会社法第45条に対応する規定であり、英国1948年会社法はこの規制を支配会社にまで拡張した（第54条）。

(28)　See Wallace, supra note 14, p. 133 ; Stott, supra note 18, p. 64.

(29)　Wallace, ibid., p. 115.

(30) Ibid. なお、香港ではオフ・ショア所得には一切課税されないという特典がある（野村證券アジア室編『アジアの株式市場』東洋経済新報社88頁（1992年））。
(31) Ibid.
(32) 英国会社法は、現在においても取締役の明確な定義を設けず、単にいかなる呼称を有しようと取締役の地位を占めるすべての者(person)を含む、と規定するのみである（1985年会社法第741条第1項）。法人取締役は禁止されていない。取締役名簿の規定のなかに、取締役が法人である場合には、その商号および本店の住所を記載する旨が含まれているからである（1985年会社法第288条第1項、第289条第1項ないし第4項、1989年会社法第145条、第十九附則）。支払不能会社の取締役の資格剥奪については、1986年会社取締役資格剥奪法において整備された（第2章第3節第3款、参照）。
(33) 安田・前掲注(11) 1211頁、参照。
(34) 会計士令第21条は具体的な職業人としての会計士の要件を、第24条第2項はこれ以外にも会計監査人となりうる場合を、第29A条は実務資格についての要件を、それぞれ定める。したがって、会計監査人の資格要件は、実際には、会計士令に定められているといえる。
(35) 英国では、1989年改正によって、さらに辞任する会計監査人の権利が独立した条文となり（第392A条の新設）、規定が整備された。
(36) もっとも、会社法改正常任委員会は、取締役の義務の明文化については否定的な結論に至っている。主な理由として、①取締役の義務違反は複雑な要素から惹起され、法律の文言として画定することが困難である、②法律では大枠のみの規定とならざるをえず、細則による補完が必要となる、③原則の大雑把な提示のみでは、取締役の客観的行動指針となりえない、④法律に組み入れると硬直化し、時の経過による事情変更等を適時に組み込むことが困難となる、⑤原則の大雑把な提示のみでは、株主にとっても適切な指針となりえない、⑥取締役の義務違反に刑事責任を置く意図はない、および、⑦かかる行為準則の周知は、取締役の啓蒙・教育を通じて十分達成されうる、などが提示されている（see *The Standing Committee on Company Law Reform's Consultation Paper on the First Phase of the Corporate Governance Review*, July 2001, para. 6.15）。
(37) E. g., Cmnd. 1749, para. 99.
(38) たとえば、オーストラリア、マレーシア、およびシンガポールなどの例を参照されたい（第3章、第4章、および第5章、参照）。
(39) 既述のように、オーストラリアおよびオーストラリアの改正に倣ったシンガポールの手続きは、異議申立権者に債権者を加えている。香港の改正が、異議申立権者を株主に限っている点は、英国の手続きを全面的に導入した結果であろう。
(40) Wallace, supra note 14, p. 149 ; Stott, supra note 18, p. 189. 配当に関する規定化は、会社法改正委員会の長らくの検討課題であった。従来より、配当に関する制定法上の規定の欠落が英国の最近の立法との距離を生ぜしめていること、また、唯一依拠しうる判

例原則も、香港会計士協会 (Hong Kong Society of Accountants) が刊行している会計基準の方針に沿っていないことなどから、配当に関する規定化が急がれていたためである。会社法改正委員会は、第二報告書において英国の1980年改正にしたがう改正を勧告していたが、1991年改正ではこの勧告が概ね採用されることになった。
(41) 一人取締役＝株主会社における取締役の義務・責任の整備を通じた企業統治のあり方を議論するものとして、F. Reynolds, 'Personal Liability of Company Directors in Tort,' (2003) 33 Hong Kong Law Journal 51ff.
(42) 立法評議会は、2002年の政府予算措置に関するスピーチにおいて次のように表明した。「……香港に投資する者に最善の保護を与え、上場会社に秀でた経営を行わせることによって、企業統治の模範としての香港（の地位）を確立する……」。See para. 68, 2001/ 2002 Budget Speech, available at http://www.legco.gov.hk/english/index.htm.
(43) LC Paper No. LS2/04-05（Legislative Council）.
(44) 法案委員会は、法案の第二読会において必要に応じて設置され、15名以下の立法評議会委員によって構成される。
(45) Legislative Council (speech), supra note 42.

第3節　証 券 規 制

第1款　証券令および証券（持分開示）令

　香港における証券規制は、1972年ないし73年の株式ブーム期に端を発しており、近時においては、飛躍的な進歩がみられる。規制強化に対する直接のインパクトとなったのはいずれも証券不祥事件の発生であるが、その背景には、同様の基盤のもとに目覚ましい発展を遂げてきたシンガポールに対する対抗意識が潜在することが指摘されよう[46]。以下においては、香港における近時の証券規制の改正の動向を概観する。

　現行の証券規制は、1988年に制定された証券（持分開示）令および証券令によっている。これらの法令は、いずれも上場会社にのみ適用される[47]。1988年証券（持分開示）令は、1984年に起こった香港の急成長コングロマリット、キャリアン・グループの倒産を契機に明らかにされた証券取引をめぐるさまざまな問題点を克服するために制定されたものであった[48]。とりわけ、同令によって、実質株主の開示、実質株主の証券保有簿の作成・備置、取締役の

自社証券における取引の開示、および取締役の自社証券取引簿の作成・備置の義務づけ、ならびに1989年の証券令改正におけるインサイダー取引規制の強化[49]、が重要である。

1 持分取引の開示

(1) 実質株式保有

実質株式保有の開示は、1988年証券（持分開示）令の適用される上場会社において10％以上の持分を有する者に、自己の保有する持分の性質および数を会社に対して開示させるものである（第2条、第4条、第6条）。実質株式保有に関する通知を受領したすべての上場会社は、通知受領後3日以内に実質株式保有簿を作成し、株主およびそれ以外の者に対し、無料で閲覧に供しなければならない（第27条第1項）。

(2) 取締役の持分取引に関する開示

上場会社の取締役は、自社、または関連会社の株式もしくは社債としての持分および持分に関する取引を、かかる持分取引を認識してから5日以内に、自社および証券取引所に書面でもって通知しなければならない（第28条第1項）。すべての上場会社は、取締役の持分取引に関する通知に基づき、取締役の持分登録簿を作成し、備置しなければならない（第29条第1項、第2項）。登録簿への掲載や閲覧権については、証券（持分開示）令附則第四部に規定されている。これによると、かかる登録簿は年次総会開催時に作成され、当該総会に出席する者のすべてに公開され、何人も手数料を納付すれば当該登録簿を閲覧できる。

証券取引所は、取締役の持分取引に関する通知を受領した場合、証券委員会の委員によって承認された方法および時日において、かかる事実を公開しなければならない（第32条）。

本改正は、1991年9月1日付けで施行された。香港では通常、取締役が会社の株式の過半数を所有する同族会社が多いが、本改正の狙いは取締役が自己の立場を利用して不当に株価操作を行うことから株主を保護することにあるとされる[50]。

2 インサイダー取引規制

証券令第12A編は、インサイダー取引に関する。インサイダー取引に関す

る諸規定は、インサイダー取引の定義、すなわち、一般には入手できない、価格に敏感な情報が関係者によって利用され、証券が取引されること、という一般的な定義を置くとともに（第141B条第1項）、財務長官は、インサイダー取引の疑いがあれば、かかる疑いを生ぜしめた事実について、インサイダー取引審判所（Insider Dealing Tribunal）[51]に調査させ、かつ公衆に報告させることができる旨を定めている（第141H条）。有責的な（culpable）インサイダー取引が生じれば、インサイダー取引審判所は、当該取引に関与した者およびそれらの責任の範囲を特定し、報告書にまとめ、公表しなければならない（第141I条）。しかし、証券令は、刑事責任や民事賠償について一切定めていなかったので、この点について、従来から強い批判がなされてきた[52]。この批判に応え、1990年に証券（インサイダー取引）令（Securities (Insider Dealing) Ordinance 1990）が制定された。1990年証券（インサイダー取引）令は、インサイダー取引審判所の報告書によって可罰的取引にあたると特定された取引を行った者には、インサイダー取引審判所の命令によって、会社の経営に関する資格の剥奪、政府に対する利得の返還、損害額の3倍を最高限度とする罰金が選択的または重畳的に課される旨を定めている（第23条）[53]。

第2款　TOB規制

　TOBは、香港会社法によっては規制されない。証券・先物委員会[54]によって制定されるTOB・合併に関する香港コード（Hong Kong Code on Takeovers and Mergers）が、香港における上場会社のTOBに関する任意規制（voluntary code）である[55]。コードは、英国のシティ・コードと同様に、細かな規則は定めておらず、倫理ないし理念を定めるとともに、被買付会社の株主保護などの規定を置いている[56]。

　もっとも、このコードには次のような問題点がみいだされうる。すなわち、コードに違反しても、証券・先物委員会の非公式の立入調査がなされうるにすぎず、同委員会に会社を訴追する権限が与えられていない。そのため、規制に実効性がない。また、1983年3月の改正によって導入された35％以上の議決権支配株主の他の株主に対する一般買付義務も、その遵守が任意であるため、実務家にとって何ら安全弁としての機能を果たしていない。そのため、

不遵守に対する何らかの効果が付加されることが強く要求される⁽⁵⁷⁾。1988年に発表された香港証券業の運営・規制（Operation and Regulation of the Hong Kong Securities Industry）に関する証券審査委員会（Securities Review Committee）の報告書は、コードの管理およびコードの施行やコード違反に対する制裁について明確に定めるべき旨を勧告している⁽⁵⁸⁾。もっとも、コードという任意規制によっている点については、報告書は、弾力的な適用が可能であるため、今後とも制定法に移行させるべきではないとしている⁽⁵⁹⁾。

第3款　証券・先物令（Securities and Futures Ordinance）の制定
　　　　―スクラップ・アンド・ビルド―

　上述の証券規制は、従来、内容ごとに別個の条令を構成していたが、2002年3月13日に証券・先物令が制定され、関連する10の条令が統合されるとともに、TOBコードおよび株式買戻コードもこれに編入された。証券・先物関係の規制が区々の条令やコードなどにまたがり、非常に複雑で利用しづらいことに対しては早くから批判があり、規定の整理統合は21世紀における、とりわけ、中国本土の金融・投資のメッカとしての香港市場の繁栄のためには不可欠であると認識されてきた⁽⁶⁰⁾。今回の統合令の制定・施行は、香港の証券規制を現代化してグローバル化、IT化に対応し、もって香港市場の国際競争力の礎を築き、香港市場を繁栄へと導くことを目的とする⁽⁶¹⁾。第5章に先述したように、シンガポールでは、従来の証券業法に置き換わる包括的な証券・先物法が2001年に制定されており、香港における証券・先物令の制定・施行がそれと時期をほぼ同じくすることもまた、決して偶然ではあるまい。証券・先物令は2003年4月から施行されている。以下、証券・先物令についてその特徴を抽出する。

　第一の特徴は、香港統合証券取引所が香港証券取引所（Hong Kong Stock Exchange）と香港先物取引所（Hong Kong Futures Exchange）とに機能分離し、さらに、新たな機関として香港取引・清算会社（Hong Kong Exchanges and Clearing Ltd）を設立し、香港証券取引所に上場させたことである。証券・先物委員会は、証券・先物令のもとで、上場規則を策定・管理する香港証券取引所とともに、証券・先物令の執行にあたる。

第6章　香港会社法の展開

　第二の特徴は、従来、強制力が緩やかであった上場規則やコードに対して、証券取引所や証券・先物委員会の規制制定、管理・執行権という間接的な文脈であるにせよ、制定法上の根拠を付与したことである(62)。

　第三の特徴は、従来、同令の規定に違反する行為によって損害を被った私人は、違反行為を行った者に対し、私的損害を回復することはできなかったが、証券・先物令は、損害を被った私人当人に損害回復のための提訴権を与えた。従来は、証券取引所および証券・先物委員会のみが、市場における違法行為について民事訴訟を提起することができることとなっており、私人が損害回復を求める場合にはコモン・ローに依拠するほかなかった(63)。私人による損害回復は、市場不正行為全体を対象とするものではないが、突破口としての意義はあったと評価されよう(64)。

　第四の特徴は、上場会社の実質株主の開示に関する改正である。従来は、上場会社の議決権付発行済株式の10％以上を保有することとなった株主は、取得日から起算して5日以内に自社および証券取引所に実質保有に関する所定の事項を届け出なければならなかった。この改正では、株価に影響を及ぼしうる情報をより適時かつ衡平に株主に伝達するという趣旨でもって、10％の閾値は5％に、また、届出期間は3日に減縮されている。5％ルールの導入は、わが国を含む他の多くの法域で採用されており、主として英語圏の法枠組みを参照しての結果である(65)。なお、取締役および最高経営責任者（CEO）の持分については、割合如何によらず、持分を有するに至った場合には、同一の期間内に自社および証券取引所に通知しなければならない。

　第五の特徴は、証券・先物委員会に法執行の実をあげさせるべく、濫用に対するセーフガードを盛り込みつつ、職権での強力な調査権限を付与したことである。

　第六の特徴は、上場会社の会計監査人に対し、コモン・ロー上の責任を免除する規定を置いたことである。すなわち、コモン・ローによれば、職務上合理的理由に基づいた行為であったとしても、会計監査人は、詐欺、詐欺的または不適切な実務、および、名誉毀損などの責任に問われる可能性がある。改正は、会計監査人がこのような責任負担を恐れるあまり、積極的に監査権限を行使しないという懸念を払拭したものである(66)。

222

第3節　証券規制

　以上みてきたように、古い時代に制定された定款自治の幅が大きい英国の会社法を維持し、大規模な法改革を避けることによって企業活動の自由を保証してきた香港会社・証券立法にも転換点がみられる。たとえば、私会社の機関設計の多様化や会社登記官の裁量権の拡大、あるいは、証券・先物令における現代化である。

　これらの改正内容は、ある法域における政策がいかようであろうと、それに関わらず、最低限の市場のルールが市場の進展・成熟にともなって不可欠であることを物語っている。とりわけ、シンガポールの証券・先物法との競争意識のもとに換骨奪胎が図られた証券・先物令においては、前示のごとく、セーフガードが幾重にも張り巡らされている。

　このような制度枠組みは何も香港に固有のものではないが、香港市場の国際競争力と規制競争上の優位に従来細心の注意を払ってきた香港政庁にとっては、十分すぎるほどの改正のインセンティヴを提供する。おそらく、この方向での会社・証券規制の現代化は、今後も継続されるものと思われる。

---

(46) See, e. g., P. Regnier, *Singapore : City-State in South-East Asia* (Honolulu: University of Hawaii Press, 1990), pp. 114, 120-121, 133ff.

(47) Stott, supra note 18, p. 248.

(48) 安田信之「パン・エル社事件と新シンガポール証券業法」証券研究82巻215頁（1988年）、国際商事法務12巻8号613-614頁（1984年）。なお、証券規制の強化は、1986年の香港統合証券取引所（Unified Exchange）設立にあたって、証券規制のレヴェルをロンドン、ニュー・ヨーク並みに引き上げたいとの香港政庁の目論見による側面も見逃せない。なお、香港統合証券取引所は、予定より2年遅れて、1986年に開業されたが（国際商事法務14巻5号388頁（1986年））、本章第3節に述べたように、2001年証券・先物令の制定にともない、香港証券取引所、香港先物取引所、および香港取引・清算会社に分離発展した。

(49) Stott, supra note 18, p. 248.

(50) M. Taylor, 'Lifting the Veil,' *Far Eastern Economic Review*, 28 November 1991, p. 63は、この点につき、英国本国の立法趣旨が、秘密裏に進められる敵対的なTOBから会社経営者を保護することにあることを挙げ、香港の本改正における立法趣旨との相違を強調するが、英国においても取締役の持分取引の開示はインサイダー取引規制の一環として捉えられているようである（なお、これに対して実質株式保有の開示は、インサイ

223

ダー取引規制というより、むしろ敵対的な TOB の察知を目的としているといえよう (e. g., L. C. B. Gower, *Principles of Modern Company Law*, fifth edition (London: Sweet & Maxwell, 1992), pp. 609, 613)。

(51) インサイダー取引審判所は、最高法院 (Supreme Court) の判事2名によって構成される (Stott, supra note 18, p. 264)。

(52) Ibid., pp. 248, 265.

(53) 英国のインサイダー取引規制 (Company Securities (Insider Dealing) Act 1985) は、懲役と罰金の選択的または重畳的な賦課を定めるのみである。民事救済を制定法によって定めていない点は英国においても香港においても同様であるが、香港において刑事罰とはいえ、"損害額の3倍"というような制裁の枠組みが採用されてきているのは、米国のインサイダー取引規制の影響かもしれない。

(54) 証券・先物委員会は、1989年の証券・先物委員会令によって、従来の証券委員会に代わって設立された（第4条）。この年、同委員会の手によって TOB コードは全面的に改訂され、投資家保護が強化された (Stott, supra note 18, p. 274)。

(55) Wallace, supra note 14, p. 275.

(56) Ibid.

(57) Ibid., pp. 276-277

(58) Ibid., p. 276.

(59) Ibid., p. 277. 証券審査委員会は、さらに、企業買収の防衛策として、米国のような金庫株 (treasury stock) の取得を認めるべきことを勧告している。

(60) S. H. Goo, 'Corporate Dimensions of the Securities and Futures Ordinance,' (2003) 33 Hong Kong Law Journal 271-272.

(61) Ibid., p. 272.

(62) Ibid., p. 273.

(63) Ibid., p. 277.

(64) Ibid.

(65) Ibid., pp. 283-285.

(66) Ibid., p. 286.

第7章　ニュー・ジーランド会社法の展開

本章では、ニュー・ジーランドにおける英国会社法の継受およびその後の改正の動向について叙述する。

第1節　序　　説

ニュー・ジーランドにおいては1860年に、英国の1844年ジョイント・ストック・カンパニー法に基づいて、自治政府として初めての会社法（Companies Act 1860）が制定された(1)。その後、英本国で会社法が初めて準則主義に基づきつつ総括会社法として整備された（1862年）のにともない、この法律をモデルとして1882年に新たな会社法が制定され、その後1903年、1908年、1933年、1955年とほぼ、英本国での総括法の制定と並行して会社法の立法が行われてきた(2)。原始立法である1860年会社法が英本国の立法を忠実に模写したことは、後続する立法に英国モデルを参照させる強力な根拠となった(3)。英連邦内の制定法の統一の要請、既存モデルの参照による立法コストの削減(4)、および立法コスト削減をさらに容易にする英国における会社法改正実務の慣行化などが英国法への追従の背景として指摘されうるが、実際最も強力な要因は、当時ニュー・ジーランドへ流入する外国資本のほとんどが英国資本によって占められ、ニュー・ジーランドの立法を英国モデルに依拠させることによって英国人投資家の信頼を集めうるとの期待にあった(5)。

現行の会社法は、1993年に制定された。英国1948年会社法をモデルとした(6) 1955年会社法までは、頻繁な部分改正を含みつつも(7)、ニュー・ジーランドの会社法は、英国会社法の発展に比較的忠実であったといいうる(8)。もっとも、1955年会社法およびその後の部分改正のなかにも、英国会社法の枠組みにはない制度が導入されており、本書の関心からはこれらを看過することはでき

225

第7章　ニュー・ジーランド会社法の展開

ない。たとえば、1955年会社法は、制定時より英国会社法上厳格に解釈されてきた能力外法理に対して修正を行っている。1960年代には、オーストラリア会社法の影響下に、TOBの手続きが詳細に規定され、1980年代には、英国や他の英連邦諸国の改正と並行して、コモン・ロー法理の規定化や資本規制の見直しなどが行われている。また、1978年には証券法（Securities Act 1978）が制定され、株式の募集などに関する規定が会社法から証券法へと移され、1988年および1989年には、証券法上の改正として実質株主規制やインサイダー取引規制が新設された。

　前述のように、英国会社法にはない制度枠組みに目を向けるというニュー・ジーランド会社法の動向は、1955年会社法制定時より徐々にみられ、1980年代後半から新会社法の制定が懸案となった結果、いっそう顕著になっている。1985年には、法律委員会法（Law Commission Act 1985）が制定され、これに基づいてニュー・ジーランド法律委員会が設立された。法律委員会は、設立以来、会社法の見直しを精力的に行い、同委員会が法務大臣に宛てて提出した報告書においては、いずれも現行会社法に代わるべき新会社法の制定が提案されていた。この新会社法の構想は、法律委員会報告書に付された草案および前労働党政権のもとで国会に上程された新会社法案にみることができるが、いずれも従来の英国会社法の枠組みにはない制度が積極的に捕捉され、まもなくその一部が1993年会社法となって開花することとなる。1993年会社法は、①会社法は企業当事者間の契約の基本形式とみなされること、②規制の目的は、経営者権限の濫用を抑止すること、③規制の量は濫用の危険に等しく、規制の性質は経済活動を妨げないこと、④法規定は、利用しやすく詳細に過ぎないこと、の4点をバックボーンに制定された[9]。1993年会社法では、この4つの方向性に沿って、会社の定款の一元化、再登記手続きの簡素化、資本維持における支払能力テストの採用、簡易合併手続きの創設、少数株主の株式買取請求権の導入、株主の情報開示請求権の強化、株主の派生訴訟提起権の導入とともに、取締役の義務の明文化および取締役の持分開示簿の創設などがもたらされた。カナダの事業会社法ないしオンタリオ州会社法への嗜好がみられるといえよう[10]。もっとも、1993年会社法自体は、基幹法として先行法と同程度長く存続し、また、部分改正を繰り返して立法の鮮度

第 1 節　序　説

を保つという既存の英国式スタイルは保持される。
　上述のように、ニュー・ジーランドの現行会社法は1993年会社法であるが、英国1948年会社法を継受した1955年会社法を起点にニュー・ジーランドの会社法を眺めることによって、英国会社法からの乖離を積極的に進めるニュー・ジーランドの立法方針がより明らかとなるように思われる。そこで、以下では1955年会社法における英国1948年会社法からの乖離にもページを割きつつ、さらにその方向性をいっそう進める1990年会社法案および1993年会社法、また、その後の部分改正の内容を俯瞰することとする。

─────────

（1）　New Zealand Law Commission, *Preliminary Paper No. 5, Company Law*（Wellington: 1988), p. 1.
（2）　Ibid ; D. A. Godwin Sarre, 'Company Law of the Commonwealth,'（1958）[1958] The Journal of Business Law 376; R. B. Grantham and C. E. F. Rickett, *Company and Securities Law: Commentary and Materials*（Wellington: Brookers, 2002), p. 33. もっとも、英国における総括法の制定とニュー・ジーランドにおける改正立法の制定とがきれいに平行線を描いているとはいえない。このなかには、英国の改正を先取りしたものもある。たとえば、英国では1907年会社法によって初めて私会社制度が導入されたが、ニュー・ジーランドでは1903年から導入されている（なお、1903年の私会社の導入は、1896年に逸早く私会社制度を採用していたオーストラリア・ヴィクトリア州の影響によるとされる（J. H. Farrar and M. W. Russell, *Company Law and Securities Regulation in New Zealand*（Wellington: Butterworths, 1985), p.17; 星川長七「英国会社法改正の課題」『株式会社法の論理と課題』中央経済社248頁（1963年）; New Zealand Law Commission, *Report No. 9, Company Law Reform and Restatement*（Wellington: 1989), p. 13)。
（3）　G. Walker, 'Chaos and Evolution in New Zealand Securities Regulation,'（1997）9 Otago Law Review 22-29.
（4）　Ibid., p. 29 ; New Zealand Law Commission, supra note 2, p. 8.
（5）　ニュー・ジーランドにおける英国人の入植は、ニュー・サウス・ウェールズ植民地の属領としてはじまった（1769年～1840年）。それ以前は、ポリネシア人の居留地であり、1841年にニュー・サウス・ウェールズ植民地から分離した当時も、英国人入植者人口に比べ、ポリネシア人の人口のほうが圧倒的に多かった（1843年の統計によると、マオリ族114,850人に対しヨーロッパ系2000人）。彼らは、鯨、アザラシ、木材、ニュー・ジーランド・リネンなどの天然資源の交換を行ったが、取引所の成立を促すほどの交換量はなく、ニュー・ジーランドに会社が設立され、株式取引所が成立するまでには、経済の流動化と

第7章　ニュー・ジーランド会社法の展開

資本の蓄積がなお必要であった。この橋渡しは、19世紀の英本国における入植プロパガンダによってある程度達成されたが、実態としては、無知の英国人が詐欺まがいの誇大広告によってニュー・ジーランドに連れ去られたにすぎない。1860年代後半から1870年代前半にかけて、ニュー・ジーランドにおいてはじめての証券取引所が登場した。これは、ゴールド・ラッシュを契機とするもので、19世紀後半には、鉱業会社が無節操に設立され、鉱業会社株の投機熱がピークに達した。新聞や政府報告書などの警告にもかかわらず、偽装設立、偽装倒産、虚偽投資情報、過剰投資などによって損害を被る投資家が後を絶たず、政府は、客観的事実に基づく最も信憑性が高い公式情報を流すとともに、1901年には「金鉱・鉱脈尋問委員会（Goldfields and Mines Committee of Inquiry）」を設置し、問題ある鉱業会社の尋問にあたった。19世紀のゴールド・ラッシュはまた、ニュー・ジーランドの証券規制の欠落の問題性を露呈した。すなわち、1882年会社法によって最低限のディスクロージャー規制が盛り込まれるまで、ニュー・ジーランドの会社法は鉱業会社に対し、登記要件および目論見書要件の適用免除を定めていた。これは、当時経済のインフラストラクチャがまったく異なる英国の立法を忠実に模写した結果であった。1860年に自治政府としてはじめての会社法を採択して以来、英連邦内の法統一の要請から可及的に英国法に追従すべしとする立法政策の一環として、ニュー・ジーランドにおいては英国会社法およびその部分改正がほとんど無批判に採用された。英国の現行法の不備・批判は、英国の改正法となって実現され、再び英領への立法モデルを提示しうると考えられたためである（Explanatory Memorandum to the Companies Bill 1933）。ニュー・ジーランドの初期会社立法史については、W. Gardner, 'A Colonial Economy,' in G. Rice (ed.), *The Oxford History of New Zealand* (Auckland: Oxford University Press, 1992), p. 60; Walker, supra note 3, pp. 22-29.

（6）　New Zealand Law Commission, supra note 1, p. 1.
（7）　Ibid., p. ix.
（8）　Grantham and Rickett, supra note 2, p. 33.
（9）　*Laws of New Zealand, vol. 6: Companies* (Wellington: Butterworths, 1997), paras. 3-4; ibid., pp.39-40.
（10）　Butterworths, ibid.

第2節　1955年会社法にみる変容の諸相

ニュー・ジーランドにおける1955年会社法の特徴とその後の改正を概観すれば、比較的初期のニュー・ジーランドが独自に北米や隣国オーストラリア[11]の改正を採り入れた時期――英国1948年会社法からの離反――と、1980年代以降の会社法の国際的な趨勢に合わせて改正が行われた時期――英国会

第 2 節　1955年会社法にみる変容の諸相

社法改正への追随——とに分けて考察することができよう。以下、第 1 款においては前者を、第 2 款においては後者を取り上げる。

第 1 款　英国1948年会社法からの乖離

1　会社の目的に関する修正

1955年会社法は、1957年 1 月 1 日より施行されている。その内容のほとんどは英国1948年会社法の焼直しであるが、すでに立法当初より英国で改正論議がなされていた制度については、英国以外の立法が参照されている。たとえば、会社の目的に関しては、英国1948年会社法とは異なる規定が設けられている。すなわち、1955年会社法施行後に設立された会社は、基本定款で明示に排除しないかぎり、第二附則に列挙された権能に付随する目的を有するというものである。これに類似の規定は、カナダの1952年事業会社法において採用されている(12)。立法の背景は定かではないが、おそらくカナダの立法を参照したものと思われる。能力外法理の存廃に関する妥協的な解決を模索しつつ採られた方法であろう(13)。

2　TOB 規制——オーストラリア統一会社法の影響——

1963年には会社改正法が制定され、会社法のなかに TOB に関する15か条が挿入されることとなった。そこでは TOB オファーの手続き、被買付会社（offeree company）の義務、買付条件の変更、TOB オファーの際に作成される目論見書の虚偽記載に対する責任、会社および役員の求償権、罰則などが定められている。規定の枠組みはオーストラリアの1961年統一会社法のそれと類似している。オーストラリアにおける TOB 規制の進展に触発された改正とみることができよう(14)。この TOB 規制は、その後、規定をより充実させるとともに、商務大臣（Minister of Commerce）のもとに規制機関としてパネルを設置することを目的とする1993年 TOB 法に帰結したが、同法は、他の株主の同意なく特定株主からの大量の株式買付（pass the parcel）を可能とし、かつ、義務的な買付制度も有していないなど、過度の自由放任（レッセ・フェール）がかえって問題を露呈した(15)。そのため、パネルに規則制定権を付与することによって、2000年にはより柔軟な TOB コード（Takeovers Code）が策定されることとなる（本章第 4 節および第 5 節、参照）。

229

第2款　英国会社法における改正への追随

1　1980年代前半期
　　——英国における EC 第一命令および第二命令の履行と相俟って——[16]

(1)　会社設立前の契約

　1983年には、他の英連邦諸国におけると同様に[17]、会社設立前に会社がなした契約の効力について、従来の判例法理が法文化されることとなった。会社設立前に設立後の会社のためになされた契約は、会社設立後特定の期間内に、または期間が特定されていない場合は相当の期間内に、会社によって追認されうる。これにより、当該契約は、契約締結日において会社が存在していたのと同様に会社を当事者として発効し、かつ会社は当該契約に拘束されることになった（第42A条）。

(2)　能力外法理の廃止

　ニュー・ジーランドにおいても、能力外法理について廃止の必要性は古くから十分に認識されており、上述のように1955年会社法制定時にも英国1948年会社法にはない規定が採用されたほどであった。この後、能力外法理は再び改正論議を呼び起こした。

　1983年の改正は、能力外法理に関して比較的緩やかな修正を施すものであり、英国のジェンキンズ勧告およびオーストラリア統一会社法の内容に近い[18]。すなわち、第18A条第2項において、能力外法理を対内的には維持する旨の規定を置いている（第2章第2節第1款および第3章第1節第2款、参照）。これらの規定は、いずれも遡及効を有さず、改正発効後の事例にのみ適用される。

　続く1985年には、能力外法理の修正を徹底すべく第18B条以下が挿入された。第18B条は、担保の登記を除く一切の公示書類について、悪意の擬制を排除する規定である。第18C条は、会社と第三者との取引において会社側からの取引の無効の主張を制限するものである。第18D条は第18C条の射程に関し、契約の相手方に詐害意図があるような場合であっても、会社と取引をなす第三者、またはその転得者が現実認識を有していないかぎり第18C条は適用されると定める。以上のような1985年改正によって、対外的な能力外法

理の廃止はいっそう徹底されることになろう。しかも、1985年改正によって挿入された規定にはいずれも遡及効が付されており、1955年会社法発効時に遡って適用される。

(3) 資本に関する改正

前述のように、株式の割当および目論見書に関する一連の規定は、証券法の制定とともに同法へ移されたが、それらの内容に関しては大きな改正はなされていない。これに対し、会社法上の規定は、英国で1980年および1981年改正によって資本規制が導入されたのにともなって、大きな変革を遂げたといえよう。1982年には株式プレミアム勘定を定める第64条の後に第64A条ないし第64E条が挿入された。これは、企業買収の際に取得される株式のプレミアムについて、株式プレミアム勘定への計上義務を排除するものである（第64B条）(merger relief)。また、グループ会社における株式交換による組織変更の場合においても株式プレミアム勘定への計上は要求されないとされた（第64C条）。これらの規定は遡及効を有し（第64D条）、かつ、これら適用免除となるプレミアム総額が、会社の準備金または利益として貸借対照表に現れる場合には、貸借対照表上、注記などによって、その額、由来、および性質が記載されなければならない（第64E条）。このほか、役員の株式保有簿の規定が設けられたが、この点に関しては、さらに1988年に改正が行われているため、次項において触れることにしよう。

2 1988年改正

ニュー・ジーランドにおいてはその後も、1986年、1987年、1988年、1989年と毎年のように改正が行われている。とくに1988年および1989年の改正は、関連条文も多数にわたる。これらの多くは、会社法の根幹に関わるものではない。ここでは、会社役員の責任強化策が最も色濃く現れていた点で注目すべき内容を含んでいた1988年改正についてのみ、その特徴的な改正点を指摘することにする。

(1) 会社法上の改正

1988年改正会社法における主要な改正点は、会社の経営不適格者に対する資格剝奪規定を創設したこと（第188A条、第189条）、および会社役員の証券保有の開示に関する規定の改正および当該役員の証券保有簿に関する規定を新

設したこと、の2点である（第195条、第195A条）。

　(a)　インサイダー取引を行った役員の資格剥奪規定

1988年における役員の資格剥奪規定の改正に関する多くは、文言の表面的な修正程度に留まる。このなかでは、証券法におけるインサイダー取引規制の新設にともない、裁判所によってインサイダー取引にあたる旨の判決を受けたことが新たに役員の資格剥奪要件のなかに加えられたことが注意されるべきである（第188A条第1項(c)、第189条第1項(d)）。

　(b)　役員の株式保有簿

1988年改正は、取締役の株式保有簿（register of directors' shareholdings）に関して定める従来の第195条を改変し、役員の株式保有に関する通知義務を第195条で定めるとともに、新設の第195A条において役員の株式保有簿（register of officers' shareholdings）につき規定した。すなわち、第195条は、会社役員の、自社または関連会社における証券保有に関する自社への通知義務を規定するとともに、通知の記載内容および手続きについて定めている。完全子会社の場合には、通知義務が免除されている（第195条第4項）。第195A条は、会社に対し、第195条の通知に基づいた役員の株式保有簿の作成を義務づけている。役員の株式保有簿は、内容的には従来の取締役の株式保有簿に代替するものとなっている。従来の規定では、株式保有簿の作成を懈怠する場合にのみ会社に罰則が課されていたが、改正により自己の株式保有について通知を怠った役員自身にも罰則が課されることになった。しかも、その量刑は株式保有簿作成の懈怠の場合より重いので、これにより役員の株式保有の開示が徹底されることが期待されうる。

(2)　証券法上の改正

証券関係では、TOBなどに絡んで国際的に規制の必要性が認識されていたインサイダー取引規制、実質株式保有の開示規定および先物規制が新設されている。これらはいずれも1988年に制定された証券改正法（Securities Amendment Act 1988）において実現されたものである[19]。

　(a)　インサイダー取引規制

インサイダー取引規制は、1988年証券改正法によって初めて具体化された。1955年会社法は、英国の1948年会社法の焼直しであったのでインサイダー取

第2節　1955年会社法にみる変容の諸相

引規制をまったく欠いていた。したがって、その救済方法はといえば、コモン・ローまたはエクイティ上の取締役の義務違反を追及することのみであった。

1988年証券改正法は、証券委員会の勧告に基づき、第一編においてインサイダー取引に関する規定を設けた。規定の多くは、英国の1985年会社（インサイダー取引）法の内容を採り入れたものとなっている。証券改正法は冒頭の解釈（interpretation）の項で、重要な語の定義を定める。これに続いて、インサイダーの責任、インサイダーの教唆、あるいは内部情報の漏洩に対する責任、他の公募会社（public issuer）の内部情報を有するインサイダーの責任、この者の教唆、または他社の内部情報の漏洩に対する責任、それぞれその責任を負うべき相手方、罰金の最高限度を定め、次にそれらの適用免除を定めている。たとえば、インサイダーによりなされるTOBオファーによって売買された証券に関する場合（第8条第2項、第12条第1項）、あるいはチャイニーズ・ウォールにより内部情報の隔絶が図られている場合（第8条第3項、第10条、第12条第2項、第14条）には、インサイダー取引に関する訴訟は提起できない。規定の後半は、損害額の算定、および訴訟手続きに関するものである。損害額は、当該証券に関する内部情報が公表されていた場合の金額と被害者が実際に売買した金額との差額とされている（第15条）。

(b)　実質株式保有の開示義務

1988年の証券改正法は、実質株主に開示義務を課した。改正法は冒頭で、実質株主の定義を定めており、これによれば、実質株主とは公募会社または他の法人において5％以上の持分を有する者であるとされる。実質株主となった者は、当該公募会社または当該公募会社が上場している証券取引所に自己が実質株主である旨の通知をなさなければならない（第20条第1項）。また、自己の持分において異動が生じた場合にも、当該公募会社または当該公募会社が上場している証券取引所に異動の通知をなさなければならない（第21条第1項）。これらの通知は、所定の様式に基づかなければならず、その様式は、1989年証券（実質証券保有者）規則（Securities (Substantial Security Holders) Regulations 1989）に定められている。公募会社は、これらの通知およびこれらに関する情報を編綴（file）しなければならない（第25条第1項）。編綴したもの

第7章　ニュー・ジーランド会社法の展開

は、会社の本店または株主名簿の備置されている場所、または会社の主たる営業所（principal office）において備置され、株主または所定の手数料を納付した公衆の閲覧に供される（第25条第2項、第3項）。これらの規定に違反している者、または違反しているおそれのある者に対し、裁判所は開示の強制、株式の失権（forfeiture）など、第32条で定める命令をなすことができる。

―――――――

(11)　単にニュー・ジーランドとオーストラリアは、地理的に近接しているというのみならず、トランス・タスマン通商によって経済的に結びついているところから、多くの点で法律上の統一が要請されることになる。そこで、既述のように、1988年にはオーストラリアとの間にビジネス・ローの調和に関する覚書が発布された（第3章第3節第1款、参照）。会社法に関しては、両国間の調和の必要性はそれほど大きくないが、オーストラリア会社法の発展には目覚ましいものがあり、ひとつのモデルとして注目すべきことは否めない。ニュー・ジーランド法律委員会報告書は、オーストラリア法との調和によってもたらされる利益には積極的に与るべきことを説くとともに、最近では逆にニュー・ジーランド法律委員会草案がオーストラリア議会で参考にされていることを紹介するなど、両国の調和的関係を強調している（New Zealand Law Commission, supra note 2, pp.1, 10-11）。

(12)　Godwin Sarre, supra note 2, p.376. オーストラリアのヴィクトリア州法は、この後1958年改正によってこれと同様の規定を採用した（F. P. Donovan, 'Law Reform in Victoria,' 1960 [1960] The Journal of Business Law 62）。

(13)　星川長七「英連邦諸国における会社法の改正」『株式会社法の論理と課題』中央経済社308頁（1963年）。

(14)　もっとも、オーストラリアにおいてTOB規制が進展するのは1970年代のことであったから、ニュー・ジーランドにおける1963年の改正は、オーストラリアの初期のTOB規制を真似るものでしかなかった。

(15)　D. Quigg, et al., *Doing Business in New Zealand*（Boston: Aspatore Books, 2004），p. 86.

(16)　1980年前後のニュー・ジーランド会社法については、すでに故青木英夫教授が独協法学に掲載されたすぐれた業績がある（「ニュージーランド会社法研究Ⅰ～Ⅷ」独協法学10号（1978年）～21号（1984年））。

(17)　なお、この改正は、英国ではジェンキンズ勧告によって強調されたにもかかわらず、現在においても実現していない。

(18)　R. W. Parsons, 'Uniform Company Law in Australia,' 1962 [1962] The Journal of Business Law 238. オーストラリア統一会社法における能力外法理の修正は、米国模範事業会社法にしたがったものであるとする見解もある。

(19) なお、本文にも触れたように、1989年には、証券(実質証券保有者)規則(Securities (Substantial Security Holders) Regulations 1989)が制定された。これは、1988年証券改正法第20条に基づき、実質株主開示に関する実際の手続きを定めるものである。この規則の内容は、実質株主になった者が会社に提出すべき通知の様式、内容、通知に添付されるべき書類および報告書、ならびに通知提出の方法などに関するものである。

第3節 1990年会社法案

1978年の証券法によって証券委員会が、1985年の法律委員会法(Law Commission Act 1985)によって法律委員会(Law Commission)が設立され、会社法および証券規制の見直しが精力的に進められることになった。法律委員会は、証券委員会の検討課題となっている[20]TOBおよびインサイダー取引に関する規制ならびに会社の会計などの分野を除き[21]、会社法の制度的枠組みの見直しを行っているが、法務大臣宛てに提出した1989年6月の「会社法改革・リステイトメント(Company Law Reform and Restatement; Report No. 9)」および1990年9月の「会社法改革―変容・改訂(Company Law Reform: Transition and Revision; Report No. 16)」と題する報告書のいずれにおいても既存の会社法に代わる新たな会社法の制定を勧告している[22]。法律委員会の第十六報告書の提出と相前後して、1990年9月5日にはパルマー労働党政権(当時)のもとで会社法案が上程された。法案は、主として法律委員会の第九報告書および1990年5月に提出された改訂試案(revised draft Companies Bill)に依拠しており、従来の英国会社法の枠組みからの思い切った転換を図っている[23]。以下、1990年会社法案に盛り込まれている改正提案のなかで、注目すべき点を指摘していくこととしよう。

1 定 義

定義のなかには、取締役会(board)など従来の英国会社法にはみられない語の定義が採用されている[24]。また、米国の模範事業会社法(Model Business Corporations Act)に倣い、配当および支払不能の際に必要となる支払能力テスト(solvency test)[25]が採用されている(法案第2条第1項、第4条、第105条)。

第7章　ニュー・ジーランド会社法の展開

2　会社の設立

　会社の基本的要件（essential requirements）として商号、一株以上の株式、会社に対し無限ないし有限の責任を負う1名以上の株主、および1名以上の取締役、が挙げられている（法案第6条）。この規定のもつ意味は大きい。すなわち、従来の公開会社7名、私会社2名という定款署名者の要件は排除されて一人会社が法によって認められ、取締役の員数の要件は従来の2名から1名に引き下げられ、さらに、株式を発行しない保証有限責任会社は廃止されることになる。会社の定款は会社の基本的要件とされないから、その作成は各会社に任せられる。ただし、定款が作成される場合には、会社の設立および登記の申請の際に会社の定款として認証されたものを当該会社の原始定款（initial constitution）として会社登記官に提出することができる、とされる（法案第23条、第24条）。定款は、株主総会の特別決議によって自由に採用ないし変更されうる（法案第25条）[26]。従来附則において示されていたモデル定款は排除され、代わりに会社法上に会社の基本的な能力、株主の固有権および取締役会の権限などが規定される。なお、従来の私会社、公開会社という会社の区分は廃止される[27]。

3　株　式

　株式は額面を有してはならない、とされる（法案第31条第1項）。また、会社法のなかに既存株主に対する新株予約権（pre-emptive right）が規定されているが、同時に会社の定款によって新株予約権を排除ないし制限することが認められている（法案第38条）。

4　株主に対する分配

　取締役会の分配権限が定められ、分配後の会社が支払能力テストを満足する場合にのみ分配をなしうることが明示されている（法案第44条）。また、配当に関する規定が設けられ、同一種類の株式に対しては株金額に応じて公平な配当金額が保証される旨が規定されている（法案第45条）。配当後に支払能力テストを満足しないことが判明した場合には、会社は、善意の株主、善意の元株主および全額返還を要求することが酷な株主を除き、各株主に配当金の返還を要求しうる。取締役がこの手続きを採らない場合および取締役が悪意で支払能力の証明をなした場合には、取締役が個人責任を負う旨が規定さ

第3節　1990年会社法案

れている（法案第48条）。

5　自己株式取得

　自己株式については、所定の手続きを踏む場合を除き保有が禁止されている（法案第50条）。自己株式は、会社の分配の際の手続きを定めた第44条にしたがい自己株式取得後の会社が支払能力テストを満足する場合、および会社の定款によって授権されている場合にのみ取得されうる（法案第51条）。このような自己株式の取得は、総株主に対する均等買付の申込（法案第52条第1項(a)）と特定の株主に対する選択的買付の申込（同(b)）とに分けて規定され、前者にあっては申込を受けるための合理的な機会を保証することが、後者にあっては総株主の書面による同意と定款による授権に加えて、当該取得が残存株主の利益となり、申込の条件および取得の対価が残存株主にとって公正かつ合理的であることが、要件とされる（法案第53条）。前者によって取得する場合は、株主総会で別段の定めがないかぎり、年間発行済株式の10％以上の株式を取得することはできない（第52条第2項）。買付の申込は、株主に対して開示書類が送付されたのち、10営業日以降30営業日以内になされなければならない。株主、会社、および債権者には、当該買付申込に対する異議申立が認められる（法案第53条第5項、第6項）。取得された自己株式は、取得後直ちに消却されたものとみなされ、当該株式に付随する権利または特権は消滅する。もっとも、会社の定款はこれによって影響を受けず、消却された株式は再発行を妨げられない（法案第55条第1項、第3項）。

6　自己株式取得に関する資金援助

　従来、自己株式取得に関する資金援助は原則として禁止されていたが、法案では、貸金を業とする会社が通常の条件において融資を行う場合には認められ、この場合には会社の資産の分配にあたらないことが明示されている（法案第61条第1項(a)、第2項）。また、自己株式取得に関する資金援助は、株主の全員が書面で当該資金援助に同意した場合、または所定の要件および手続きを踏む場合にも認められる（法案第61条第1項(b)）。ただし、この場合には会社の資産の分配とみなされ、分配の際の制限が課される（法案第61条第3項）。所定の要件および手続きは、英国およびオーストラリアが1981年に、シンガポールが1987年に採用した要件および手続きのいずれとも異なってお

第7章　ニュー・ジーランド会社法の展開

り、むしろ自己株式取得に関する所定の要件および手続き（前掲法案第53条）に類似している（法案第61条第4項、第62条）。なお、法案では、人格代表および信託保有の場合を除き、子会社による親会社株式の取得が禁止されている（法案第66条）(28)。

7　少数株主の株式買取請求権（minority buy-out rights）

　従来は、会社の重大な事項に関する特別決議に反対する少数株主の救済策または少数株主の抑圧に対する救済策のひとつとして、裁判所が裁量でもって株式買取命令を発しうることになっていたにすぎないが、法案では株主の具体的な権利として株式買取請求権が規定されている。株主は、会社の活動の制限を撤廃するような定款変更、主要な取引（major transactions）、および合併につき求められる特別決議において、所定の手続きにしたがい自己のすべての議決権を反対に投じたにもかかわらず当該決議が成立した場合には、会社に対し、株式買取の請求をなしうる（法案第88条）。株式買取請求に関する手続きは第89条に、買取価格の決定に関する手続きは第90条以下に規定されている。会社と株主との間で価格が折り合わない場合は、会社は仲裁人（arbitrator）に公正な価格の決定を仰がなければならない（法案第90条第4項ないし第7項）。会社は、第三者を先買権者として指定することができ、この場合の買取価格の決定には会社による買取の場合の手続きが準用されている（法案第89条第2項(b)、第91条）。会社は、買取請求があった場合には当該株式を買い取る義務を負うが、買取が会社に損害を及ぼし、あるいは、買取の結果会社が支払能力テストを満足しなくなるなど所定の場合には、裁判所に買取義務の免除を認める命令を仰ぐことができる（法案第92条、第93条）。この場合には、裁判所は買取以外の方法で少数株主の保護を可能とすべく命令を発することができる。

8　取締役会の権限および義務

　従来、取締役の権限および義務については、明文の規定は何ら置かれてこなかったが、法案ではこれらの詳細な規定化が実現されている。前述のように、会社法のなかで取締役会（board）という語が初めて用いられ、その定義がなされている（法案第105条）。定款で株主総会に委ねられる場合を除き、取締役会には会社の経営に必要な一切の権限が帰属するが、また同時に当該権

限を取締役会委員会（committee of directors）などに委任することが認められている（法案第106条、第108条）。次に、従来判例法上認められてきた取締役の義務がさまざまな角度から定められている。すなわち、取締役は、事業を終了する場合には労働者の便益を考慮し（法案第110条）、適切な目的のために権限を行使し（法案第111条）、無思慮に（recklessly）業務を遂行してはならず（法案第113条）、合理的予見がある場合を除き、会社に債務を負わせてはならず（法案第114条）、通常の取締役と同程度の注意、誠実さおよび手腕をもって権限の行使および義務の履行にあたらなければならない（法案第115条）。これらの義務は他の規則によって課される義務と重畳する（法案第116条）。

　取締役の一般的な義務を定める規定のあとには、その具体的な場合として取締役の自己取引について定められている（法案第117条ないし第125条）。従来から英国1948年会社法に倣って、利益相反取引をなす取締役には開示義務が課されていたが、法案ではさらに、利益相反取引の効力についての規定が挿入されている。これによれば、当該取引によって会社が公正な対価を受領していない場合には、会社は、その取引が総株主に対して開示されたのち3か月以内であれば、当該取引の無効を主張しうる（法案第119条第1項、第2項）。

9　会　計

　手続きについては既存の規定と概ね一致するが、新たな点としては、従来証券法によって定められていたキャッシュ・フロー報告書（statement of cash flows）を財務諸表のひとつとしていること、および会社の支配従属関係に関する定義をオーストラリア1989年会社法に倣って、取締役会の支配、または議決権の過半数の支配、または発行済株式の過半数の所有としていることが指摘されよう[29]。

10　開示規定

　会社の財務その他の開示に関する規定が第十一編にまとめられている。すなわち、法案は、年次記録および年次報告書の開示手続きおよび内容を規定し（法案第196条ないし第199条）、かつ従来は株主名簿、取締役名簿など個別の規定のなかにそれらの閲覧に関する規定が挿入されていたのを改めて、会社の記録簿の閲覧に関する規定を一括して置いている（法案第200条ないし第203条）。

11 清　算

　会社の清算に関する規定は、従来は、英国1948年会社法の規定をそのまま導入していたため、きわめて複雑であったが、これが簡潔化されている。従来の winding up（清算）という語は、liquidations に置き換えられ、強制清算（winding up by the court）と任意清算（voluntary winding up）とが区別されないばかりか、株主主導型清算（members' voluntary winding up）と債権者主導型清算（creditors' voluntary winding up）との区別も排されている。これにともない、従来任意清算のタイプを決定してきた法定の支払能力宣言書（statutory declaration of solvency）が廃止されている。新しい清算規定の内容は、従来の強制清算、株主主導型任意清算、債権者主導型任意清算として別個に規定されていた条文を適宜取捨選択し、それらを合理的に融和したものとなっている[30]。

12 附　則

　附則では、株主総会（第二附則）、取締役会（第四附則）および債権者集会（第五附則）の手続きが定められている。ここでは電話やヴィデオなどの視聴覚器材を通じた出席が認められていることが特筆される。

　1990年会社法案は、上程後1か月ほどで労働党から国民党への政権交代があったため、廃案となった。もっとも、その趣旨は活かされ、新政権のもとで1993年会社法へ結実することとなる。

---

(20)　New Zealand Law Commission, *Report No. 16, Company Law Reform: Transition and Revision* (Wellington: 1990), p. ix.

(21)　Ibid., p. xviii. 法律委員会が主として改革の対象としてきたのは、会社の設立および解散、ならびに会社の内部構造、さらに取締役の権限および少数株主保護である。TOBやインサイダー取引などの規制に関しては、公衆保護の見地からいっそうの安全策を設けなければならず、会社法のレヴェルでは解決できないとされたためである。ただし、TOB規制に関する証券委員会の構想は大規模公開会社を中心としたものであるところから、法律委員会は、すべての会社を規制の対象とするか否かは措き、より一般的な TOB 規制を会社法のなかに挿入する方向には賛成していた（New Zealand Law Commission,

supra note 1, pp. xviii-xix, 32-33, 69)。
(22) New Zealand Law Commission, ibid., p. 1. *Report No. 16, Company Law Reform: Transition and Revision* (前掲注(20)、参照)は、Report No. 9の修正および補足である。法律委員会は、第九報告書を提出する4か月前の1989年3月に予備報告書(Preliminary Paper)を、第九報告書提出後の1990年5月には改訂試案を公表している。その4か月後に第十六報告書が提出されている。
(23) See Explanatory Note to the Companies Bill.
(24) 単に定義を定めたというに留まらず、むしろ、このような概念を従来、機関の概念がルーズであった英国法系会社法へ持ち込んだこと、そして、この機関に会社の経営に関する重要な権限を与え、かつそれらを会社法において定めたことが注目されるべきである。
(25) 支払能力テストは、通常の事業の過程で満期が到来した債務について償還することができ、かつ、会社の純資産額が偶発債務を含む会社の全債務額を上回る場合に満足するとされる(1993年会社法第4条、参照)。
(26) 法律委員会第九報告書巻末の試案(以下、法律委員会試案という)においては、会社の基本的要件のなかに会社の定款(constitution)が含まれていた。したがって、登記官への定款の提出は任意であるが原始定款の作成は各会社に義務づけられ、その結果当然のことながら定款の新規採用に関する特別決議の規定も存在しなかった。
(27) ちなみに、データは古いが、ニュー・ジーランド法務省が発行している1991年度の年次報告書(Annual Report)によれば、1991年12月末日現在の登記会社数は、153,663社であり、そのうち公開会社数は1,012社、すなわち、0.66％にすぎないという。なお、近年は年次報告書のなかに、登記会社数のデータは含まれておらず、正確な実態把握は困難である。
(28) 法律委員会試案では、株式の相互保有は支払能力テストを満足することを条件に認められていたが、この規定は1990年5月の改訂試案では削除され、代わりに相互保有が認められる場合が限定列挙されるとともに、親子会社間の株式取得の規制が新たに設けられた。本法案は、この改訂試案の規定を採用したものである(Explanatory Note to the Companies Bill)。
(29) 法律委員会試案においては、取締役会の支配、ならびに、配当および剰余資産の過半数に対する権限の有無を定義としていた。
(30) 法律委員会試案では、清算人の資格要件、および、登記官によって管理される無資力会社のための基金制度が導入されていたが、法案では採用されなかった。無資力会社のための基金制度は、オーストラリア法律改正委員会によって提唱されていたものであり、その後その検討作業は、法務省の支払不能検討部会(Department of Justice's general insolvency review)に委ねられた(New Zealand Law Commission, supra note 1, p. 99; Explanatory Note to the Companies Bill)。

第7章　ニュー・ジーランド会社法の展開

第4節　1955年会社法から1993年会社法へ

　上記のとおり、1990年会社法案がそのまま立法されることはなかったが、同法案は法律委員会の仔細な検討のうえに起草されたものであったため、まったく無に帰したわけではなかった。ボルジャー第二次国民党政権（当時）は、1993年に新会社法を制定したのである。法律委員会の報告書や1990年会社法案は、北米、とりわけカナダ・オンタリオ州の会社立法を参考に、会社法のドラスティックな方向変換を試みたため、それを基礎とした1993年会社法においては、既存の会社法の規定が活かされたのはほんの数編にすぎず、新たに導入された規定が非常に多いという特徴がある[31]。改正の二大目的は、前述のように資本原則の見直しおよび取締役の責任の強化と株主の救済の充実である。1993年会社法の多くの規定は1990年会社法案を継承するため、ここでは、前述との重複を避け、1993年会社法において前述とは異なる規定が採用された部分を中心に言及する。

1　会社の定款の採択・変更（第26条ないし第31条）

　会社の定款については、法案どおり採択自体も会社の任意とされたが、会社は、株主総会の特別決議によって定款を新たに採択し、または、変更・撤回することができるとされた。

2　額面株式の廃止（第38条）

　法案どおり額面株式は廃止され、定款の記載事項から額面資本金額が削除された。

3　会計監査人の選任（第196条ないし第199条）

　原則として、ニュー・ジーランドに本店を置く会社には、株主の総意をもって会計監査人の選任が免除される（第196条第2項）。

4　会社秘書役の選任

　すべての会社において会社秘書役の選任は任意とされている。

5　新株発行・分配（distributions）に関する取締役会の権限（第42条、第52条、第128条ないし第130条）

　法案どおり、会社法上取締役会の概念が導入された。取締役会委員会や個々の取締役、労働者へその権限を委任することができるとされているのも法案

に由来する。取締役会は、時期、取得者、数、条件などを自由に定めつつ、新株発行を行うことができる。取締役会は、原則として分配の決定権限を有し、分配後支払能力テストを満足し、種類株主間の平等性が担保されている場合には、この権限を無条件で株主総会に委譲することもできる。なお、ここでの分配は、対価性の有無に関わらず自己株式の取得を含む広義の会社財産の払戻を意味する。なお、これに関連して、1993年会社法は、株主の総意および会社が支払能力テストを満足することを条件に（なお、後述のように取締役会決議によって株主に分配を行う場合にも支払能力テストは適用される）、分配のみならず以下の事項についても、株主総会の権限としうる旨を定める。

① 株式の割引発行
② 自己株式の取得
③ 自己株式の償還
④ 自己株式取得に関する資金援助
⑤ 取締役の報酬、便益、失職に対する補償、貸付および保証

これらは、株主に重大な利害関係がある事項であり、むしろこれらの事項についても法律によって原則取締役会に決定権限を付与した点に1993年会社法の特徴があるといえるのかもしれない。株主に強行法的に会社の基本事項に関する決定権限を付与するのみならず、本来は取締役会に帰属する経営に関する決定権限をも株主総会に委ねうるとすることによって、株主総会と取締役会との権限分配を柔軟化する同法の基本スタンスを体現するものといえよう。

6 取締役の義務（第131条、第139条ないし第149条）

取締役の義務は明文化されている。取締役の注意義務としては、①会社の利益のため誠実に行動すること、②適切な目的のために権限を行使すること、③会社法または定款に反する行動をとらないこと、④無思慮な（会社債権者に重大な損害をもたらすおそれのある）取引に合意しないこと、⑤債務の履行が請求時に可能でないかぎり、債務の賦課に合意しないこと、⑥会社の性格、取締役の決定、立場、および、責任に鑑みた注意・手腕を尽くすこと、および、⑦権限の行使および義務の履行に際しては、専門家の助言にしたがうこと、である。また、取締役の利益開示については、取締役の利益相反取引によっ

第7章　ニュー・ジーランド会社法の展開

て得た利益、自己持分の取得・処分に関する情報の開示が要求されている。

7　支払能力テストと取締役の責任（第4条、第77条、第78条）

支払能力テストの導入については、すでに法案時点でも北米志向の特徴を最も際立たせる点として注目されたが、1993年会社法は支払能力テストに関し、次の場合には取締役に個人責任が発生するとしている。すなわち、①支払能力証明書を作成しない場合、②分配手続きを履践しない場合、③支払能力証明書の作成時に会社に支払能力があることに合理的理由が存在しなかった場合、および、④分配の承認時から実行時までの状況の変化により会社が支払能力テストを満たさなくなった場合、である。これらの場合において、（賛成した）取締役は、会社が支払能力テストを満たさなくなった日以降株主になされた分配総額に対し連帯責任を負う。

なお、支払能力テストが適用される局面として、以下が法定されている。①少数株主から株式を買い取る場合、②自己株式取得に関して資金援助をする場合、③自己株式の償還または取得を行う場合、④既存株主に新株の割引発行を行う場合、⑤株主の総意に基づく契約を履行する場合、⑥株主に分配を行う場合、および、⑦株主の責任を軽減する場合（株式は分割払込制をとる）。

8　取締役の責任保険（第162条）

会社の定款の規定をもって、会社は取締役の責任保険についてその保険料を負担しうる旨が定められている。

9　株主の権利

法案を踏襲し、少数株主の株式買取請求権が明文でもって定められた。少数株主が株式買取請求権を行使できるのは、会社の主要取引、定款の変更、および、株式に関する権利の変更においてである（第110条ないし第115条、第118条）。

株主の派生訴訟制度は、法律委員会勧告に基づいて1993年会社法に新たに導入されたものである（第165条ないし第168条）[32]。制度内容は1985年カナダ事業会社法のそれ[33]とほとんど同じであるが、株主は裁判所の提訴許可を得てのみ訴訟手続きを進めうるとのカナダ事業会社法にはない規定も含まれている（この制度は、第3章で述べたオーストラリア会社法における派生訴訟制度のモデルになった）。これは、株主は制定法上の派生訴訟、制定法上の被抑圧株主

第4節　1955年会社法から1993年会社法へ

の救済制度、および、Foss v. Harbottle 原則の例外に依拠した訴訟を選択的に提起することができるため、裁判所として、株主の提訴権の法的根拠を明確にし、制定法上の派生訴訟であることを確認する手続きである[34]。カナダでの議論をもとに、カナダ法を先取りする形で盛り込まれたという[35]。

10　清　算（第241条ないし第303条）

　清算に関する規定は、前述の法案のようなドラスティックな改正はなされず、任意清算および強制清算の類型は維持された。もっとも、任意清算は株主総会の特別決議および、定款における会社の清算事由に該当する場合の取締役会の決議によって、強制清算は会社、取締役または株主、債権者等の申立に基づき裁判所の統括下に、手続きを進めるとされ、内容が若干異なっている。また、清算手続きは、清算人の選任（任意清算の場合は清算を決議した機関、強制清算の場合は裁判所が行う）をもって開始されると規定された（従前は清算の申立時が手続きの開始時）。これにより、強制清算の場合の裁判所への清算申立と裁判所による清算命令の間のタイム・ラグによる手続きの不自然な遡及とそのための混乱が回避されうる[36]。

11　情報開示の実効性確保

　企業情報の開示枠組みとして、前述の法案にみる諸報告制度が組み込まれたが、これらに従来はなかった刑事責任を付加することによって実効性を確保している。また、株主の固有権として書面に基づく情報開示請求権が創設されたほか、コモン・ロー上の書類閲覧権が明文の規定でもって株主に保障された。

　政権を引き継いだボルジャー国民党政権（当時）は、新会社法の制定に意欲的であり、1991年に現行会社法に対する経過措置を定める会社（附属規定）法案および会社法辺縁の破産収益管理法案、財務報告法案、および、TOB法案を国会に上程し、これらは引き続き政権を確保した1993年にいずれも単独立法として会社法とともに成立している[37]。これらのうちTOB法については、後述する。会社法をできるだけスリム化するという法律委員会勧告は、会社法上の諸規定における重複や冗長さに対してだけでなく、会社法とそれ以外の企業立法とを別建てにすることを含む趣旨でもある。一例として、証

券立法や労働や環境などの株主以外の利害関係者についても、法律委員会の勧告のなかでは、別立法による手当てが望ましいとしていた[38]。したがって、会社法辺縁の立法が会社法と併せて別立法の形で制定されたこともその方向性に沿うものといえ、このことはまた、会社立法に証券・先物規制などを含め大部化するオーストラリア会社法をモデルとしないことを意味する[39]。

　ニュー・ジーランドは、上述のように何度も改正を行ってきているとはいえ、基本的に英国1948年会社法をベースとし、維持し続けてきた。その間、他の英連邦諸国では、英国1948年会社法のもとで生じるさまざまな問題に対処すべく相当な改正が行われているにもかかわらず、である。そもそもこのような状況にあったニュー・ジーランドが、会社法の根本的改革を企てること自体新しい方向性を示す現象といいうるが、さらに現在の1993年会社法がこの間の議論を経て米国模範事業会社法やカナダ事業会社法の諸制度を積極的に導入している点は特筆される。しかも、それは、これら北米会社法の単なる模倣に終わっていない。従来の会社法を可及的に合理化し、実務に見合ったものとするために北米会社法上の各制度を仔細に検討し独自化したものである[40]。このような立法は、異法圏の融合が原始立法に関わらず比較的円滑に浸透していくことを証明するとともに、紋切り型の英国法モデルに飽食し始めた他の英連邦諸国にも影響を与えている[41]。注目すべき制度融和の壮大な実験でもあり、今後の動向に期待される。

第5節　TOBコードの策定

　1993年の会社法制定にともなう新たな立法としてのTOB法の意義については、前節において触れないではなかった。しかし、TOB法に基づくコードの策定が2000年まで延びたため、1993年法は実質的には2000年TOBコードが施行される2001年まで凍結されていた。したがって、TOB法およびそれに基づくTOBコードについては、比較的新しい会社法制の動きとしてここに再掲して、やや詳述することとしたい。

　ニュー・ジーランドにおけるTOB規制の嚆矢は、前述のように、1963年の会社改正法に盛り込まれた15か条であった。1993年には会社法その他の企業

第 5 節　TOB コードの策定

立法の一環としてボルジャー第二次国民党政権（当時）のもとで TOB 法（Takeovers Act 1993）が制定された。この法律は、TOB パネルを設置してパネルによるコードの起草と勧告を行い、コードの適用対象および適用条項に関するパネルの解釈権限を保障するとともに、総督の承認を得てコードに法律と同等の強制力をもたせること、などを目的としていた。1963年の会社改正法上の TOB 規制は1993年 TOB 法によって廃止されたが、その廃止は、2001年 7 月 1 日をもってようやく効力を得た。すなわち、1993年 TOB 法によって設置されたパネルは、TOB コードの制定を模索し、1994年には TOB コード試案を公表した。ところが、政府も、また、有識者も、コードによる証券取引への国家介入が正当化される範囲を超えていないかとの疑念を表明し、試案は採択されることなく終わった[42]。その間、上場会社に限ってではあったが、被買収会社の株主に合理的判断を可能とすべく十分な情報と時間を与える、いわゆる"notice and pause"規定を基本アプローチとする TOB 規制が上場規則に含まれることとなった。したがって、TOB 法は制定されたものの、上場会社を除き、具体的な手続き準則を欠くまま、1963年会社改正法上の規定がなお TOB に適用されてきた。

1999年になって TOB コードの採択に向けて検討が開始されたが、これは同年に労働党への政権交代があり、新政権が TOB コードの採択を推進したためであった。もっとも、その内容は、1994年の試案をほとんどそのまま踏襲したものである[43]。TOB コードは、2000年に成立し、2001年 7 月 1 日から施行されている。その概要をみてみよう。

基本原則（fundamental rule）は、何人も、コードの買付申込手続きによらずに、ニュー・ジーランド証券取引所上場会社および50名以上の株主または2000万ニュー・ジーランド・ドル以上の資産を有する会社において自己が保有する議決権を20％超増加させることはできないということである（Rule 6）。買付申込は、標的会社株式の全部または一部に対してなされ、種類株式や無議決権株式が関与する場合には、株主間の平等取り扱いに留意すべき旨が定められている（Rule 8および Rule 9）。買付手続きについては、Rule 41以下に定められている。買付者は、被買付会社に対し、書面でもって、被買付会社の申込の諾否に影響しうる重要情報を盛り込みつつ、TOB の通知を行う。また、

247

第7章　ニュー・ジーランド会社法の展開

同様の内容を含む買付申込書類を被買付会社に対して送付する（Rule 41および Rule 44）。なお、TOBの条件に変更や追加があった場合は、買付申込者は、被買付会社が自社の株主に対して買付申込書類を送付する前に可及的速やかに変更または追加内容を被買収会社に対し通知しなければならない（Rule 48）。被買付株式が上場されている場合には、被買付会社は、証券取引所にも通知を行い、そうでない場合には、自己の株主にTOBがなされた旨を通知する（Rule 42）。被買付会社は、TOBの通知または当該通知を発送した旨の通知を受領してから14日以内に、被買付会社の説明書を自社の株主、買付申込者、および、証券取引所に送付しなければならない（Rule 46）。これらの文書はすべてパネルにも送付されなければならない（Rule 47）。

　TOB期間中の利害関係者の行為規範は、Rule 35以下に定められている。買付申込者やその共同行為者は、競合買付申込者へ処分する場合を除き、オファー期間中に被買付会社の株式を処分してはならず、買付申込者、その共同行為者、およびTOB当事会社の取締役は、所定の要件を満たす買付[44]に限って被買付会社の株式を取得しうるとされている（Rule 35およびRule 36）。

　被買付会社の取締役は原則としてTOBに対して対抗措置をとらないが[45]、株主総会の普通決議によりかかる措置が承認されている場合、かかる措置が株主間契約によって認められ、または取締役会の承認を得た提案として実施される場合（事前の契約または提案も含む）には、可能である（Rule 38およびRule 39）。

　コードの意義は、ニュー・ジーランドのTOB規制として初めてTOB当事会社の株主の平等取り扱いに重点をおいたことであろう[46]。義務的買付制度はコード上には盛り込まれておらず、その内容は細かい点では異なるものの、オーストラリア会社法上のTOB規制に近い[47]。

第5節　TOBコードの策定

(31) Butterworths, supra note 9, paras. 3-4.
(32) See Law Commission, supra note 2, paras. 564-571 and ss.127-130 of the Law Commission's Draft Companies Act. See also, M. Berkahn, 'The Derivative Action in Australia and New Zealand: Will the Statutory Provisions Improve Shareholders' Enforcement Rights?,' (1998) 10 Bond Law Review 91; S. Watson and O. Morgan, 'A Matter of Balance: The Statutory Derivative Action in New Zealand', (1998) [1998] The Company Lawyer 236-245.
(33) Canada Business Corporations Act 1985, ss. 239-240.
(34) Barkahn, supra note 32, p.91.　もっとも、派生訴訟とコモン・ロー上のFoss v. Harbottle原則の例外訴訟を重畳的に提起することは妨げられない。
(35) Ibid.
(36) Grantham and Rickett, supra note 2, p. 1026.
(37) A. Borrowdale, et al., 'Overseas note-New Zealand-Progress of Company Law Reform,' 9 (1991) Company & Securities Law Journal 421; P. Nicholson, *The New Zealand Company Law Reform Package: An Introductory Guide for the Company Executive* (1992；出版地、出版社不明), p. 2.
(38) New Zealand Law Commission, supra note 2, paras. 68-69.
(39) Ibid., paras. 145-153. 法律委員会の勧告においては、以下の理由から隣国オーストラリア会社法を必ずしも参照する必要はないとしている。額面株式の廃止や取締役の責任と株主の救済の再検討は、英国を始め英連邦諸国において積年の議論となっているにもかかわらず、進んでいない。とりわけ、隣国オーストラリアでは、未だ額面株式制度を維持し、刑事制裁をともなう取締役の一般的義務と責任は、本来取締役に求められるべき責任負担のあり方とは異なるとして同国内でも批判がある。ニュー・ジーランド会社法は、資本維持と取締役の責任の再検討を改革の2本柱とし、これらを積極的に進める過程で、オーストラリアの立法はむしろ失敗例として参照しない。支払不能分野や証券・先物分野を除けば、両国の立法の調和の要請はそれほど高くない。
(40) New Zealand Law Commission, supra note 1, p. xvii.
(41) たとえば、シンガポール（第5章、参照）および香港（第6章、参照）。
(42) Grantham and Rickett, supra note 2, p. 933.
(43) Ibid.
(44) 所定の要件としては、以下が定められている。
① 買付申込者が、現金で、または現金を対価の選択肢として、全部買付申込をなすこと、
② コードの規定に基づく買付の見込みが買付申込書類のなかで開示されていること、
③ TOB期間終了14日以上前に買付がなされること、
④ 現実の買付が現金でなされること。

第 7 章　ニュー・ジーランド会社法の展開

⑤　買付により買付申込者またはその関係者の被買付会社における議決権が20％を超えて増加しないこと、

⑥　買付がただちにパネルに通知されること、のすべてを満たすことが要件とされている。

(45) Grantham and Rickett, supra note 2, p. 939.
(46) Quigg, et al., supra note 15, p. 86.
(47) オーストラリアのTOB規制との相違としては、たとえば、以下の点が指摘されうる。①オーストラリアの規制は、会社以外の事業組織に対しても適用されうる。②オーストラリアでは強制買付の規制が未だ残っている。③オーストラリアの規制では、市場買付と市場外買付を截然と区別し両者を対象としているが、ニュー・ジーランドのコードは、市場外買付を中心とする。④オーストラリアのTOB規制は、買付申込価格について直近4か月間に買付申込者が支払った最高価格としているが、ニュー・ジーランドのコードにはそのような買付申込価格規制はない。詳細については、ibid., pp. 86-87.

終 章　英連邦会社法における継受と変容の軌跡
――分析とまとめ――

　本書のこれまでの叙述は、英連邦会社法につき、西太平洋地域を中心に、英国会社法の継受とそれ以後の変遷の構図を巨視的視点で描くことによって、異なる国家間の会社法の相対的な動きに関する全体像を明らかにするとの企図からなされたものであった。その過程においては、英国および英国会社法を継受した各国の会社法をできるだけ制度間で比較・対照できる形で示してきたつもりである。とはいえ、情報量が国によって区々であり、渉猟しえた情報の範囲で叙述するとなると、どうしても国相互間の叙述の相違、および、そうした相違に基づく比較対照の困難が生じる。そのような限界を自認しつつも、大きな流れを指摘するならば、本書が取り扱ったオーストラリア、マレーシア、シンガポール、香港、および、ニュー・ジーランドは、英国に倣った法制度基盤のうえに、制定法も英国法をほぼ模倣し、したがってその会社法も英国の会社法の動きに比較的忠実に改正を繰り返してきたといえる。それゆえ、これらの会社法を概観し英国会社法との類似性を指摘することはそれほど困難ではないようにもみえる。しかし現実にはそうともいい切れない。同じ制度を導入したとしても細部において文言が異なることもあれば、あるいは、文言は同一または酷似するも解釈によって異なる運用がなされることもある。とすれば、一見非常に類似した法枠組み間であっても、その精緻な比較は、非常に困難な作業となることが予想される。したがって、本書において完璧な分析を期すことはほとんど不可能に近いが、できるだけ客観的事実の抽出に正確性を心がけつつ、本章では以下の作業を行う。すなわち、これまで扱ってきた各国の会社法に関する継受と変遷の事実を可及的正確かつ客観的に抽出し、そのような事実の背景となる要因を分析し、本書のまとめに代える。この目的に沿い、本章第1節では、これまでの叙述をも

終章　英連邦会社法における継受と変容の軌跡——分析とまとめ——

とに、各国の会社法の変貌の構図を描出し、第2節以下では、第1節の「変貌」のうえに立った要因分析を試みる。

第1節　会社法の継受と変容の全体像

　まとめと分析に先立ち、まず、英国の入植植民地であるオーストラリアおよびニュー・ジーランド[1]においては、会社法の制定は19世紀にまで遡るが、現行会社法の共通基盤は、英国の1948年会社法に求めて差し支えないであろう。入植植民地ではないが、長らく英国の租借地・割譲地であった香港の会社令は、やや遅れて、英国1929年会社法に基づき1932年に制定されている。その後は部分改正を繰り返しているのみであり、香港会社令については、英国1948年会社法がベースになっているとは必ずしもいい切れない部分もある。この点については、香港会社令が制定されて以降、英国1948年会社法が1985年会社法までの最も長きにわたり施行されていた会社法であった事実からして、香港会社令が改正（とくに1984年改正）に際して英国1948年会社法を参照する機会は多かったと推察され、したがって、第6章でも断ったとおり、1948年会社法を基準に、その変容を眺めることも不合理ではないと思われる。マレーシアとシンガポールについては、独立以降英国1948年会社法を間接的に継受した会社法を有しており、その礎石が英国1948年会社法にあることは疑いない。以上を前提としたうえで、英国を含む英連邦諸国における英国1948年会社法をベースとする各国会社法の相対的動きをまとめると次のようになろう。

　まず、英国では1929年会社法に代わって1948年会社法が制定された。1948年会社法は、1985年に総括会社法が制定されるまで英国における基幹会社法であった。1985年会社法が制定されてから個別立法もまた集積していたが、1989年には1985年会社法および関係諸立法を改正する目的で新会社法が制定された。1998年にブレア第一次労働党政権の下で顕在化した会社法の抜本的な見直しが進められており、2002年に大部の現代化白書が、また、2005年3月と同年7月に会社法改革白書および会社法改革に関する趣旨説明書がそれぞれDTI新会社法試案とともに公表されている。

第 1 節　会社法の継受と変容の全体像

　オーストラリアにおいては、会社法の統一が懸案となり、それが会社法改正の唯一のインセンティヴとなってきたといっても過言ではない。1961年には、英国1948年会社法をモデルとした1958年ヴィクトリア州会社法を全州の会社法の基軸とする統一会社法が制定された。その後、統一会社法のさらなる連邦法化が希求され、1981年に自由党による会社法が、1989年に労働党による会社法がそれぞれ制定されている。1989年会社法は、会社法と証券規制を一元化し、規制の実施機関を事実上の連邦機関としてこれに両者を掌握させている。しかし、憲法解釈上オーストラリア全域に適用しうる連邦会社法というものはありえず、1989年連邦会社法は連邦最高裁判所によって違憲無効とされたため、その後、形のうえでは州立法としつつ事実上全国唯一の会社法を採択するためのさらなる努力が連邦と州との交渉のうえに重ねられた。その結果採択されたのが2001年会社法である。なお、1996年以降の企業法経済改革プログラムでは、変更コストに見合うだけの便益があることが改正の前提となっている。

　マレーシアにおいては、独立に際してオーストラリアの1961年統一会社法をモデルとした1965年会社法が制定された。基本的には1965年会社法が現在まで維持されている。1980年代までは会社法上の大きな改正はなされなかったが、これは、行政介入の形で水面下で問題解決がなされたことによる。1970年代から推進されたブミプトラ政策も、政府の作成するガイドラインや特別法のなかに盛り込まれたにすぎなかった。会社法の改正要因の裏に経済政策の影響が大きいことは、たとえば、一次産品不況下になされた1986年改正、およびアジア通貨・金融危機後の改正が比較的大規模であったことからもみてとれる。たとえば、会社登記官の裁量権限の拡大や支払不能・清算規定の改正などには、政策的要素が強い。もっとも1980年代からの改正は、累積債務問題を契機に、政府主導の細網化された規制の実効性に疑問が投げかけられ、一般民間人保護の見地から断行されたものであった。内容的には隣国シンガポールの改正内容を真似たものが多かった。

　シンガポールにおいては、独立前の2年間マレーシア連邦の一部であったことからマレーシアと同一の会社法が導入された。すなわち、建国後の1967年にはマレーシア1965年会社法がほぼ無傷で導入されたが、1970年代から会

終章　英連邦会社法における継受と変容の軌跡──分析とまとめ──

社法の積極的な改革を試み、会社法典の改訂もほとんど毎年のように行われてきている。1989年の上場会社への取締役会委員会制度や1992年の非上場会社への制定法上の派生訴訟制度の導入などは、北米の会社法を参考としており、会社法の改正については機動的であるとともに、英国以外の改正をも柔軟に吸収する姿勢が早くからみられる。また、マレーシアとともに被った一次産品不況の際には、シンガポールにおいても政策誘導型の会社法改革がなされ、1986年の取締役の辞任規制や2社同時清算の際の取締役の自動的資格剥奪規定などが盛り込まれた。これらの規定は、他のいずれの英連邦諸国にもない、シンガポール独自の制度である。また、アジア通貨・金融危機への対応は政府主導で強力に進められたが、シンガポール自体は危機の影響をそれほど深刻に受けなかったせいか[2]、会社法の改正としてとくにアジア危機対策と考えられうるものはみられない。規制のグローバル化と「東南アジアの金融センター」化の見地から、法規制の国際競争優位性に特段の関心が払われているのも特徴である。

　香港においては、1932年に最初の会社令が制定されたのちは、部分改正が繰り返されているのみである。そのなかで1984年改正は、近時の英国や他の英連邦諸国の改正を採り入れた大がかりなものであった。中国への主権委譲にともない、香港は中国の特別行政区を構成し、50年間は生活様式をはじめ、法律も原則不変である。したがって、主権委譲がなされた1997年の改正においても、使用言語等に関する技術的な改正がみられたのみである。近年は、会社登記官の裁量権限の拡大など、予防規制強化の傾向もみられるが、他方、英国を除き本書が取り上げた他のすべての国において取締役の義務規定が成文化されているにもかかわらず、香港ではその旨を盛り込んだ法案が廃案になるなど、必ずしもその方向性は一貫していない。その裏には定款自治による緩やかな会社法制により、外国資本を呼び込み、アジアの金融センターを目指そうとの政治的意図が垣間見える。

　ニュー・ジーランドにおいては、自治政府時代から英国会社法を最も忠実に反映した会社法を有してきた。1955年に英国の1948年会社法に基づいた会社法が制定され、その基本的な枠組みが長らく堅持されてきたが、その後英国および英連邦諸国から離れ、独自の判断に基づく会社法が模索されている。

第 1 節　会社法の継受と変容の全体像

オーストラリアとの間にはいわゆる 2 国間経済連携協定が存在しており、会社法制の近接もその課題とされていたが、ニュー・ジーランド法律委員会による会社法改正に関する検討の過程においては、オーストラリア会社法上の制度は参照こそされているものの、必ずしも追随されてはいない。この1988年以降法律委員会で検討された会社法改正に関する論点は、1993年の新会社法において採用され、北米に倣った諸制度、たとえば、取締役会制度、制定法上の派生訴訟制度、資本原則における支払不能テストの適用などが採用されている。

　英国1948年会社法は、英国における過去100年間の会社法を集大成した内容的にも先進的な会社法であり[3]、またその施行時期が多年にわたったことから多くの英連邦諸国の立法に影響を与えてきた[4]。本書は、このことを念頭に置いたうえで、西太平洋英連邦諸国における会社法の変遷を検討してきた。その結果、各国の会社法において、少なくとも1980年代に英国が新たな総括会社法を制定するまでは、英国1948年会社法を継受しうるかぎり継受してきたことが基本潮流として浮き彫りにされた。しかも、英国1948年会社法の影響は会社法の基本構造のレヴェルに留まらない。それは、会社法の個々の条文を詳細に比較してみても明確に読み取れるほど細部に及んでいる。本書において、各国の会社法の全体像を叙述するにあたり英国1948年会社法の枠組みからの乖離のみを示せば足りたのも、各国が英国会社法の発展を忠実に反映させてきたことの証であろう。一例として、会社の対外関係、すなわち、債権者を含む第三者の保護は、有限責任制の採用と同時に始まった会社法上の重要な課題であるにもかかわらず、能力外法理の廃止、資本規制の導入、会計や開示規定の厳格化、会社設立前の契約や取締役の義務の規定化などが諸国において相前後して採用されている[5]。他方、会社の内部関係に関する制度設計についても、株主保護、とりわけ、少数株主権の強化は、同族支配が一般的である会社の実態（もっとも、資本市場の成熟度と株式保有の分散性においては諸国間で顕著な相違はある）を反映した万国共通の会社法上の課題であるといえるにもかかわらず、諸国間において同時期、同内容の改正がもたらされている[6]。このことは、諸国の会社法間に何らかの求心力が働いていることを窺わせる。

終章　英連邦会社法における継受と変容の軌跡──分析とまとめ──

　もっとも、先に、「少なくとも1980年代に英国が新たな総括会社法を制定するまでは」と断ったように、英国自身が1980年代以降相次ぐEC／EU立法の採択を受けその国内法規制化の要請を受けたこと、この間の英国での法律問題や法改正論議を各国が先取りしたこと（場合によっては英国が英連邦諸国の制度を後追いする例もみられる）、各国が独自に英国以外の法制をモデル法としたこと、会社法改革が経済社会政策的改革の一環に組み込まれたこと、などの種々の要因から、それまでは、同鞘にあった各国の会社法は次第に大きく乖離していくことになる。詳しくは、次節以下の分析に委ねるが、一般論として、既存の会社法のドラスティックな変革は、通常はその対価が大きすぎるゆえ、理想とされはしてもその早急な実現には困難がともなう[7]。そのため、既存の会社法を部分改正によって理想の枠組みに漸進させていく方法が次善策として採られる。しかし、たとえば、開発独裁、小規模な資本市場、規制における国際競争力の確保、外国資本へのアピールなどの背景・動機があれば、またそれが強ければ強いほど、変革にともなう多大な対価をも呑み込み、ドラスティックな改正さえも早期に実現させてしまうと考えられる。

（1）　正確にいえば、オーストラリアやニュー・ジーランドにおいても先住民族がいたので、完全な英国人の入植植民地であるとはいえないであろう。ただ、彼らが原始的な部族社会を形成していたにすぎず、固有の法体系を有していなかったこと、また彼らが英国人の入植とともに迫害され、圧倒的少数となってしまったことは、少なくとも異社会への法継受を考えるうえで両国を入植植民地と扱ってよいほど英国人の排他的支配を可能としたといえる。

（2）　上田純子「西太平洋地域における英連邦諸国会社法の変遷（5・完）」名古屋大学法政論集151号508頁（1993年）。

（3）　たとえば、星川長七＝川内克忠「英国改正会社法（1974年）案──その条文と注解」商事法務675号23頁（1974年）。

（4）　星川長七「英連邦諸国における会社法の改正」『株式会社法の論理と課題』中央経済社304頁（1963年）。

（5）　上田・前掲注（2）508頁。

（6）　Mak Y. T. and P. H. Phan, 'Corporate Governance in Singapore: Current Practice and Future Developments,' in OECD (ed.), *Corporate Governance in Asia: A Comparative Perspective* (Paris: OECD, 2001), pp. 374ff.

(7) たとえば、英国において1990年代後半から1世紀半ぶりという触れ込みで進められている会社法の改正が遅々としているのは、ひとつには、現状変革を望まない実務家からの抵抗が背景にあるという（ケンブリッジ大学法学部上席講師リチャード・ノーラン氏からの聞き取りによる；聞き取り日は、2004年3月19日）。成熟した社会では、システムの複雑化・多様化にともなうさまざまな価値の対立が起こり、利害調整コストは高くなる一方である。ドラスティックな改正ならずとも、およそ現状を変えることそれ自体が総体としての社会にとってはリスクとなる可能性があり、したがって、変革に向けた歩みは遅くなりがちである。

第2節　要因分析

　以上のように、近年は各国独自の法制もみられるが、現在もなおモデル法としての選択肢の第一を英国会社法に求めるのが、西太平洋地域の英連邦会社法であるといえよう[8]。そこで、本節では英国会社法との距離を決定しうるいくつかの要素を挙げ、近接と乖離に関する試論を展開する。

1　横並び圧力

　本書で取り上げた英連邦諸国の会社法の基本潮流である会社法の相互作用の現象は、もちろん、英国会社法が母法であることによるが、改正のインセンティヴとしては英連邦諸国間の横並び圧力によるところが実際には大きいものと推察される。

　横並び圧力は、規制間の相違が自国の国際競争力を損なうおそれから生じる。また、ある法制度が他国でよく機能するならば、そのこと自体が自国への移入の有効なインセンティヴとなるであろう。先進モデル参照のインセンティヴである。このことは、地域統合や経済協力の存在などと何ら関係なく起こるが、まったくのフリーハンドであるよりも、国家間に何らかの紐帯があり互恵意識があるほうが、横並びすべき他国との競争意識は醸成されやすい。さらに、深化したタイプの地域経済統合では、構成国間の法規制の横並びは統合の前提として当然強制されることとなる[9]。すなわち、このような国家間の連携の存在は、能動的にも受動的にも横並び、すなわち、法の調和を促す可能性が高い。本書で取り上げた英連邦諸国は、英国を旧宗主国とする共通の歴史を有する英連邦の構成国[10]であり、地理的にも近接しており[11]、

終章　英連邦会社法における継受と変容の軌跡——分析とまとめ——

法規制の横並びが自発的に起こる前提条件を満たしている。

　横並びは、自発的な法調和への圧力であるが、結果として、任意であろうが強制であろうが法調和が起これば、それは法規制の劣化に帰結するような醜い競争（底辺への競争）を排除し、共通スタンダードの設定により、取引費用は減少し、あらゆる法域間移動が円滑化し、経済社会的観点からも異法域間において一定の厚生レヴェルが維持されるなどの便益が考えられる[12]。

　これに対し、新古典派経済学理論に借り、ティボー（Tiebout）・モデル[13]を適用し、「公共財」としての法の「消費者」たる市民の選好や欲望に、より効果的に合致した法規制内容を設定できること、効果的な法的解決の糸口が多様化しかつ試行の可能性が増すこと、および、選好表明の個別化および代替解決が模索されるため、効果的な立法に必要な情報の流れが促進されること、などを根拠に規制間の競争を嗜好する見解も存在する[14]。また、法調和擁護の論拠である底辺への競争が回避されることに対しては、規制に対する評価の視点は一面的ではなく、法域間の相違を残しておくことによって必ずしも底辺へ向けた競争のみが生ずるとは限らないと反論することもできる。

　いずれが是かは、本書の関心や目的から外れるので追求しない。いずれにせよ、本書で取り上げた諸国の会社法においては、英国を含めわずかのタイム・ラグで相互に追随し収斂しようとする強力な動きがある一方、開発目標と不可分一体の外国資本の呼び水として定款自治の幅が広い柔軟な会社法を維持し、他国との差別化を図る動きもみられる。これらは、古典的な法規制緩和競争の便益[15]に与りながらも、（必ずしも緩和する方向ではなくとも）法規制の進展という時直線上のレースには参加したいという相矛盾した国家的選好とみることができる。まさに、英連邦という互恵関係にあるがゆえに、これらの意識はいっそう強く働くのであろう。したがって、英連邦会社法の収斂と分化は、統合圧力を含む政策圧力がかからないかぎり、常に同時に起こり、また、起こり続ける可能性が高い。

2　会社法制の継受の特徴

　次に、会社法以外の分野と比較してみると、会社法における継受の特殊性が浮かび上がってくる。たとえば、マレーシアでは民法などの法分野においてはその固有の慣習と英国法との抵触について一定の配慮がなされていたに

もかかわらず、会社法についてはこのような配慮がなかった（第4章第2款、第3款、参照）。この事実をもとに、会社法継受の特殊性について改めて考えてみたい。

　株式会社制度は、大航海にともなう巨額資本の要請から歴史的現象として出現した[16]。企業形態の合理化に関する人類の叡智がこの大航海という歴史的契機によって開花したのである。このように、株式会社制度が帝国主義支配[17]の道具たる目的を有していたため、植民地支配を強いられた諸国にとってみれば株式会社という組織はまったく未知の制度であったといえる。株式会社という種子はオランダや英国の貿易・植民会社によって、更地である植民地諸国に播かれたのである。更地に種子を播くのであるから、そこには何の軋轢も想定されない。

　以上のような株式会社制度の継受に関する事情は、さらに2つの側面から分析することができよう。ひとつは、植民地に継受された会社法自体の特殊性である。会社法はすでに権利主体として存在する者の間の法律関係を定めるものではなく、株式会社という組織体を権利主体とすべく法人格を付与するところにその最大の意義がある。株式会社制度を生み出したオランダや英国の歴史をひもとけば明らかなように、株式会社という権利主体は、その起源においても国王の特許状や議会の個別法律のような準拠法がなければ存在が認められなかった[18]。特許状や個別法律にせよ、一般的な設立準拠法にせよ、立法者による授権を離れて、事実としての株式会社が独り歩きすることはない。それに対し、会社組織発生以前に発生した土地や身分関係に関する自然人間の法律関係は、そもそも権利主体が法的根拠なしに存在できるうえ、生活事実の蓄積により準拠法なくして、強制力をもって画定されうる。誤解を恐れず、会社法が会社組織に権利主体としての根拠を付与することにその第一次的目的を有するとすれば、会社法はそれ自体固有な自己完結的特徴を有するといえる。したがって、いったん継受されれば、あとは現地社会がそれに慣れていくだけである。

　他のひとつは、継受国の側から眺めた会社法の継受の特殊性である。各植民地においては、前述のように株式会社制度は新規の制度であったのであるから、現地の企業家にとっては、会社法の継受によって株式会社という新た

終章　英連邦会社法における継受と変容の軌跡──分析とまとめ──

な制度が企業手段の選択肢のなかに付け加えられたにすぎない。それに対し、既存の法制度が存在するうちに、新たな法が継受される場合には、旧来の制度との選択とはならず、必然的に旧来の制度との置き換えになる。これらの場合においては、実体的な権利義務関係を画一的に定める必要において、各制度は一本化されなければならないからである。会社法のように、継受が既存の制度との選択をもたらすにすぎない場合と比べ、完全な置換となる場合には、おそらく、新参の制度は旧来の制度との調和を余儀なくされ、相当な軋轢のうちに変容していくこととなろう。

　さらに別の見方として、株式会社がまさに人類の叡智の産物であり制度として優秀であったがため、会社法は既存のいかなる法制度とも軋轢を生じる余地がないほど圧倒的な競争優位でもって生き残りいずれの地にも深く根を生やしたということもできるかもしれない[19]。

3　アメリカン・スタンダードへの傾斜

　各国会社法における分化の要因のひとつは、各国のアメリカン・スタンダードへの傾斜に求められうるであろう。共通言語を有する法圏の諸制度はモデルとしやすい。植民地時代に英国法を選択的に継受し、その後完全に英国法を離れて独自の法発展を遂げた米国の状況[20]は、英連邦諸国のあるべき法枠組みの選択肢のひとつに数えられうることは疑いない。

　目下、アメリカン・スタンダードの参照・採用が分化の誘因となっているのは、国々の参照・採択度合に大きな開きがあるからにほかならない。多くの国は、一応立法の際の参考にしてはいるとしても、未だアメリカン・スタンダードの表立った採用には慎重な姿勢をみせている。このことに横並び圧力が働かないのは、アメリカン・スタンダードの採用は、英国会社法の枠組みの大手術を意味すること（改革コストが大きすぎる）、既存の法制度との選択の判断に際し必ずしも米国の会社法制度が優秀であると評価できないこと（そのことでもって必ずしも法規制競争優位に立てない）、など、国内での評価の基準化のハードルがことのほか高いことによると思われる。そのなかで、際立つのは、オーストラリアのインサイダー取引規制における米国判例法理の採用[21]と、ニュー・ジーランドの1993年会社法の制定である。前章でみたように、ニュー・ジーランドでは既存の会社法とはまったく方向性を異にする

北米志向の会社法を1980年代から打ち出し始め、実現させている。しかし、そのニュー・ジーランドにおいても北米のうち第一次的なモデル法とされたのはカナダ事業会社法であった。カナダ会社法は本書で扱った英連邦諸国においても、とりわけ英国会社法の個別の制度改革を先取りするような場合には、ほとんど常に参照される。英国法と米国法の融和の実例として、他の英連邦諸国における米国法の段階的取込の緩衝剤として機能し、諸国にとって最もアクセスしやすいモデルとなっていると考えられる。オーストラリアにおける会社法改革がつまみ食い的にしか米国会社法を受容できなかったのも、同法の包括的かつ直接的継受に上述のような限界があることを示すものといえよう。

わが国の例をみれば明らかなように、アメリカン・スタンダードは非英語圏諸国でも、最もよく参照されており、英連邦諸国で参照されることが米国法が英国法を起源とすることや共通言語基盤のみによるものでないことは明らかである。このことは、いわゆるグローバリゼーションが米国主導で進行していることと無縁ではない。

4　法制度基盤整備

法制度基盤といえば、国家のおよそあらゆる営為の産物を含みうるが、ここでは、国家創生の歴史基盤、政策基盤、および、司法基盤に絞って英連邦諸国会社法における分化の要因分析を試みる。

(1) 歴　史　基　盤

植民地としての歴史基盤の相違が乖離を促しうることはあろう。たとえば、最も基本的なレヴェルにおいて、入植植民地か否かによる峻別は分化の原点となりうる。オーストラリアおよびニュー・ジーランドにおいては、英国人が本国と同様の市場経済原理を異郷の地に導入し、基本的には経済政策から価値中立的に、私法原理の一環として会社法を発展させてきた。両国は、第二次世界大戦後の民族ナショナリズムに基づいて独立した新興国家が抱えてきた「開発」目標を独立当初からある程度克服していたといえる。

マレーシア、シンガポール、および、香港は、英国人による異民族支配と受動的法継受の基盤は共有するが、それぞれに相違は指摘されうる。すなわち、香港は独立国家であるシンガポールやマレーシアとは異なり、長らく英

終章　英連邦会社法における継受と変容の軌跡——分析とまとめ——

国の政策の影響を直截に受け、また、少なくとも中国への主権委譲までは英国資本の参入が著しかった。英国式の高度に客観化された市場経済と「開発」のための香港政庁の政策とが融合し、極度の規制緩和の方針が打ち出された(22)。それに対し、マレーシアやシンガポールでは、「開発」目標への規制による方向付けがなされた(23)。両国では、経済発展のための統制手段として、企業活動に対する規制の網が幾重にも張り巡らされた。もっとも、マレーシアではそれが行政介入という形で済まされたために法改正にまでは至らず、逆にシンガポールでは、立法の裏づけを必要としたために、表向きは両国の立法に大きな相違がみられることになる(24)。

(2) 政策基盤

第3章および前章で指摘したオーストラリアやニュー・ジーランドの会社法における新展開は、両国の英国国王を元首に戴く政治体制からの脱却願望とその背後にある英国離れによるものであろうか(25)。仮にそうであるとすれば、政策基盤の法分化への影響は最大であるといわざるをえない。

広くマクロ経済的動機づけを経済政策に含めるならば、経済的要因のほとんどすべてが政策的要因に止揚されることになり、およそすべての会社法の相違が政策基盤の相違によってもたらされることになる(26)。シンガポールにおける経済政策と会社法との連動は明確に看取され、PAPのほぼ独占的立法意思により、今日までめまぐるしく変遷している。同様に、マレーシアにおいても、規制中心の(27)経済発展から民営化を含む規制緩和路線に転じると同時に、シンガポール・モデルにしたがった会社法の改正を行っている。もっとも、1997年のアジア通貨・金融危機に由来する法改正の局面においては、会社の私的整理の選択肢として会社法上の手続きを拡充するなどの経済社会政策の直接的影響も指摘できる。なお、両国において、TOB規制が英国モデルにしたがって制定されたにもかかわらず、英国とは異なり規制主体が当初から政府機関とされたことは、受動的法継受の最たる特徴と分析できよう（もっとも、英国においても、TOBパネルを除き、とりわけ金融サーヴィスおよび市場の規制の担い手として政府に期待される局面は頓に増大する傾向にある）。すなわち、自主規制はムラ社会のルールとして自発的に発生するからこそ存在意義があるのであって、強制的法移植の過程で萌芽するものでないと考えら

第 2 節　要因分析

れるからである。

(3)　司 法 基 盤

　法の解釈適用と法執行の枠組みにおける相違もまた、各国の法分化を促す要因となりうるであろう。

　各国の司法制度は英国のそれを踏襲し、英国での法曹資格は他の英連邦諸国でも通用しうることから[28]、類似した物的基盤のうえに人的資源の交換が盛んに行われてきた。もっとも、たとえば、オーストラリアにおける少数株主救済法理（fraud on the minority）の解釈が英国ほど厳格ではなく、制定法上の派生訴訟がなくとも比較的機能していたといわれるように[29]、おそらく、法解釈・適用の過程で母法からの乖離は生じうると思われる。いかに、裁判所制度が英国流であり、人的交流が進み、英国の判例法をひもとくことが慣例となっていたとしても、人間の価値判断が必ず介在する以上、法適用における分化は避けられない。もっとも、本書では、判例法上の相違にまで細に入った検証ができなかったので、要因としての可能性を指摘するに留める。

5　私法としての会社法――会社法の任意法規性・強行法規性と法継受――

　会社法の制度枠組みを検討するにあたって、会社の構成員自治をどの程度まで認めうるかは、いずれの国においても悩ましい問題である[30]。英国会社法は、伝統的に定款自治の幅を広く認め、会社の機関に関する多くを各会社の通常定款に委ねている。近年の会社法改正では、私会社に関する会社法の任意法規性をいっそう高めつつ、公開会社に対しては、むしろ政府介入を積極的に認めている。すなわち、DTI の裁量的調査権限の拡大[31]、会社登記官の裁量権の拡大、自主規制であった上場規則の FSA への制定権の付与など、数えあげれば十指に収まらない。たとえば、会社の検査役調査制度は、大きな政府と市場の失敗を機とする政府介入イデオロギーの膾炙を背景とするヨーロッパ的制度であるといえる[32]。英国では、商務省の時代から次第に DTI の企業自治への介入の度合は強まっており、この制度は他の英連邦諸国に受け継がれ、各国では英国におけると同様に制度として充実する傾向にある。主務大臣による検査・調査制度のみならず、マレーシア、シンガポール、および、香港では会社登記官の職権措置の範囲は近年広がってきており、私会社への規制緩和のセーフガードとして強化されつつある事前規制のひとつ

263

終章　英連邦会社法における継受と変容の軌跡——分析とまとめ——

とみることができる。また、オーストラリアにおけるASIC、マレーシアのCCM、シンガポールのACRAは、会社企業に関する包括的な監督・法執行権限を有する政府機関としていずれも2000年以降に設置されたものである。

　会社法上の制度としては、たとえば、香港を除き、いずれの国においても英国に先駆けて取締役の義務を明文化するとともに、支払不能時の責任も強化され、従来からのコモン・ローおよびエクイティ上の一般義務と並行して会社経営者の責任を画定する際の指標が明確化されている。取締役側にとっても、また株主や他の利害関係者にとっても、法的安定性とそれに基づく予見可能性の利益があり、さらに、会社法上の規定である以上、強行規定としての法的実効力が保証される。加えて、会社法が可視化することによって、横並びも、また、競争も起こりやすくなる。もっとも、ルールの可視性についていえば、英国会社法においては、モデル定款制度が採用されているので、それを継受した英連邦諸国では、任意法規たる会社の内部関係[33]についても比較的調和が進んでいる。むしろ、定款による内部規定の任意の採択は、国境線とは無関係に展開される個々の会社レヴェルでの規範の乖離に帰結しよう。

　いずれにせよ、本書が扱った英連邦諸国の間では、判例法理の明文化の動きがあり、明文化によりさらなる法調和が促される現状がある。いずれの国でも、私会社と公開会社とで規制の二分化は究極化される一方であるが、強行法規にせよ、任意法規にせよ、明文化されているものは、よきにつけ悪しきにつけモデル性を帯びていく。

（8）　管見ではあるが、たとえば、オーストラリア、シンガポール、マレーシア、香港、ニュー・ジーランドの主要大学の法学部では、毎年英国の大学の会社法の教員が集中講義・セミナーを行う機会を設けており、各国における制定法上の独自の発展および英国の判例法理の修正には細心の注意を払いつつ、英国会社法の基本枠組みを教えている。英国会社法の基本枠組みを学んだ学生たちが法曹として巣立つことを考えると、当然、英国で発展した会社法理論や先例がこれらの諸国でも研究されることになる。とすれば、これらの諸国において英国会社法の起源に由来する制約から完全に解き放たれることはおそらく近い将来にはないであろう。

第 2 節　要因分析

(9)　たとえば、主権国家間の統合が深化した EU においては、構成国間の法の調和は、欧州連合創設条約に基づき採択される規則、命令によって進められる。命令は、構成国が主体的に履行形式を選択できるという、EU における裁量的法統合の特徴をよく表した形式であるといえる（この点については、たとえば、岡村堯『ヨーロッパ法』三省堂179頁以下（2001年）、庄司克宏『EU 法 基礎篇』岩波書店111頁以下（2003年））。See also, B. Balassa, *The Theory of Economic Integration* (London: George Allen & Unwin, 1961), pp. 69ff（邦訳として、B. バラッサ（中島正信訳）『経済統合の理論』ダイヤモンド社（1963年）.

(10)　たとえば、小幡操『イギリス現代史』岩波新書89-91頁（1963年）、ストレンジ（本山美彦ほか訳）『国際通貨没落過程の政治経済学——ポンドとイギリスの政策』三一書房121頁以下（1988年）；See also, D. Austin, *The Commonwealth and Britain* (London: Royal Institute of International Affairs, 1988), pp. 11-12, 15-18.

(11)　地理的近接による法調和は、オーストラリアとニュー・ジーランド、およびマレーシアとシンガポールについて、本書でも指摘しえたところである。もっとも、会社法については支払不能や清算の分野を除きそれほど法統合の要請は働かないといわれていることは既述のとおりである（第 7 章第 4 節、参照；New Zealand Law Commission Report No. 9, *Company Law : Reform and Restatement* (Wellington, 1989), pp. 10-11）。

(12)　この点に関しては、すでに多数の論考がある。See generally, D. Esty and D. Geradin (eds.), *Regulatory Competition and Economic Integration: Comparative Perspectives* (Oxford: Oxford University Press, 2001).

(13)　ヨーロッパにおける分権化の文脈においてではあるが、ティボー・モデルの法競合への適用については、S. Delabruyère, 'On 'Legal Choice' and Legal Competition in a Federal System of Justice: Lessons for European Legal Integration,' in A. Marciano and J.-M. Josselin (eds.), *From Economic to Legal Competition: New Perspectives on Law and Institutions in Europe* (Cheltenham: Edward Elgar, 2003), pp. 20ff. ティボーによれば、一国内の地方自治体（または国家間統合における国）は異なる税率に応じたサーヴィスを提供し、住民誘致で競争する。その結果、同質の選好を有する者たちが同一の地域に居住する。地域的選好が特定のサーヴィス質に適合し、選好の充足が最大化されると同時に法域間の多様性は維持され情報の流れは促進される。法は分割不可能な公共財に類似した性質をもつため、ティボー・モデルが法規制の分権化と法競合を正当化する際の論拠として用いられうる。

(14)　See, e.g., C. M. Tiebout, 'A Pure Theory of Local Expenditure,' (1956) 64 Journal of Political Economy 416; C. Barnard and S. Deakin, 'Market Access and Regulatory Competition,' Jean Monnet Working Paper 9/01, New York University School of Law 2001, pp. 5ff; C. Barnard and S. Deakin, 'Market Access and Regulatory Competition,' in C. Barnard and J. Scott (eds.), *The Law of the Single European Market: Unpack-*

終章　英連邦会社法における継受と変容の軌跡——分析とまとめ——

ing the Premises（Oxford: Hart Publishing, 2002），pp. 198ff.
(15)　米国における底辺への競争の擁護論として、たとえば、D. Fischel, 'The 'Race to the Bottom' Revisited: Reflections on Recent Developments in Delaware's Corporation Law,'（1982）Northwestern University Law Review 913, 916, 920.
(16)　大塚久雄『株式会社発生史論（下）（第三版）』中央公論社128頁以下（1948年）、大隅健一郎『新版株式会社法変遷論』有斐閣7-8頁（1987年）。なお、本書第1章も併せて参照されたい。
(17)　ここでいう帝国主義とは、世界史的にみて16世紀に始まるマーカンティリズム時代、すなわち旧帝国主義（old imperialism）を指している（たとえば、堀江保蔵『経済史概説（新版）』有斐閣285頁（1972年）、参照）。
(18)　大隅・前掲注(16)42頁、参照。
(19)　法競合・淘汰のプロセスを進化論のアナロジーにおいて捉えるものとして、たとえば、J.-M. Josselin and A. Marciano, 'Co-ordinating Demand and Supply of Law: Market Forced or State Control?,' in Josselin and Marciano, supra note 13, pp. 8-9.
(20)　米国における英国法の継受の一般的特徴については、たとえば、田中英夫『英米法総論（上）』東京大学出版会195頁以下（1980年）。
(21)　E. g., T. E. Bostock, 'Australia's New Insider Trading Laws,'（1992）10 Company & Securities Law Journal 171.
(22)　もっとも、香港においては立法評議会の立法権に対する制約が意味をもっているかもしれない。中国返還前の香港における立法権は総督に帰属し、総督は立法評議会の助言と同意に基づいて立法を行いうるが、英国国王にはこの立法に対する拒否権があること、英国国会にも国王の勅命という形での立法権が認められていることなどから、既存の法律の改廃について香港政庁に完全な自由が保障されているわけではなかった。
(23)　もっとも、シンガポールも香港ほどではないにせよ、1978年に為替に対する制約を撤廃するなど、外国企業の参入に対する障壁を取り払ってきている（野村證券アジア室編『アジアの株式市場』東洋経済新報社44頁(1992年)）。
(24)　上田・前掲注(2)517頁。
(25)　New Zealand Law Commission, Preliminary Paper No. 5, *Company Law*（Wellington, 1988）, p. 1. ニュー・ジーランド法律委員会勧告のほか、オーストラリアにおいては共和制移行のための憲政改正を求める世論を受けて、1993年2月頃より共和制移行が政府の議事日程に上がりだした。たとえば、キーティング元首相が共和制移行に向けて諮問委員会を設置する旨を発表したこと、および、これを反映して連邦の法務長官が就任式において慣例の英国女王に対する忠誠の宣誓を行わなかったことなどが報道されている（たとえば、朝日新聞1993年4月29日付朝刊）。
(26)　上田・前掲注(2)518頁。
(27)　ここでの規制とは、行政指導や強制力のないガイドラインなどによる規制をも含む

趣旨である。
(28) 英連邦として画一的な資格互換手続きがあるわけではないが、たとえば、シンガポールにおいては、近年は厳格化の方向にあるとはいえ、シンガポール国立大学にてLLB（法学士）を取得し、英国の所定の大学でLLBを取得すれば、英国においてバリスターまたはソリシター資格を取得しなくてもシンガポール弁護士会への登録が認められる。英国においてソリシターとして活動を望むコモン・ロー圏の弁護士は、まず外国人弁護士登録をロー・ソサイエティに対して行い、さらに弁護士資格転用試験（Qualified Lawyers Tranfer Test）に合格すれば、英国内のいかなる法律事務所に所属し、ソリシターとして活動することも可能である。したがって英国の場合は、コモン・ロー圏出身の弁護士という以上に英連邦出身者としての特典が付与されるわけではないといえる。それに対し、一例として、オーストラリア、ニュー・ジーランド間では、1997年トランス・タスマン相互承認法（Trans-Tasman Mutual Recognition Act 1997）により、相手国で有効に取得したバリスターおよびソリシター資格は、自国でも同等の効力を有することになっている。
(29) See, e.g., M. Berkahn, 'The Derivative Action in Australia and New Zealand: Will the Statutory Provisions Improve Shareholders' Enforcement Rights?,' (1998) 10 Bond Law Review 81ff.
(30) 英米との比較において会社法の任意法規性について検討するものとして、黒沼悦郎「会社法ルールの任意法規化と競争」森本滋編著『比較会社法研究──21世紀の会社法制を模索して』商事法務360頁以下（2003年）。
(31) 上田純子「株式会社における経営の監督と検査役制度──イギリスにおける展開を機縁として（1）」民商法雑誌116巻1号51頁以下（1997年）。
(32) 上田・同上49-51頁。
(33) 英国の判例法理として、会社の株主は、会社の内部事項について、不正行為があったとしても株主総会決議によって治癒されうるならば、提訴できないとするindoor management ruleがある（Mozley v. Alston (1847) 1 Ph. 790 ; Prudential Assurance Co. Ltd v. Newman Industries (No.2) [1982] Ch. 204, p. 210）。そこには、会社の内部事項に関する不正は、会社内部の自浄作用によって矯正されるべきであり、国家権力をもって是正を強制することはできないことが含意される。

第3節　わが国の新会社法と英連邦会社法の方向性

法制審議会会社法部会で検討されてきた「会社法制の現代化」作業は、2002年2月の部会設置から3年を経て、2005年3月18日の会社法案の国会提出、続く同年5月17日の衆議院本会議および同年6月29日の参議院本会議を経て新会社法へと結実した[34]。このわが国の新会社法の基本的方向性と本書で抽

終章　英連邦会社法における継受と変容の軌跡──分析とまとめ──

出してきた英連邦会社法の特徴とを比較して、本書を閉じることとする。

　大きな特徴は、ひらがな口語体に改め、体系自体を変更したことである。また、定義規定が一箇所に整理されて置かれている。たとえば、オーストラリアにおける会社法簡素化プログラム（第3章第4節第2款、参照）や英国自身も会社法再検討作業において専門家以外にもアクセスしやすい文言と冗長な会社法本体のスリム化が懸案になっており(35)、規定のスタイルの見直しの方向性はわが国の会社法制のそれとほぼ一致する。

　わが国の新会社法においては、全般的には公開会社をも含めて規制緩和を図り、最低資本金制度や設立手続きの簡略化、機関設計の多様化が図られている。この点、従来から英国会社法は機関設計を各会社の定款に委ねており、そもそも多様化は織り込み済みである。また、いずれの国においても少なくとも私会社においては一人会社、一人取締役（取締役会無設置）を改正によって認めてきており、一人取締役を非公開会社に関して認めるわが国の新会社法は、むしろこれらの諸国の後を追う結果となっている(36)。

　これらに加え、今回のわが国の新会社法を貫く重要な特徴として、会社法本体において公開会社・非公開会社の区分を採用したことである。従来、ドイツの法制度に倣い、有限会社を別法により規定してきたわが国において、株式会社と有限会社の規律を一体化し、間接有限責任制を特徴とする会社について株式会社の区分のみとしたことは、画期的な、むしろ英国会社法の会社分類に接近する改正とも受け取れる(37)。新会社法で導入された合同会社は、英国のLLPに相当し、英国ではLLPはパートナーシップから派生した企業形態として会社法とは別法を構成するが(38)、それは編纂方式の伝統に由来する相違であって、法人格の有無を会社法か別法かのメルクマールとしてきた英国としては、むしろ、わが国におけると同様に会社法に編入したほうが、一貫するくらいである(39)。

　英連邦会社法の各制度は、英国会社法から直截に学び取ったもの、米国など他の法圏を通じて導入されたもの、および、独自に制度化したもの、に分けられうる。このことを前提とするならば、明治期の法継受のプロセスにおいてはヨーロッパの制度に学び(40)、第二次世界大戦後に米国の諸制度を接木したわが国は、英連邦諸国の制度導入の過程ともある意味類似した継受と変

第 3 節　わが国の新会社法と英連邦会社法の方向性

容を経ているともいえる。このことが、新会社法におけるわが国と英連邦諸国の各制度が期せずして——会社法のほんの一部分であるとしても——収斂する遠因を形成しているとするのは、穿った見方であろうか。

　冒頭に述べたように、東南アジアや環太平洋地域における二国間、多国間の経済連携はいよいよ多用される様相を呈している[41]。しかし他方で、交通・通信インフラの整備と相俟って地理的条件は連携や統合の前提条件ではもはやなくなっている。そうであるとすれば、隣国間の法的均質化の過程から[42]、ある一定の紐帯を起動力とするグローバル会社法への収斂がもたらされる可能性もある。あるいは、法規制間競争の存続と国民の選好との最大合致を求めて会社法制は個別化ないし多極化していくのか。伝統的な比較法は、個別の制度を精緻に比較分析し、自国の解釈論ないし立法論に視座を与える、いわゆるマイクロコンパリスンに主たる価値をみいだしてきたが[43]、各国の実定法の全体像を俯瞰しながらの本書のような大局的視座からの観察も決して無駄ではあるまい。

---

(34)　経緯については、たとえば、江頭憲治郎「会社法制の現代化に関する要綱案［I］」商事法務1721号4頁（2005年）。
(35)　DTI, *Modernising Company Law* (Cm 5553-I) (2002), p. 15.
(36)　そのほかの会社法改正の論点における英国とわが国との比較については、上田純子「英国における会社法の改正動向——『会社法改革』白書の分析を中心に」社会とマネジメント3巻1号1頁以下（2005年）、J. Ueda, 'A Comparative View of the Two Corporate Statutory Reforms: The UK and Japan'〔2005〕International Company and Commercial Law Review (forthcoming)。
(37)　江頭・前掲注(34)　6頁。
(38)　この点については、たとえば、上田純子「有限責任事業組合（日本版LLP）について」T&A master 89号26頁以下（2004年）、石井芳明＝渡邊佳奈子「日本版LLP制度の導入に向けて」商事法務1710号40頁（2004年）、上田純子「有限責任事業組合（日本版LLP）の導入について——比較法の視点から」社会とマネジメント2巻1号1頁以下（2005年）。
(39)　P. L. Davies, *Gower and Davies' Principles of Modern Company Law*, seventh edition (London : Sweet & Mexwell, 2003), pp. 5-6.
(40)　ロエスレル氏起稿『商法草案（上巻）（復刻版）』新青出版付表1-8頁（1995年）。
(41)　ASEANにおける経済統合の動きは早くから活発化している（たとえば、東海銀行調

269

終章　英連邦会社法における継受と変容の軌跡——分析とまとめ——

査室編「ASEAN 地域の経済発展と地域協力強化の動き」調査月報526号18-41頁（1991年））。ただし、村瀬信也「ASEAN 統合の国際組織的側面」アジア経済26巻10号 4 頁（1985年）、安田信之「ASEAN 諸国の証券規制」アジア経済26巻10号46-47頁（1985年）、参照。

(42)　隣国間の会社法の調整によって英国会社法から乖離している制度としては、たとえば、オーストラリアとニュー・ジーランド間における TOB 規制、会計規定、清算規定、派生訴訟制度、およびマレーシアとシンガポール間における証券の保管振替制度が挙げられうる。本書第 5 章で指摘したような、マレーシア、シンガポール両国における並列的な証券の保管振替制度の導入は、両国の証券市場の連動性に基づく必然的な改正といえよう（野村證券アジア室編・前掲注(23)34、46頁；たとえば、シンガポールの外国店頭株式市場では、その銘柄の約 9 割をマレーシア会社が占めている）。

(43)　R. David, *Le droit compare : droits d' hier, droits de demain*（Paris: Economica, 1982）；K. ツヴァイゲルト＝H. ケッツ（大木雅夫訳）『比較法概論：私法の領域における　原論（上）（下）』東京大学出版会（1974年）；K. Zweigert and H. Kötz（translated by T. Weir）, *An Introduction to Comparative Law,* third edition（Oxford: Clarendon Press, 1998）, p.4. 非西欧法圏における比較法論として、H. P. Glenn, *Legal Traditions of the World*, second edition　（Oxford : Oxford University Press, 2004）は注目される。

索　引

A

ACRA ……………………………………… 264
ANZCERTA ……………………………… 111
ASEAN＋3構想 …………………………… 5
A表 ………………………………………… 37, 40

C

CCM ………………………………… 166, 167, 264
Company Law Reform（Cm 6456）………… 65
comply or explain の原則 …………………… 76

E

EC 委員会 …………………………………… 51
EC 第一命令 ……………………… 51, 58, 62, 63
EC 第一命令を改正する命令 ………………… 64
EC 第二命令 ……………… 53, 54, 57, 58, 98, 115
EC 第三命令 ………………………………… 58, 80
EC 第四命令 ……………………………… 53, 55, 58
EC 第四命令と第七命令を改正する命令 …… 64
EC 第五命令案 ………………………………… 64
EC 第六命令 ……………………………… 59, 80
EC 第七命令 ………………………………… 61
EC 第八命令 ………………………………… 61
EC 第八命令を現代化し閉鎖会社もその適用対
　象に含める命令案 ………………………… 64
EC 第九命令案 ………………………………… 64
EC 第十命令案 ………………………………… 64
EC 第十一命令 ………………………………… 63
EC 第十二命令 ………………………………… 63
EC 第十三命令 ……………………………… 63, 64
EU ………………………………………… 4, 51
EU 加盟条約（アテネ条約）………………… 4

F

flexibility …………………………………… 4
Foss v. Harbottle 原則 126, 128, 188, 189, 245
fraud on the minority …………………… 28, 125

L

LLP ……………………………………… 196, 268

M

MAS ……………………………………… 181
Modernising Company Law（Cm 5553）…… 65

P

parent undertaking ……………………… 215
plc ………………………………………… 54
proprietary company …………………… 94
public limited company ………………… 54

S

SEC …………………………………… 103, 108
SIB ………………………………………… 81
subsidiary undertaking ………………… 215

T

TOB
　29, 46, 104, 105, 108, 130, 131, 226, 232, 240,
　246
TOB・合併に関するコード ……………… 152
TOB・合併に関するシティ・コード … 64, 82
TOB・合併に関するシンガポール・コード 175
TOB・合併に関するパネル ……………… 83
TOB・合併に関するパネル（マレーシア）152
TOB・合併に関する香港コード … 220, 221
TOB・合併に関するマレーシア・コード
　……………………………………… 152, 156
TOB 規制
　16, 129, 137, 170, 173, 175, 201, 220, 229, 234,
　248, 270
TOB に関する命令 ………………………… 86
TOB パネル（オーストラリア）……… 131, 134
TOB ブーム ………………………………… 82

あ

アカウンタビリティ ……………………… 75
悪意の擬制 ……………………… 161, 210, 230
アジア太平洋経済協力閣僚会議（APEC）…… 2
アジア通貨・金融危機
　140, 155, 156, 157, 158, 160, 165, 167, 190, 191,
　196, 253, 254, 262

271

索　引

あ
アダット………………………………… 144
アムステルダム条約(1997年)…………… 4
アンダーソン委員会……………………… 78

い
一次産品不況……… 150, 155, 167, 180, 253, 254
一人会社………………………… 15, 37, 212, 236
一人取締役…………………………… 212, 213
一人取締役会社…………………………… 192
一国二制度………………………………… 198
一般投資家保護…………………………… 170
違法配当…………………………………… 35
イングランド銀行………………………… 12
インサイダー取引 45, 78, 108, 151, 220, 232, 240
インサイダー取引規制
　　　　……… 105, 137, 173, 174, 219, 226, 232
インサイダー取引審判所…………… 220, 224
インド省………………………………… 141

う
ヴィクトリア州会社法………………… 3, 96
ウィルソン委員会…………………… 47, 79

え
営業開始許可証………………………… 23
営業譲渡………………………………… 29
営業名称法(英国, 1985)……………… 59
英国のEC加盟…………………………… 53
英国の枢密院司法委員会への最終上訴制… 215
英蘭協約………………………… 141, 145
エクイティ………………………… 28, 97, 264
　　　──上の信任義務…………………… 38
エグルストン委員会…………………… 103
エグルストン勧告…… 104, 108, 173, 174, 175
エディンバラ宣言……………………… 76

お
欧州会社に関する規則・命令………… 64
欧州共同体(EC) ………………………… 51
オーストラリア憲法第51条第20号…… 112, 118
オーストラリア証券委員会…………… 133
オーストラリア証券・投資委員会(ASIC)
　　　　……………… 124, 131, 133, 264
オーストラリア証券・投資委員会法(2001年)

　　　　…………………………………… 124
オフ・ショア会社……………………… 205
オフバランス金融現象………………… 61
オプション取引………………………… 45

か
海峡植民地……………………… 140, 141
海峡植民地会社令(1940年)…………… 144
会計・会社規制管理局(ACRA)……… 195
会計監査…………………………………… 34
会計監査人……… 19, 21, 34, 35, 39, 132, 206
　　　──の資格要件………………… 206
会計規定………………………………… 270
会計・開示規定の厳格化……………… 255
外国会社………………………………… 22
外国投資委員会………………………… 149
開示・会計基準委員会………………… 190
会社(金融サーヴィス改革関連)法…… 135
会社(金融サーヴィス改革関連改正)法… 135
会社・市場諮問委員会………………… 134
会社・証券業法案(オーストラリア)… 106
会社・証券に関する両院委員会……… 134
会社・証券パネル……………………… 130
会社証券(インサイダー取引)法(英国, 1985年)
　　　　………………………………… 59, 233
会社・証券立法(雑改正)法(1983年, オーストラ
　リア)…………………………… 114, 115
　　　──(1985年, オーストラリア)……… 115
会社設立準則主義………… 14, 93, 99, 225
会社設立前の契約…………… 96, 230, 255
会社総括(附属規定)法(英国, 1985年) ……… 59
会社登記官
　… 27, 30, 163, 164, 166, 167, 181, 209, 210, 212
　　　──の裁量権……………………… 212
　　　──の裁量権(限)の拡大……… 223, 253, 254
会社登記所のコンピュータ化………… 171
会社登記所の電信業務に関する免責規定… 180
会社取締役資格剥奪法(英国, 1986年)
　　　　………………………… 59, 60, 209, 217
会社の会計監査人・清算人懲戒委員会…… 134
会社の解散……………………………… 29, 240
会社の権能……………………………… 210
会社の再組織化………………………… 29
会社の設立……………………………… 240

索　引

会社の内部構造……………………………… 240
会社の目的……………………… 114, 161, 229
会社の役員……………………………………28
会社法(英国, 1907年) ………………………48
　──(英国, 1929年) ……………… 202, 252
　──(英国, 1948年)
　　………… 3, 20, 94, 202, 204, 205, 239, 253, 255
　──(英国, 1989年) ……………… 59, 61, 217
　──(オーストラリア, 1981年) … 107, 115, 116
　──(オーストラリア, 1989年) … 112, 113, 114
　──(オーストラリア, 2001年) …… 124, 253
　──(シンガポール, 1967年) ………………3
　──(ニュー・ジーランド, 1955年) … 225, 230
　──(ニュー・ジーランド, 1993年)
　　……………… 226, 227, 242, 243, 244, 260
　──(マレーシア, 1965年) ………… 3, 253
会社法案(英国, 1973年) …………… 44, 45, 46
会社法改革白書…………………………… 252
会社法改正委員会………………… 201, 215
会社法改正常任委員会…………………… 203
会社法簡素化プログラム……………… 122, 123
会社法規制枠組み検討委員会…… 190, 191, 196
会社法再検討法(オーストラリア, 1998年)
　…………………………………… 95, 123, 132
会社法制の現代化………………………… 267
会社法の域内統一…………………………51
会社法の改正(英国, 1967年) …………… 42, 48
会社法の改正(英国, 1976年) ………………47
会社法の改正(マレーシア, 1986年) ……… 151
会社法の継受……………………………… 140
会社法の統一……………………………… 253
会社法見直し運営グループ…………………65
会社役員の信任義務の拡大と裁量の制限… 151
会社法立法改正法(オーストラリア, 1990年)
　……………………………………………… 121
　──(オーストラリア, 1991年) ………… 122
　──(オーストラリア, 1992年) ………… 129
改正会社法(ニュー・ジーランド, 1988年) 231
改訂統合規範………………………………76
額面…………………………………………32
額面株式の廃止………………… 195, 196, 249
閣僚理事会…………………………………51
影の取締役……………………… 195, 205, 213
合併…………………………………………58

カナダ・オンタリオ州の会社立法………… 242
株式…………………………………………32
株式取得法(1980年, オーストラリア) 107, 130
株式の額面割れ発行…………………………33
株式の種類…………………………………32
株式買戻コード…………………… 208, 221
株プレミアム勘定…………98, 205, 211, 231
株式保証有限(責任)会社……………………95
　──の廃止……………………………… 176
株式保有簿…………………………………27
株式有限(責任)会社………………… 21, 22
株主主導型清算…………………… 30, 240
株主総会…………24, 25, 26, 27, 29, 30, 31, 34, 35
株主総会開催要件の免除………………… 195
株主提案権の創設………………………… 195
株主の救済の再検討……………………… 249
株主の救済の充実………………………… 242
株主の派生訴訟提起権…………………… 226
仮清算人……………………………… 30, 214
ガワー勧告……………………………………80
ガワー草案…………………………… 144, 145
ガワーの投資者保護の検討…………………47
簡易合併手続き…………………………… 226
監査…………………………………………34
監査委員会………………………… 171, 187
監査要件の緩和…………………………… 192
官選管財人…………………………………30
管理命令……………………………………98

き

議会の個別法律…………………… 13, 14, 259
機関…………………………………………24
企業開示……………………………………34
企業金融……………………………………31
企業形態……………………………………21
　──の多様化…………………………… 197
企業結合手法の多様化…………… 195, 196
企業統治………………………………… 24, 76
企業統治委員会………………………… 190
企業統治論…………………………………74
企業法経済改革プログラム
　……………………… 122, 123, 133, 134, 253
企業法経済改革プログラム法(オーストラリア, 1999年) ……………………………………… 124

273

索　引

企業法分野の調和に関するオーストラリア、
　ニュー・ジーランド間の覚書……………… 111
規制機関の一元化………………………………… 197
規制競争上の優位………………………………… 223
擬制認識……………………………………… 23, 52
擬制認識(の)法理………………………… 24, 62, 97
　　――の排除………………………………………63
北ボルネオ………………………………… 140, 141
基本定款
　15, 22, 23, 29, 31, 32, 52, 62, 114, 119, 152, 159,
　161, 162, 210, 212, 229
　　――の変更……………………………………23
義務的買付……………………………… 84, 86, 87
記名株式……………………………………………32
　　――の譲渡……………………………………32
キャセイ・グループ…………………………… 154
客観的悪意基準………………………………… 136
キャドバリー委員会………………………………75
キャドバリー報告書………………………………75
キャリアン・グループ………………………… 154
　　――の倒産………………………………154, 218
旧英領マラヤ…………………………………… 140
競業避止義務………………………………………28
強制清算…………………………… 29, 30, 240, 245
共同制度………………………… 107, 110, 113, 117, 133
共同制度立法改正法(オーストラリア、1989年)
　…………………………………………………… 115
共同体法(英国、1972年)…………………………53
挙手…………………………………………………26
銀行業や保険業の計算書類の公開に関する命令
　………………………………………………………64
金庫株の解禁…………………………… 195, 196
金融サーヴィス・市場法(英国、2000年)
　……………………………………… 59, 78, 81, 82
金融サーヴィスオンブズマン機構………………82
金融サーヴィス改革法(オーストラリア)… 135
金融サーヴィス機構(FSA)………………… 81, 82
金融サーヴィス法(英国、1986年)……59, 78, 79
金融サーヴィス民事罰………………………… 136
金融セクター再審査グループ………………… 190
金融部門に関するマスター・プラン………… 156

く

クアラ・ルンプル証券取引所………………… 163

グラッドストン……………………………………14
グリーン委員会……………………………………16
グリーンブリー報告書……………………………75
グリフィス委員会……………………………… 129

け

計算…………………………………………………34
計算書類……………………………………… 27, 34
決議…………………………………………………26
決算報告書…………………………………………34
建議方法……………………………………………26
検査役…………………………………… 62, 104, 105
減資…………………………………………………31
原始定款………………………………………… 236
現代化白書……………………………… 65, 66, 252

こ

公・私会社の分化の深化……………………… 196
公開会社…………………………………… 21, 27, 33, 54
　　――における取締役選任一括決議の禁止 205
鉱業会社……………………………………………93
鉱山ブーム……………………………………… 103
公称資本………………………………………… 31, 32
公選管財人……………………………………… 164
公的管理制度)……………………………………98
合同会社………………………………………… 268
公募…………………………………………………33
公募資金調達…………………………………… 137
コーエン委員会……………………………… 20, 43, 52
コーエン勧告……………………… 56, 95, 97, 145, 201, 215
コーエン報告書……………………………………56
子会社………………………………………………34
コーク委員会…………………………… 47, 60, 61
国王の特許状…………………………………… 12, 259
コーク勧告……………………………………… 183
国際会計基準…………………………………… 215
国際競争優位性………………………………… 254
国家会社・証券委員会………………………… 107
国家証券委員会………………………………… 108
国家会社・証券委員会法(オーストラリア、1979
　年)……………………………………………… 107
国家開発計画…………………………………… 155
コーポレート・ガヴァナンス・コード………74
コーポレート・ガヴァナンスに関する英連邦協

274

会 ……………………………………… 75, 76
コモン・ロー
　… 2, 23, 24, 26, 27, 28, 31, 32, 33, 35, 36, 96, 97,
　188, 198, 222, 264
コモン・ロー(の)原則 …………… 56, 115, 136
コモン・ロー上の書類閲覧権 ……………… 245
コモン・ロー上の注意義務 …………………… 38
コモン・ロー上の取締役の信任義務 ……… 205
コモン・ロー上の取締役の注意義務・信任義務
　……………………………………………… 207
コモン・ロー上の派生訴訟制度 …………… 188
コモン・ローの継受 ………………………… 140
コモン・ローの法理 ………………………… 88
コモン・ローまたはエクイティ上の取締役の義
　務違反 ……………………………………… 233
ゴールド・ラッシュ ………………… 93, 228
コングロマリットの倒産 …………………… 154

　　　　　　　　　さ

再建 …………………………………………… 29
債権者集会 …………………………………… 214
債権者主導型 ………………………………… 30
債権者主導型清算 …………………………… 240
最低資本金制度 ……………………………… 54
最低引受額 …………………………………… 33
債務支払能力 ………………………………… 30
財務長官 ……………………………… 210, 220
詐欺防止法(1939年) ………………………… 78
　——(1958年) ………………… 78, 80, 103
詐欺または不正による取締役の資格剥奪 … 205
先物規制 ……………………………………… 232
サラワク ……………………………………… 140
産業調整法(マレーシア, 1975年) ………… 149

　　　　　　　　　し

ジェンキンズ委員会 … 36, 41, 50, 52, 57, 95, 145
ジェンキンズ勧告
　… 44, 45, 46, 48, 54, 56, 57, 58, 97, 98, 114, 201,
　207, 230, 234
ジェンキンズ報告書 ………………………… 47
私会社 ………………………… 21, 33, 57, 94, 227
私会社規制の緩和・簡素化 ………………… 196
私会社による株式の公募 …………………… 195
私会社の機関設計の多様化 ………………… 223

資格株式 ……………………………………… 27
資金調達) …………………………………… 133
自己株式取得 … 32, 56, 115, 162, 204, 207, 208, 237
自己株式取得規制 …………………………… 204
自己株式取得に関する資金援助
　………………… 16, 57, 116, 162, 204, 207, 237
自己株式取得に関する資金援助の緩和 …… 180
自己株式取得の容認 ………………… 53, 136
資産の取得、合併・TOB規制に対するガイドラ
　イン ………………………………………… 149
自主規制 ……………………………… 79, 175
自主規制機関 ………………………………… 80
自治行政区バラ ……………………………… 12
実質株式保有の開示 ………………… 173, 219
実質株式保有の開示規定 …………………… 232
実質株式保有の開示義務 …………………… 233
実質株主 ……………………………… 20, 130
　——の開示 ………………… 104, 151, 219
　——の開示義務 …………………………… 151
　——の証券保有簿の作成・備置 ……… 219
実質株主規制 ………………………………… 226
実質株主名簿 ………………………… 104, 151
シティ ……………………………… 79, 80, 82, 85
シティ・コード …… 46, 82, 83, 131, 175, 220
支払可能宣言書 ……………………………… 116
支払能力テスト
　………… 226, 235, 236, 237, 238, 241, 243, 244
支払不能・清算規定の改正 ………………… 253
支払不能会社の取締役の資格剥奪 ………… 205
支払不能テスト ……………………………… 255
支払不能法(英国, 1986年) ………… 59, 60, 184
私募 …………………………………………… 33
司法管財制度 ………………………… 180, 184
司法管財人 …………………………………… 184
司法管財命令 ………………………………… 184
資本 …………………………………………… 31
資本維持原則 ………………… 32, 33, 53, 115
資本規制の導入 ……………………………… 255
資本減少手続きの簡素化 …………… 195, 196
資本原則の見直し …………………………… 242
資本市場マスター・プラン ………………… 156
資本償還準備金 ……………………………… 98
資本と株式の関係 …………………………… 32
授権資本 ……………………………………… 31

索　引

受託者……………………………………27
主務大臣の調査権……………………181
種類株式………………………………32
準パートナーシップ……………………14
準備金……………………………………35
ジョイント・ストック・カンパニー…13, 14, 15
ジョイント・ストック・カンパニー法(英国, 1844年)……………………14, 93
償還株式………………………………16, 57
小規模私会社……………………………96
証券委員会(マレーシア)…………163, 165, 167
証券委員会(ニュー・ジーランド)…233, 235, 240
証券委員会法(マレーシア, 1993年)…156, 165
証券(インサイダー取引)令(香港, 1990年)……………………………199, 220
証券改正法(ニュー・ジーランド, 1988年)……………………………232, 233
証券業審議会(マレーシア)……………151
──(シンガポール)………171, 175, 176
証券業(中央保管振替)法(マレーシア, 1991年)……………………164
証券業法(シンガポール, 1970年)………170
証券業法(シンガポール, 1973年)………170
証券業法(マレーシア, 1983年)…………156
証券業法改正(シンガポール, 1985年)……176
証券・先物委員会………208, 220, 222, 224
証券・先物法(シンガポール, 2001年)……191
証券・先物令における現代化……………223
証券投資委員会…………………………80
証券取引委員会…………………………79
証券取引所……………………………209
証券の保管振替制度………………171, 270
証券法(ニュー・ジーランド, 1978年)……………………226, 232, 235, 239
証券(持分開示)令(香港, 1988年)…199, 218, 219
証券令(香港)……………………199, 201, 218
招集通知…………………………………25
少数株主…………………………………25
少数株主救済法理……………………263
少数株主権の強化……………………255
少数株主の株式買取請求権……………46, 238
少数株主の救済………………………188
少数株主の保護………28, 47, 170, 188, 201, 240
少数派に対する詐欺の法理……………188

譲渡証書…………………………………32
商人ギルド……………………………12, 13
商務省……………13, 14, 16, 27, 52, 104, 185
植民地省………………………………141
書面決議………………………………211
　──の導入…………………………195
書面に基づく情報開示請求権……………245
新株発行…………………………………33
新株予約権………………………33, 54, 55, 236
新株予約権証書…………………………33
シンガポール市場の国際的競争力の強化…187
シンガポール証券市場の国際化…………171
シンガポール証券取引所………………174
シンガポールの競争力に関する委員会……190
人際法…………………………………144
真実かつ公正な概観……………34, 132, 182
真実かつ公正(な概観の要請)への優位…215
人種暴動………………………………149
信託法理………………………………13, 99
新投資政策……………………………155
信任義務…………………………………97
人民行動党……………………………190
新モデル定款……………………………65

す

ストック・オプション……………………132

せ

制規組合………………………………12, 13, 17
清算………………………………………29
清算規定………………………………270
清算人………………………………30, 214
清算報告書……………………………214
制定法上の派生訴訟…………………245
制定法上の派生訴訟制度………188, 254, 255
世界貿易機関(WTO)…………………4, 7
絶対的記載事項………………………31
設立証書………………………13, 15, 23, 99
設立証書会社……………………13, 14, 99

そ

総会招集通知期間………………………16
総括会社法(英国, 1985年)………53, 59, 252
増資………………………………………31

索　引

相場操縦……………………………………78
創立主義……………………………………23
損益計算書…………………………………34

た

ターンブル委員会…………………………75
ダイアモンドの財産上の担保持分の検討……47
第一開封勅許状……………………………142
第一次会社法簡素化法………………95, 123
大規模私会社………………………………96
第三開封勅許状………………………142, 144
第七次マレーシア計画……………………155
貸借対照表…………………………………34
第二開封勅許状……………………………142
第二次工業化マスタープラン……………155
代務取締役…………………………………213
第六次マレーシア計画……………………155
単純多数決…………………………………26
担保の登記…………………………………62
担保の登記手続きの簡素化………………180
担保の登記に関する擬制認識法理の排除……63

ち

治安判事……………………………………185
　　──による家宅捜索権……………………181
地域経済統合………………………………4
中英共同声明(1984年)……………………200
中央証券保管振替機構……………………188
中華人民共和国への返還…………………198
忠実義務……………………………………207
中小企業改革………………………………196
調査役………………………………………181

つ

通常定款
　　15, 22, 23, 24, 25, 26, 27, 28, 31, 32, 33, 35, 49,
　　52, 115, 116, 120, 152, 161, 162, 208, 212, 263
通知…………………………………………26
通知期間……………………………………25

て

ディアリング委員会………………………47
定款…………………………………………22
　　──の一元化……………………………65, 226

定款自治……………………………28, 258, 263
定足数………………………………………26
定年…………………………………………27
電磁的方法での書面決議…………………195

と

統一会社法(オーストラリア, 1961年)
　　… 3, 93, 94, 95, 96, 97, 100, 102, 103, 114, 116,
　　144, 230, 253
登記…………………………………………14
登記官…………………………………26, 34
統合規範……………………………75, 76, 82
投資者保護令(1974年)………………199, 201
投資促進計画………………………………155
東南アジア諸国連合………………………2, 4
東南アジアの金融センター………170, 173, 254
投票…………………………………………26
投票代理人…………………………………26
特別行政区…………………………3, 200, 254
特別決議……………………25, 26, 29, 30, 31, 37
特別調査制度………………………………104
特別通知……………………………………26
独立取締役………………………………75, 76
特許会社……………………………12, 13, 14, 17, 99
特許状……………………………………13, 14, 17
ドーハ開発アジェンダ(DDA)………………7
取締役………………………………26, 27, 28
取締役会………24, 26, 28, 35, 235, 238, 242
取締役会委員会……………………………239
取締役会委員会制度………………………254
取締役・会社間の信任関係………………46
取締役・会社間取引における取締役の開示義務
　　………………………………………………206
取締役会制度………………………………255
取締役会への開示義務……………………28
取締役に対する貸付の禁止………………28, 205
取締役に対する非課税報酬の禁止………205
取締役の一般的信任義務…………………46
取締役の株式保有簿………………………27
取締役の義務 97, 105, 136, 174, 207, 239, 254, 264
　　──の規定化……………………………255
　　──の明文化……………………………226
取締役の権限………………………………240
取締役の資格剥奪命令……………………209

277

索　引

取締役の自己取引……………………………… 174
取締役の自社証券取引簿の作成・備置…… 219
取締役の自社証券における取引の開示…… 219
取締役の辞任規制………………………… 176, 254
取締役の信任義務………………………… 174, 206
取締役の責任…………………………………… 249
　　──の強化………………………………… 242
取締役の注意義務……………………………… 174
取締役の持分開示簿…………………………… 226
取締役の持分登録簿…………………………… 219
取締役の持分取引に関する開示……………… 219
取締役の利益相反行為………………………… 46
取締役の利益相反取引…………… 16, 28, 152, 239
取締役報告書…………………………… 34, 182
取締役名簿……………………………………… 27

な

内国会社………………………………………… 22
内部留保………………………………………… 35
捺印証書………………………………………… 15
南海泡沫会社事件……………………………… 13

に

2国間経済連携協定……………………… 2, 4, 255
2社同時清算を理由とする取締役の資格剥奪規
　定………………… 171, 176, 177, 179, 180, 254
　　──の改訂……………………………… 183
日韓自由貿易協定(FTA)……………………… 4
入植植民地……………………………………… 252
ニュー・ジーランド法律委員会… 226, 255, 266
任意規制…………………………………… 220, 221
任意清算…………………………… 29, 30, 240, 245

ね

年次(株主)総会………………… 24, 25, 26, 27, 37
年次報告書………………………………… 34, 75

の

能力外の行為…………………………………… 23
能力外法理
　23, 36, 52, 97, 101, 114, 161, 203, 210, 226, 229,
　230
　　──に関する擬制認識法理の排除……… 63
　　──の修正………………………… 63, 234

　　──の廃止……… 52, 53, 63, 66, 136, 230, 255
　　──の排除……………………………… 97

は

配当…………………………………… 35, 208
　　──の宣言……………………………… 35
配当財源の明確化……………………………… 195
派生訴訟…………………………………… 124, 136
派生訴訟制度………………………… 188, 244, 270
発行済株式……………………………………… 25
パートナーシップ………… 13, 14, 15, 22, 96, 268
パートナーシップと会社との形式的区分…… 15
パートナーシップ法…………………………… 22
パネル…………………………………………… 83
払込済資本………………………………… 24, 31
パン・エレクトリック社の倒産事件
………………………………… 176, 182, 184
ハンペル委員会………………………………… 75

ひ

東インド会社…………………………………… 12
非執行取締役の役割…………………………… 76
ビジネス・ジャッジメント・ルール………… 124
ビジネス・トラスト…………………………… 196
秘書役……………… 28, 161, 164, 182, 183, 211, 213
　　──の資格……………………………… 182
秘書役名簿……………………………………… 28
秘書役要件……………………………………… 192
ヒッグズ報告書………………………………… 76
ビッグ・バン……………………………… 79, 80
非マレー連合州………………………………… 140
非免除私会社……………………………… 21, 95
標的会社……………………………………… 131

ふ

不実記載……………………………………… 33
附属明細書……………………………………… 27
普通株式……………………………………… 32
普通決議……………………………… 25, 26, 29
ブミプトラ政策………………………… 149, 150, 253
ブリティッシュ北ボルネオ特許会社……… 141
プレンティス勧告……………………………… 53, 63
プレンティスの能力外原則の改革…………… 47
プレンティス報告書…………………………… 53

278

索　引

ブローカー・ジョバーの数・不正実務を制限する法律……………………………78
ブロック委員会………………………47
ブロック報告書………………………48
分割……………………………………59
分割払込制……………………………31

へ

閉鎖会社法(オーストラリア, 1989年)
　…………………………112, 117, 118
ペナン, マラッカ, シンガポール………141

ほ

法案委員会(香港)………………215, 218
包括的経済連携協定……………………4
法人……………………………………12
法人格…………………………………14
法人取締役……………………………27
　――の禁止………………………205
法人秘書役…………………………213
法定総会…………………………24, 30
法定の支払能力宣言書……………240
法適用令(マレーシア, 1949年)……143
法適用令(マレーシア, 1951年)……143
泡沫会社等法(英国, 1825年)……13, 14
泡沫会社法(英国, 1720年)…………13
法律委員会(ニュー・ジーランド)
　………235, 240, 242, 244, 245, 246, 255
法律委員会第九報告書…………235, 241
法律委員会法(ニュー・ジーランド, 1985年)
　………………………………………235
北米自由貿易協定(NAFTA)……………8
募集情報説明書……………………133
保証有限(責任)会社………………15, 21, 95
発起人…………………………………96
ボドキン委員会………………………78
香港市場の国際競争力……………223
香港証券業の運営・規制に関する証券審査委員会…………………………………221
香港特別行政区……………………198
香港特別行政区基本法……………200
本店……………………………………27

ま

マーストリヒト条約…………………51
マラヤ連合…………………………142
マラヤ連合会社令(マレーシア, 1946年)…144
マラヤ連合構想……………………142
マラヤ連邦……………………142, 143
マレーシア会計基準審議会………166
マレーシア会社委員会……………166
マレーシア会社委員会法(マレーシア, 2001年)
　………………………………………166
マレーシア・コーポレート・ガヴァナンス・コード
　………………………………………156
マレーシア連邦……………………142
マレー諸州…………………………140
マレー連合州……………………140, 141

み

未払込資本……………………………31
民営化…………………………150, 151
民事制裁金……………………………82
民事法(マレーシア, 1955年)………143
民事法制定令(マレーシア, 1937年)…143
民事法令(マレーシア, 1956年)…143, 146, 148
民事法令(拡大適用)令(マレーシア, 1971年)
　………………………………………146

む

無記名株式……………………………32
無限責任………………………………14
無限(責任)会社……………21, 25, 95
無責任会社…………………………93, 95

め

名目株主………………………………20
命令……………………………………51
免除私会社…………………20, 21, 48, 95

も

目的条項……………………………210
目論見書………20, 32, 33, 96, 159, 165, 187, 209
目論見書に代わる書面………………33
モデル定款制度……………………264
模範慣行規範…………………………75

索　引

模範事業会社法(米国)……………………235

や

役員の株式保有簿……………………231, 232
役員の注意義務・信任義務……………97, 151

ゆ

有限責任………………………………14, 25
有限責任パートナーシップ……………22, 191
有限責任法(英国, 1855年)………………14
有限パートナーシップ……………22, 96, 191
有限パートナーシップ法(英国, 1908年)……22
優先株式…………………………………32

よ

予備取締役………………………………212, 213
ヨーロッパ共同体法(英国, 1972年)…………51

ら

ラエ委員会………………………………103
ラエ勧告…………………………………108

り

利益相反回避義務……………………28, 207

リスボン・サミット………………………64
立法評議会……………………207, 214, 266
臨時(株主)総会………………24, 25, 26, 37
臨時決議………………………………26, 30, 37

る

累積投票制度……………………………27

れ

劣後株式…………………………………32
連結決算報告書………………………34, 182
レンブリー委員会………………………16
連邦会社法(オーストラリア, 1989年)……253
連邦国家制度……………………………110

ろ

ロアバーン委員会………………………16
ローマ条約………………………………51
ロンドン証券取引所………………………75

〈著者紹介〉

上田 純子（うえだ じゅんこ）

名古屋大学法学部卒業、名古屋大学大学院法学研究科博士課程中退、英国ロンドン大学 Ph.D. Candidate（1999-2003）、Ph. D. in Law（英国ロンドン大学）椙山女学園大学生活科学部講師、助教授、教授を経て、現在、椙山女学園大学現代マネジメント学部教授、名古屋大学大学院法学研究科非常勤講師、名古屋市立大学大学院経済学研究科非常勤講師、英国国際・比較法研究所客員研究員

〈主著・論文〉

International Corporate Law Vol. I（Oxford : Hart Publishing 2000）（共著）
International Corporate Law Vol. II（Oxford : Hart Publishing 2002）（共著）
『東アジアの企業統治と企業法制改革』（アジア経済研究所、2005年）
A Comparative Study on Cross-border Mergers and Acquisitions,（2004） International Company and Commercial Law Review, 2004, Issue 11, pp. 356-365ほか

英連邦会社法発展史論
―英国と西太平洋諸国を中心に―

2005（平成17）年11月1日　第1版第1刷発行
5581-0101：P6800E, b500, P296

著　者　　上　田　純　子
発行者　　今井　貴・今井　守
発行所　　信山社出版株式会社
〒113-0033東京都文京区本郷6-2-9-102
電　話　03（3818）1019
Ｆ Ａ Ｘ　03（3818）0344
info@shinzansha.co.jp

製　作　　株式会社　信　山　社
出版契約 No5581-0101　printed in Japan

Ⓒ上田純子，2005. 印刷・製本／亜細亜印刷・大三製本
ISBN4-7972-5581-1-C3332
5581-120-080-020
NDC 分類325.900-a001

■	企業結合・企業結合・企業金融	中東　正文	13,800円
■	商法改正[昭和25・26年]GHQ/SCAP文書	中東　正文	38,000円
■	日本会社法成立史	淺木　愼一	16,800円
■	現代企業・金融法の課題（上／下）平出慶道・高窪利一先生古稀記念		各15,000円
■	閉鎖会社紛争の新展開	青竹　正一	10,000円
■	ニュー・ヨーク州事業会社法史研究	伊藤　紀彦	6,000円
■	株主代表訴訟の法理論	山田　泰弘	8,000円
■	金融の証券化と投資家保護	山田　剛志	2,100円
■	相場操縦規制の法理	今川　嘉文	8,000円
■	過当取引の民事責任	今川　嘉文	15,750円
■	企業活動の刑事規制	松原　英世	3,500円
■	商法及び信義則の研究	後藤　静思	6,602円
■	会社営業譲渡の法理	山下　眞弘	6,800円
■	金融法の理論と実際	御室　龍	9,515円
■	入札談合の研究（第2版）	鈴木　満	6,800円
■	税法講義（第2版）	山田　二郎	4,800円
■	消費税法の研究	湖東　京至	10,000円

価格は全て税抜です。　*詳細は「信山社月刊目録雑誌」をご覧下さい。

信山社
HOMEPAGE：http://www.shinzansha.co.jp/
◇東京本社
〒113-0033 東京都文京区本郷6-2-9 東大正門前
TEL:03(3818)1019　FAX:03 3818 0344
E-MAIL:order@shinzansha.co.jp

法律学の森シリーズ

法律学の森

不法行為法

潮見佳男 著

《法律学の森》シリーズ・民法2
21世紀の不法行為法理論体系を提示！

伝統的不法行為法の再構成が説かれた1970年代後半に研究者としての道を歩み始めて以降も理論・実務の動きに大きな刺激を受けた世代の一人として、不法行為法の分野に関する自身のいくつかの個別研究を踏まえ、不法行為法理論への体系的視点を示し、あわせて個別問題への応答を試みた。「はしがき」より

潮見佳男著　5,040円
●債権総論〔第2版〕I

潮見佳男著　5,040円
●債権総論〔第3版〕II

潮見佳男著　4,410円
●契約各論I

潮見佳男著
●契約各論II（続刊）

潮見佳男著　4,935円
●不法行為法

藤原正則著　4,725円
●不当利得法

青竹正一著　3,990円
●会社法

小宮文人著　3,990円
●イギリス労働法

信山社

債権総論〔第3版〕II　現代語化対応

皇室典範（昭和22年）
芦部信喜・高見勝利編著　36,893円

皇室経済法
芦部信喜・高見勝利編著　48,544円

明治皇室典範 上・下（明治22年）
小林宏・島善高 編著　35,922円/45,000円

大日本親典商法［明治23年］
磯部四郎 著　1〜7巻セット
価格はお問合せ下さい。

商法［明治23年］正義
岸本辰雄 著　全7巻5冊セット
価格はお問合せ下さい。

スポーツ六法
小笠原正・塩野宏・松尾浩也編　3360円

刑事法辞典
三井誠・町野朔・曽根威彦・中森喜彦・吉岡一男・西田典之編
6615円

中嶋士元也先生還暦記念
労働関係法の現代的展開
土田道夫・荒木尚志・小畑史子編集　10500円

信山社
http://www.shinzansha.co.jp/